Matthias Trautmann · Beate Wischer

Heterogenität in der Schule

Matthias Trautmann
Beate Wischer

Heterogenität in der Schule

Eine kritische Einführung

VS VERLAG

Bibliografische Information der Deutschen Nationalbibliothek
Die Deutsche Nationalbibliothek verzeichnet diese Publikation in der
Deutschen Nationalbibliografie; detaillierte bibliografische Daten sind im Internet über
<http://dnb.d-nb.de> abrufbar.

1. Auflage 2011

Alle Rechte vorbehalten
© VS Verlag für Sozialwissenschaften | Springer Fachmedien Wiesbaden GmbH 2011

Lektorat: Stefanie Laux

VS Verlag für Sozialwissenschaften ist eine Marke von Springer Fachmedien.
Springer Fachmedien ist Teil der Fachverlagsgruppe Springer Science+Business Media.
www.vs-verlag.de

Umschlaggestaltung: KünkelLopka Medienentwicklung, Heidelberg
Druck und buchbinderische Verarbeitung: Ten Brink, Meppel
Gedruckt auf säurefreiem und chlorfrei gebleichtem Papier
Printed in the Netherlands

ISBN 978-3-531-16573-8

Inhaltsverzeichnis

Einführung

Dass sich Kinder und Jugendliche in ihren Lernvoraussetzungen und -bedürfnissen in vielerlei Hinsicht unterscheiden, und dass diese Verschiedenheit die Schule bzw. die in ihr tätigen LehrerInnen vor große Herausforderungen stellt, ist keineswegs neu. Angesprochen ist vielmehr ein konstitutives Problem der modernen Schule, das die Schulpädagogik schon lange und intensiv beschäftigt hat. Werden Lernende nicht einzeln (durch einen Privatlehrer oder wie im Hauslehrermodell früherer Zeit), sondern in größeren Gruppen (wie in der Schule üblich) unterrichtet, dann stellt sich fast automatisch die Frage, wie ein Lehrer oder eine Lehrerin eine Gruppe von ganz unterschiedlichen SchülerInnen zeitgleich unterrichten kann, ohne die Bedürfnisse der Einzelnen zu vernachlässigen. So wies schon Ernst Christian Trapp – der erste Pädagogikprofessor Deutschlands – in seinem „Versuch einer Pädagogik" (1780/1913) darauf hin, dass das für den Erzieher grundsätzlich zu lösende Problem „aus einem jeden Kopf und Herzen" das zu machen, was daraus werden könne, durch mindestens zwei Anforderungen verkompliziert werde: Erstens bezögen sich Erziehung bzw. Unterricht nicht nur auf ein einzelnes Kind, sondern gleich auf einen ganzen ‚Haufen'; und zweitens würden sich die Kinder dieses ‚Haufens' auch noch in vielfältiger Hinsicht unterscheiden: „Wie hast Du dies alles anzufangen" – so fragte Trapp (1780/1913: 10) – „bei einem Haufen Kinder, deren Anlagen, Fähigkeiten, Fertigkeiten, Neigungen, Bestimmungen verschieden sind, die aber doch in einer und eben derselben Stunde von Dir erzogen werden sollen?"

Diese vor mehr als zweihundert Jahren aufgeworfene Frage ist in den letzten Jahren nun wieder in das Zentrum der schulpädagogischen Aufmerksamkeit gerückt. Den Anstoß gaben nicht zuletzt die Ergebnisse der internationalen Vergleichsstudien, insbesondere PISA 2000, die für das deutsche Schulsystem ganz grundsätzlich zahlreiche Probleme aufgezeigt haben. Neben den eher mäßigen Leistungsergebnissen im internationalen Vergleich, haben vor allem die großen Differenzen in den Schülerleistungen, die alarmierend hohe Zahl von sehr schwachen SchülerInnen wie auch ein enger Zusammenhang von sozialer Herkunft und Bildungserfolg zeigen können, dass es dem deutschen Schulsystem nach wie vor nicht gelungen ist, angemessene Formen des Umgangs mit der Heterogenität der Schülerschaft zu finden: „In der Verbesserung des Umgangs mit Differenz" – so resümierte Jürgen Baumert (2002), der Leiter der deutschen

Pisa-Studie 2000, diese Befunde – „liegt vermutlich die eigentliche Herausforderung der Modernisierung des Systems".

Betrachtet man dazu die – oft unter dem Stichwort ‚Umgang mit Heterogenität' – zahlreich erschienenen Veröffentlichungen der letzten Jahre, dann kann zweierlei schnell deutlich werden:

- Auf der einen Seite gewinnt man einen recht plastischen Eindruck davon, wie schlecht es um den Umgang mit unterschiedlichen Lernvoraussetzungen bestellt ist (z.b. Becker et al. 2004; Bräu/Schwerdt 2005): Statt einen produktiven Umgang mit Heterogenität zu entwickeln, setze das deutsche Schulsystem auf eine Homogenisierung von Lerngruppen durch Selektion und Formen äußerer Differenzierung. Die so betriebene Negativauslese nütze aber nicht den davon Betroffenen, sondern die Schule würde sich dadurch von SchülerInnen entlasten, die einer besonderen Förderung bedürften. Maßnahmen wie das Sitzenbleiben oder Ab- und Sonderbeschulungen würden Versager- und Misserfolgskarrieren produzieren und zur Reproduktion sozialer Ungleichheit betragen. In engem Zusammenhang dazu wird eine Sehnsucht der Lehrkräfte nach homogenen Lerngruppen beklagt: Vielfalt werde nicht als Bereicherung, sondern als Problem wahrgenommen, das es zu beseitigen gelte. Hintergrund dafür sei die in Deutschland dominierende Orientierung des Unterrichts auf einen ‚fiktiven Durchschnittsschüler' und eine Präferenz für gleichschrittiges Lernen im Frontalunterricht.

- Auf der anderen Seite ist auffällig, dass die Probleme zwar zahlreich sind, gleichzeitig aber kein Mangel an Ideen und Vorschlägen für deren Beseitigung besteht: In den meisten Veröffentlichungen wird der bisherige schulische Umgang mit Heterogenität nicht nur als problematisch markiert, sondern es werden zahlreiche Empfehlungen eingebracht, die eine deutliche Verbesserung der Situation, wenn nicht gar eine Aufhebung der beschriebenen Missstände versprechen: Heterogenität – so die unisono vorgetragenen Forderungen – dürfe nicht mehr ignoriert bzw. als Störgröße betrachtet werden, sondern sei als Chance und als Bereicherung zu bewerten und für schulisches Lernen produktiv zu nutzen. Eine besondere Relevanz gewinnen solche Forderungen dadurch, dass sie mittlerweile auch Eingang in zahlreiche Erlasse und Verlautbarungen der Kultusministerien und Schulbehörden gefunden haben. Das heißt: Nicht mehr nur ‚universitäre SchulpädagogInnen' mahnen Veränderungen und Reformen an, sondern es gibt bildungspolitische Initiativen und es werden administrative Regelungen installiert, die zu einer Verbesserungen des schulischen Umgangs mit Heterogenität führen sollen und alle an Schule Beteiligten – insbesondere Lehrer und Lehrerinnen – vor große Herausforderungen stellen.

Nun soll hier nicht in Abrede gestellt werden, dass die Probleme tatsächlich groß, und das deutsche Schulsystem auch entsprechend reform- und verbesserungsbedürftig ist. Gleichwohl gibt es Anlass zu einigen kritischen Rückfragen bezüglich der Reformideen. Wer sich z.b. schon länger mit Fragen rund um schulisches Lernen und Schulgestaltung beschäftigt hat, wird schnell erkennen können, dass viele der hier eingebrachten Vorschläge so neu gar nicht sind: Forderungen nach einer anderen, gleichsam heterogenitätssensiblen Lernkultur gehören etwa zu einem traditionsreichen Topos (reform-)pädagogischer Kritik und Programmatik. Zudem wurden entsprechende didaktisch-methodische Konzepte bereits in den 1970er Jahren – unter den Stichworten ‚Binnendifferenzierung‘ bzw. ‚adaptiver Unterricht‘ – als ein Erfolg versprechender Weg diskutiert, um unterschiedlichen Schülerbedürfnissen besser gerecht werden zu können. Ähnlich verhält es sich auch mit den sehr grundsätzlich erhobenen Forderungen nach einer Anerkennung und Wertschätzung von Heterogenität. Auch diese gehören zu einer festen Größe pädagogischen Denkens. Wir wagen sogar die These, dass einer derartigen Norm kaum jemand ernsthaft widersprechen würde: Jeder Lehrer bzw. jede Lehrerin dürfte für sich in Anspruch nehmen, jeden Einzelnen optimal fördern zu wollen. Und es dürfte auch bewusst sein, dass die Voraussetzungen der SchülerInnen selbst bei äußerer Differenzierung noch immer so verschieden sind, dass differente Förderstrategien sinnvoll wären, um den individuellen Bedürfnissen optimal gerecht werden zu können.

Folgt man diesen Überlegungen, dann scheinen die Probleme also komplizierter und tiefergehender zu sein. Es tauchen zumindest einige Fragen auf: Warum ist es bislang nicht gelungen, die vielen, im Kern so gut begründeten, pädagogischen Ideen auch Realität werden zu lassen? Was hindert LehrerInnen eigentlich daran, Heterogenität als eine Bereicherung zu sehen und produktiv damit umzugehen? Fehlt es ihnen tatsächlich an der entsprechenden Einsicht? Oder gibt es nicht auch handfeste strukturelle Bedingungen und Probleme, die der geforderten Wertschätzung von Heterogenität entgegenstehen?

Ernst Christian Trapp, den wir eingangs zitiert haben, hat auf derartige Probleme im Grunde genommen schon sehr treffend hingewiesen. Seine aus dem Blickwinkel des einzelnen Lehrers vorgenommene Problembeschreibung (der Unterricht im ‚Haufen‘) lässt sich aus organisationstheoretischer Perspektive noch ein Stück weiter treiben; wobei gleichzeitig gut sichtbar gemacht werden kann, dass die Problembeschreibungen je nach eingenommener Perspektive durchaus differieren: Denkt man vom einzelnen Kind bzw. Jugendlichen aus, dann lässt sich ein vereinheitlichendes Vorgehen im Unterricht (ein Lernen im Gleichschritt) zweifellos als ein gravierendes Problem deuten, weil Gleichbehandlung die individuellen und immer auch ‚besonderen‘ Bedürfnisse ignoriert. Durchaus anders stellt sich die Thematik aber dar, wenn man diese Anforderung aus einer schul- bzw. einer lehrerbezogenen Perspektive reflektiert. Die aus einem subjektbezogenen Blickwinkel kritisierbare ‚Normierung' lässt sich dann nämlich nicht mehr allein als Missachtung individueller Bedürfnisse, sondern auch als Strategie zur Herstellung von Funktions- bzw. Handlungsfähigkeit interpretieren. Von der Institution aus betrachtet geht es schließlich in aller Regel zunächst einmal darum, möglichst effektiv Massenlernprozesse zu organisieren: Es müssen große Schülerströme kanalisiert, Laufbahnen strukturiert und Übergänge wie auch Gruppenzugehörigkeiten verbindlich geregelt werden, was Strategien von Vereinheitlichung voraussetzt und Maßnahmen zur Reduzierung von Heterogenität durch Klassifizierung und Sortierung durchaus nahe legt. Gut plausibel machen lässt sich dies, wenn man – wie Trapp – die Anforderung aus der Perspektive des Lehrers resp. des Erziehers entfaltet: Es sind nicht nur an sich schon anspruchsvolle Bildungs- und Erziehungsaufgaben zu bewältigen (‚aus einem jeden Kopf und Herzen das zu machen, was daraus werden kann'), sondern dies alles findet in Gruppen (‚bei einem Haufen') von gegenwärtig zwanzig bis dreißig SchülerInnen statt, was eine Vervielfachung der Vermittlungsleistungen wie auch ein Ausbalancieren von Gruppennormen und Individualinteressen notwendig macht.

Diese hier noch exemplarisch angesprochenen Fragen und Perspektiven sollen auf Folgendes aufmerksam machen: Veränderungen bzw. Reformen im schulischen Umgang mit Heterogenität lassen sich zwar mit guten Gründen reklamieren, es bedarf aber offenbar einer genaueren Klärung von zahlreichen Aspekten, die das damit eröffnete Reform- und Diskursfeld betreffen. Folgt man unserer Argumentation, dann ergibt sich Klärungsbedarf für unterschiedliche Ebenen:

- Genauer zu untersuchen wären einmal die eingebrachten Reformvorschläge selbst. Es wäre zu fragen, welche Lösungsvorschläge und welche Argumente im Einzelnen überhaupt eingebracht bzw. vorgetragen werden. Daneben ist aber auch relevant, aus welcher Perspektive heraus dabei argumentiert wird und welche grundsätzlichen Probleme in diesem Zusammenhang verhandelt werden.

Ein zweiter notwendiger Schritt bestünde in einer kritischen Prüfung dieser Argumente und Empfehlungen in Form einer umfassenderen Auseinandersetzung mit dem Feld, auf das die Reformvorschläge gerichtet sind. Erfahrungen mit Reformversuchen im Bildungssystem zeigen, dass man es hier mit einem komplexen organisatorischen Apparat zu tun hat, dessen Strukturen und Funktionsweisen genauer in Augenschein genommen werden müssen:

- Welche Problemlagen und Anforderungen sind etwa zu bewältigen, wenn anders als im Hauslehrermodell früherer Zeiten Massenlernprozesse organisiert werden müssen? Welche Organisationsformen sind möglich? Welche findet man vor? Und welche Konsequenzen ergeben sich daraus für den Umgang mit Heterogenität?
- Welche Gestaltungs- und Entscheidungsspielräume eröffnen sich im Feld institutionalisierten Lernens in Bezug auf das konkrete Handeln der Akteure vor Ort? Welche Vorgaben und organisatorischen Rahmenbedingungen gilt es zu berücksichtigen? Und welche Rolle spielen demgegenüber die pädagogischen Absichten von LehrerInnen? Wie groß ist – anders formuliert – überhaupt ihr Einflussbereich, was einen anderen Umgang mit Heterogenität betrifft?

Diese Fragen führen unmittelbar zu den Zielstellungen und Ansprüchen, die wir mit dieser ‚kritischen' Einführung in ein aktuelles Reformthema verfolgen.

Zu den Zielen dieser Einführung

Wie schon der gewählte Untertitel, aber auch unsere bisherigen Ausführungen vermuten lassen, wollen wir uns der Thematik hier nicht mit reformerischen Absichten oder mit normativen Ansprüchen widmen. Es sollen also weder Tipps und Methoden für (angehende) Professionelle bereitgestellt, noch sollen normative Vorgaben für eine bessere Praxis eingebracht werden. In Abgrenzung oder besser: in Ergänzung zu den zahlreichen Publikationen, die genau dies bereits versuchen (z.B. Bräu/Schwerdt 2005; Hinz/Walthes 2009; Buholzer/Kummer-Wyss 2010; Klippert 2010), nähern wir uns dem Thema aus einer eher distanziert-analytischen Perspektive: Es kommt uns vor allem darauf an, die mit dem Thema und auch den Reformempfehlungen verknüpften Probleme und Herausforderungen zuerst einmal genauer herauszuarbeiten bzw. als solche überhaupt erst sichtbar zu machen.

Ein solcher Anspruch – dieser Hinweis erscheint uns noch einmal notwendig – darf nicht in dem Sinne missverstanden werden, als wollten wir damit den im schulpädagogischen und bildungspolitischen Diskurs formulierten Reformbemühungen per se eine Absage erteilen. Es soll nicht von der Hand gewiesen werden, dass die bisherigen schulischen Strategien im Umgang mit Heterogenität problematisch sind bzw. dass hier großer Handlungs- und Reformbedarf besteht. Es gibt also ein grundsätzliches Einverständnis mit der These der Reformbedürftigkeit des deutschen ‚Schulehaltens'. Probleme sehen wir aber in Bezug auf die Mittel und Wege, durch die man solche Veränderungen zu erreichen versucht.

Reformen – so unsere Überzeugung – können nur gelingen, wenn man das komplizierte Bedingungsgefüge organisierter Lernprozesse in all seinen Facetten und auch Widrigkeiten mit in die Überlegungen einbezieht. Dazu gehört etwa:

- Schule lässt sich nicht nur als eine ‚pädagogische' Einrichtung denken, die zum Wohle des einzelnen Kindes da ist. Sie muss gleichzeitig auch als eine gesellschaftliche Institution rekonstruiert werden, die *‚außerpädagogische'* Anforderungen und Funktionen zu erfüllen hat.
- Pädagogisches Handeln orientiert sich nicht nur an pädagogischen Werten und Ideen. Die Gestaltungsspielräume der Akteure werden durch die unterschiedlichen Aufgaben und Funktionen der Schule ebenso begrenzt wie durch die je konkreten institutionellen *Rahmenbedingungen* auf den verschiedenen Ebenen des Bildungssystems. Handlungs- und Gestaltungsspielräume gilt es also genau auszuloten; und das bedeutet auch, dass bei allem nötigen Idealismus Machbarkeitsfragen nicht zu vergessen sind.
- Schließlich sollte man im Blick haben, dass es in dem komplexen Feld institutionalisierter Erziehungs- und Bildungsprozesse kaum einfache Lösungen gibt. ‚Neue' Lösungsversuche können zwar zu Verbesserungen führen, sie können aber auch scheitern, neue Probleme aufwerfen, unerwünschte Nebenwirkungen und Risiken enthalten oder auch mit anderen, ebenfalls wichtigen, Werten und Zielen in Konflikt geraten. Reformvorschläge sind folglich immer auch einer kritischen Prüfung zu unterziehen.

Die hier exemplarisch genannten Prämissen setzen Grenzen für Reformen, die aus unserer Sicht im Reformeifer schnell übersehen werden. Sie lassen sich auch als ‚programmatische Fallen' verstehen, auf die skeptische Beobachter der Pädagogik immer wieder hingewiesen haben (z.B. Luhmann/Schorr 1988; Diederich/Tenorth 1997) und an die wir anschließen wollen. Damit verbinden wir hauptsächlich zwei Ziele:

- *Sachkompetenz erarbeiten:* Für die Frage des Umgangs mit Heterogenität gibt es (wie für die meisten pädagogisch relevanten Fragen) nicht eine einzige anerkannte Position, sondern es stehen sich unterschiedliche, bisweilen auch konträre Perspektiven und Interessen gegenüber. Pädagogische Professionalität hat deshalb eine fundierte Sachkenntnis über die jeweiligen Argumente, Konzepte und Programme zum Ausgangspunkt. Analysiert werden soll demnach für die Frage des Umgangs mit Heterogenität in der Schule, mit welchen Unterscheidungen im aktuellen Reformdiskurs gearbeitet wird, welche Veränderungsnotwendigkeiten für Schule und Unterricht reklamiert werden und an welchen Stellen man für Reformen ansetzt. Unser beobachter- und kategorienabhängiger Ordnungsversuch soll Sie als Leser bzw. Leserin in die Lage versetzen, programmatische Vorgaben, die zur Verbesserung der Praxis geschrieben wurden, in ihren Grundzügen zunächst einmal zu verstehen.

▪ *Fallen und Verkürzungen erkennen:* Folgt man unserer bisherigen Argumentation, dann ist das Thema ‚Umgang mit Heterogenität in der Schule' facettenreich und komplex. Es gibt nicht nur viele ungelöste Fragen, sondern mit der Komplexität des Feldes gehen auch Widersprüche und Dilemmata einher, die Abwägungs- und Balancierungsprozesse erfordern. Ausgehend von unserer These, dass solche Spannungsfelder und Dilemmata in pädagogischen Programmen doch schnell übersehen werden können, sollen sie hier als mögliche Probleme besonders herausgearbeitet werden. Damit soll nicht einem pädagogischen Fatalismus das Wort geredet werden, sondern dies soll dazu beitragen, dass die programmatischen Vorgaben im Hinblick auf Chancen und Probleme selbstständig beurteilt und die eigene Präferenzen und Positionen auch kritisch reflektiert werden können.

Überblick zum Themenfeld und zum weiteren Gang der Argumentation

Mit diesen Zielstellungen haben wir nun nicht nur unsere Interessen und unseren Blickwinkel auf das Thema ausgewiesen, sondern gleichzeitig einen Anspruch formuliert, der alles andere als einfach einzulösen ist. Dazu muss man sich nur die Spannweite des damit eröffneten thematischen Feldes vergegenwärtigen:

▪ *Ein Thema mit langer Geschichte:* Der Umgang mit Heterogenität markiert ein konstitutives Problem der modernen Schule, das die Schulpädagogik bzw. die mit Schule befassten Akteure schon lange und intensiv beschäftigt. Salopp formuliert: Wir behandeln hier also einen „schulpädagogischen Dauerbrenner" (Wischer 2009), auch wenn in historischer Perspektive durchaus ‚konjunkturelle' Schwankungen zu berücksichtigen sind: Hohe Konjunktur besaß das Thema in der Reformpädagogik Anfang des letzten Jahrhunderts. Die je individuellen Bedürfnisse von Kindern bildeten hier im Kreise engagierter PädagogInnen einen zentralen Bezugspunkt für Schulkritik und Schulreform. Eine zweite Hochphase lag in den 1960er bzw. 1970er Jahren, wobei die Bildungsreform und die Gesamtschuldebatte der Kontext waren, in dem besonders die Frage nach geeigneten Formen schulischer Differenzierung im Zentrum der Diskussionen stand.

▪ *Eine expandierende Thematik:* Die Feststellung solcher Konjunkturen betrifft nur die Schulpädagogik im engeren Sinne. Gerade für die Zeit nach

1970 gilt, dass das Thema bis zur heutigen, ab ca. 2000 einsetzenden, neuen Hochphase keineswegs unberücksichtigt geblieben ist. Zentrale Fragen wurden jedoch stärker in andere disziplinäre Kontexte ‚ausgelagert', wobei das hier produzierte Wissen wieder in die aktuelle Debatte einfließt. Prominente Beispiele für solche Spezialdiskurse sind die Interkulturelle Pädagogik, die Geschlechterforschung oder die – vornehmlich aus der Sonderpädagogik hervorgegangene – Integrationspädagogik.

- *Ein Querschnittsthema*: Mit der Ausdifferenzierung von unterschiedlichen disziplinären Diskursen ist als weiteres Merkmal angesprochen, dass sich die Thematik nicht auf ein einzelnes Theorie- und Forschungsfeld eingrenzen lässt, sondern ein Querschnittsthema ist, an dessen Bearbeitung diverse Disziplinen und Teildisziplinen beteiligt sind. Im Rahmen der Schulpädagogik sind dies etwa die Allgemeine Didaktik, die empirische Bildungsforschung und die Schul- und Professionstheorie. Auch die psychologische Lehr-Lern-Forschung, die soziologische Ungleichheitsforschung sowie sozialwissenschaftliche und philosophische Gerechtigkeitsdebatten sind direkt und indirekt von hoher Relevanz.

- *Ein Thema mit zweifachem Fokus*: Der schulische Umgang mit Heterogenität ist ein technisch-organisatorisches, gleichzeitig aber auch ein normatives Problem. Es geht einmal darum, wie schulisches Lernen überhaupt organisiert werden *kann*, damit differente Lernerbedürfnisse bestmöglich berücksichtigt bzw. SchülerInnen optimal gefördert werden können. Dies entspräche einer Fokussierung des Themas im Sinne eines ‚technischen' oder ‚organisatorischen' Problems. Dahinter stecken jedoch auch *normative* Aspekte: Die Gestaltung der Schule beruht auf Entscheidungen, die von Menschen getroffen werden und damit auch revidierbar sind. Es kommt z.B. darauf an, welche Aufgaben man der Schule zuschreibt und welches Gewicht man auf eine möglichst optimale Förderung des Einzelnen legt. Daneben spielen aber noch viel grundsätzlicher Normen und Wertentscheidungen eine zentrale Rolle, die die Gesellschaft bzw. den gesellschaftlichen Umgang mit Unterschieden insgesamt betreffen: Grundsatzfragen der Anerkennung von Verschiedenheit, von Gleichheit und Ungleichheit und damit im Kern auch elementare Gerechtigkeitsfragen.

- *Ein schultheoretisches Problem*: Eine Auseinandersetzung mit Fragen des Umgangs mit Heterogenität in der Schule setzt gerade unter Reformaspekten schließlich ein profundes Wissen über die Strukturen, Funktionsweisen und Steuerungsmöglichkeiten – mithin die ‚Grammatik' – von Bildungssystemen voraus. Die Thematik ist unserer Auffassung nach also ein in erster Linie schultheoretisch zu analysierendes Problem.

14

Diese diversen Zugänge und zahlreichen Theorieangebote haben uns als Autor und Autorin vor einige Herausforderungen gestellt: Wie lässt sich das Thema in seinen vielfältigen Aspekten darstellen, ohne eine Komplexität zu erzeugen, die Sie als LeserIn, aber auch uns als AutorInnen überfordert? Was aus dem breiten Fundus an theoretischen und empirischen Perspektiven muss berücksichtigt werden, um Einseitigkeiten zu vermeiden? Und an welchen Stellen sind Verkürzungen oder Vereinfachungen im Sinne einer besseren Verständlichkeit, aber auch einer besseren Pointierung notwendig?

Wir hoffen, dass es uns gelungen ist, auch für diese ‚Spannungsfelder' grundsätzlich eine angemessene Balance und Form gefunden zu haben. Die von uns *in exemplarischer Absicht* ausgewählten Theorieperspektiven und empirischen Befunde verstehen wir gleichsam als Werkzeuge oder ‚Brillen', durch die hindurch Sie sowohl ihre eigenen Wahrnehmungen wie auch die im Umlauf befindlichen Sichtweisen auf Fragen des Umgangs mit Heterogenität erproben können – durchaus auch mit anderen Schlussfolgerungen, als wir sie hier ziehen. Denn eines sollten Sie natürlich auch im Blick haben: Bei allen Bemühungen um Transparenz in der Argumentation sind auch wir selbst TeilnehmerInnen des Diskurses (vgl. z.B. Trautmann/Wischer 2007; 2008; Wischer 2008), der hier nun analysiert werden soll. Das bedeutet: Auch wir sind eben nicht nur distanzierte BeobachterInnen, sondern unser Blick wird durch unsere eigenen Fragen, Deutungen und Präferenzen geleitet, und selbstverständlich gibt es demnach auch in unseren Beobachtungsversuchen immer einen ‚blinden Fleck'.

Für unser Vorgehen haben wir folgenden Ablauf gewählt:

- Im *ersten* Kapitel geht es darum, den Reformdiskurs zunächst zu beschreiben und die zentralen Argumente und Forderungen herauszuarbeiten. Als Kern identifizieren wir einen (reform-)pädagogischen Blickwinkel auf Schule und Lehrerhandeln, der die Einzigartigkeit der Subjekte betont.
- Das *zweite* Kapitel widmet sich einer begrifflichen Klärung des Ausdrucks ‚Heterogenität'. Denn was unter heterogenen Lerngruppen, von denen so oft die Rede ist, tatsächlich verstanden werden kann, ist deutlich schwieriger zu beantworten, als es auf den ersten Blick den Anschein haben mag. Wir zeigen dies anhand von unterschiedlichen theoretischen Offerten und auch empirischen Zugängen, auf die man hier zurückgreifen kann.

Für den weiteren Gang der Argumentation übernehmen wir eine hilfreiche Unterscheidung von Ebenen des schulischen Handelns, wie sie von dem Erziehungswissenschaftler Helmut Fend (2006a) vorgenommen worden ist. Fend untergliedert in eine Makro-, Meso- und Mikroebene und liefert so ein Ordnungsraster, das für unsere Ausführungen den folgenden systematischen Bezugsrahmen bildet:

- Das *dritte* Kapitel beschreibt die Hausforderungen von Heterogenität aus einer schul- und organisationstheoretischen Perspektive (der Makroebene). Hier stehen die Verfasstheit eines Bildungssystems – seine Organisation, seine Funktionen und seine Struktur, und damit auch bildungspolitische und -administrative Fragen im Vordergrund. Wir versuchen zu zeigen, welche Herausforderungen sich aus Verschiedenheit ergeben, wenn man von der Institution und Organisation Schule aus denkt.

- Im *vierten* Kapitel wenden wir uns dem Handeln von LehrerInnen (der Mikroebene) zu und nehmen didaktisch-methodische und professionstheoretische Fragen in den Blick. Der Schwerpunkt liegt auf drei immer wieder genannten Bedingungen für den professionellen Umgang mit Heterogenität: veränderten Einstellungen zu Heterogenität, verbesserten Kompetenzen in Bezug auf die Wahrnehmung und Diagnose von Unterschieden sowie der Umsetzung differenzierender und individualisierender Unterrichtspraktiken.

- Im *fünften* und letzten Kapitel stehen schließlich die Entwicklungsmöglichkeiten der Einzelschule (die Mesoebene), aber auch Fragen nach deren Steuerungsmöglichkeiten im Mittelpunkt. Analysiert wird, welche Gestaltungsoptionen unterhalb der Schulsystemebene, aber oberhalb der Unterrichtsebene zur Verfügung stehen, wie diese genutzt werden (können) und welche Risiken und Nebenwirkungen veränderter Strategien zum Umgang mit Schülerheterogenität auf dieser Ebene denkbar sind.

1 Der Heterogenitätsdiskurs als pädagogischer Reformdiskurs

Die Frage des Umgangs mit Heterogenität ist, wie bereits erwähnt, kein neues Thema oder pädagogisches Problem, sondern ein schulpädagogischer Dauerbrenner. Nach dem deutschen ‚PISA-Schock' zu Anfang des neuen Jahrtausends gewann die Diskussion jedoch wieder sichtbar an Fahrt; mit den Vokabeln ‚Heterogenität, Differenz, Vielfalt' scheint sich ein neuer Kristallisationspunkt für Schulkritik und Schulreform, pädagogische Hoffnungen und Programme herausgebildet zu haben, der vielerlei attraktive Anschlussmöglichkeiten bietet.

Dieses Kapitel soll in die zentralen Argumente für einen besseren Umgang mit Heterogenität im aktuellen Diskurs einführen. Dabei wird eine nähere Betrachtung zeigen, dass einerseits sehr unterschiedliche Diskussionsstränge eingebracht werden, dass es also ein ganzes Bündel von Argumenten für einen besseren Umgang mit Heterogenität gibt, die sich aus verschiedenen theoretischen Quellen und Beobachtungsperspektiven speisen. Dazu gehören konstruktivistische Lerntheorien ebenso wie sozialisations- und gesellschaftstheoretische Überlegungen, Daten und Analysen aus der neueren Bildungsforschung und auch eher philosophisch-soziologisch geführte Gerechtigkeitsdiskurse. Trotz dieser unterschiedlichen Referenzen wird andererseits eine übergreifende Gemeinsamkeit erkennbar, die wir als *pädagogischen Reflexionsmodus* beschreiben werden und der sich in folgender Figur ausdrückt:

- Heterogenität bzw. Differenz wird – gegen in der Schulpraxis beobachtete oder vermutete Konnotationen von Fremdheit, Defiziten und Problemen – zunächst grundsätzlich als positiver Wert gedeutet. Unterschiede, die PraktikerInnen oft als Hemmnis oder Erschwernis ihrer eigenen Arbeit gelten, sollen nun als Chance und Bereicherung der eigenen Arbeit begriffen werden (Etablierung eines Maßstabs).
- Dagegen wird die schlechte bzw. verbesserungswürdige Praxis gehalten. Nicht die SchülerInnen gelten jetzt als defizitär und änderungsbedürftig, sondern die Institution Schule in ihrer derzeitigen Form und Organisation gerät in den kritischen Blick, insofern sie die Einzigartigkeit der Individuen missachte und SchülerInnen in ihrer Individualität nicht anerkenne (Schul- und Unterrichtskritik unter dem Stichwort Homogenisierung).

- Aus der Differenz zwischen dem, was sein soll, und dem, was ist, werden sodann zahlreiche Forderungen abgeleitet und Empfehlungen geäußert, welche die Lücke zwischen Ideal und Wirklichkeit schließen oder zumindest verkleinern helfen sollen. Gebaut wird dann an der neuen Schule, an einer neuen Lernkultur, oder eben an einem veränderten, besseren Umgang mit Heterogenität (Programmatik).

Eine derartige Figur – Schule „zwischen Kritik und Programmatik" (Sandfuchs 2001: 19) – ist ein konstitutives Element pädagogischer Reflexionen, d.h. man trifft sie keineswegs nur im hier zu analysierenden Heterogenitätsdiskurs an (vgl. dazu z.b. Luhmann/Schorr 1988; Diederich/Tenorth 1997). In Verbindung damit finden sich zumeist weitere Bausteine, die wir nur stichwortartig aufzählen: Appelle zur Einstellungsveränderung der Erwachsenen (Erziehung der Erzieher, nicht der Zöglinge); Fluchtpunkt Individuum, von dem aus und zu dem hin gedacht wird; Kritik an der Gesellschaft, die als hinderlich oder unvollkommen erlebt wird; Schule als Hindernis und Reformmotor der Gesellschaft, sowie (Erziehungs-)Wissenschaft als im Dienste einer besseren Praxis stehendes Unterfangen. Insofern kann im Folgenden durchaus exemplarisch gelernt werden:

In den Texten des neuen Heterogenitätsdiskurses – so unsere Überzeugung – scheint ein recht klassisches Grundmuster pädagogischer Argumentation auf, das sich durch Schulkritik und -reform (1.1), Kind- und Individualitätszentrierung (1.2) sowie Reformengagement für eine gerechte und demokratisch-plurale Gesellschaft (1.3) auszeichnet. Dieses ‚neo-progressive' Denk- und Argumentationsschema[1], das älter als der PISA-Diskurs ist, bildet den Ausgangspunkt für die nachfolgende Darstellung. Damit soll gleichzeitig ein spezifisches, reformengagiertes Wissenschaftsverständnis herausgearbeitet werden, das zwar einerseits für einen Teil der Erziehungswissenschaft typisch, aber auch nicht unumstritten und ohne Alternative ist. Nach einer Darstellung stützender Argumente (1.4) gehen wir deshalb im letzten Abschnitt auf die Frage ein, welche Probleme es mit sich bringt, wenn man sich auf eine derartige Perspektive festlegt (1.5).

---

[1] Der im Angelsächsischen geläufige Ausdruck für Reformpädagogik ist ‚progressive education' oder auch ‚child-centered education'. Mit dem Adjektiv ‚neo-progressiv' verweisen wir darauf, dass zwar die Grundfigur aus Schul- und Gesellschaftskritik, Reformvisionen sowie der Leitidee des einmaligen Individuums eine Konstante bildet, dass sich aber Begründungen und Ziele im Einzelnen auch historisch verändert haben.

1.1 Schulkritik und -reform: Von Homogenisierung und Selektion zu individueller Förderung und Inklusion

In reform(pädagogisch)orientierten Milieus von Schulpraxis und Schulpädagogik hat die Frage nach einem angemessenen Umgang mit Heterogenität in Schule und Unterricht – ohne dass die Vokabel in jedem Falle benutzt worden wäre – schon immer einen hohen Stellenwert besessen. Als neuer Heterogenitätsdiskurs lässt sich nun eine bestimmte Art der Problembeschreibung und -behandlung mit hoher Kontinuität charakterisieren, die ausgehend von klassischer Schulkritik reformpädagogischen Schul- und Unterrichtsvisionen zur Geltung verhelfen will. Übergreifendes Ziel der ReformerInnen ist aktuell im Prinzip die Veränderung der auf Selektion und Fachunterricht ausgerichteten deutschen (allgemeinbildenden) Schule zu einer Einheitsschule mit Ganztagsangebot, die auf Inklusion und Förderung setzt – oft nach dem Vorbild vor allem skandinavischer Systeme.

So macht Tillmann in zahlreichen, immer wieder zitierten Aufsätzen (z.b. Tillmann 2004; 2008: 62) als Kennzeichen oder als institutionelle Leitidee der deutschen Schul- und Unterrichtskultur eine „Sehnsucht nach der homogenen Lerngruppe" aus. Durch schulorganisatorische Maßnahmen wie Jahrgangsklassen, Rückstellungen vom Schulbesuch, frühzeitige Einordnung in Schulformen des gegliederten Schulsystems, Sitzenbleiben, Selektion in die Sonderschule usw. orientiere sich Schule bzw. orientieren sich Lehrpersonen am – veralteten – Bild möglichst einheitlicher Lerngruppen und an den ‚Mittelköpfen'. Unterrichtet werde in der Folge durch gleichschrittigen Frontalunterricht, und es werde entsprechend der individuell erreichten Lernstände nach Leistung ausgelesen. Dagegen wird argumentiert, dass eine Leistungshomogenisierung von SchülerInnen auch im gegliederten Schulsystem nicht gelinge, dass eine Perfektionierung dieses Systems keine gangbare Alternative darstelle bzw. dass insbesondere für die ‚unteren' Gruppen zahlreiche negative Selektionsfolgen entstünden. Die gegenwärtige deutsche Schule wird als eine Lektionen- oder Unterrichtsschule charakterisiert, was sich an folgenden Merkmalen festmachen lässt:

- Die Beschulung erfolgt in (nicht nur leistungs-)homogenisierten Gruppen in einem mehrgliedrigen Schulsystem.
- Das Augenmerk liegt auf dem Halten von Schulstunden gemäß Lehrplan.
- Der Erwerb von Berechtigungen und das kompetitive Abprüfen von Leistungen dominieren den Unterricht vor dem Verstehen und der gemeinsamen Verständigung.
- Schulen wie Lehrkräfte sind primär für die Erteilung von Fachunterricht zuständig; Erziehungsaspekte werden tendenziell den Eltern überantwortet.

- Eine individuelle Förderung der SchülerInnen ist weitgehend vom persönlichen Engagement der Lehrkräfte abhängig und systematisch nur in wenigen besonderen Fällen vorgesehen.
- Schulen sind Selektionsagenturen: Es wird gleicher Unterricht angeboten und diejenigen, die nicht mitkommen, müssen sich ‚mehr anstrengen', sich auf eigene Kosten externe Hilfe (Nachhilfe) beschaffen oder werden ausgesondert – ‚exkludiert' und ‚segregiert'.

Fassbar wird dieses Bild der ‚alten' und veralteten Schule in regelmäßig wiederkehrenden Aussagen wie „Sehnsucht nach Leistungshomogenität – eine deutsche Fiktion" (Möller 2006) oder „Lernen im Gleichschritt" (Scholz 2007). Der schon zitierte Schulforscher Klaus-Jürgen Tillmann (2008: 63) resümiert:

> „Die Funktionsmechanismen unseres Schulsystems – und die weit verbreitete Mentalität der daran Beteiligten – stehen in deutlichem Gegensatz zu einer integrativen und individualisierenden Pädagogik. Vielmehr wird durch eine Vielzahl von altbekannten Organisationsmechanismen in unserem Schulsystem immer wieder versucht, die homogene Lerngruppe herzustellen, um dann den Unterricht an den ‚Mittelköpfen' auszurichten. Dies ist zwangsläufig mit immer neuen Schritten der Selektion verbunden."

Im scharfen Kontrast zu dieser Realität zeichnen die Kritiker derartiger Homogenitäts-Praktiken dann das Bild einer weitgehend selektionsfreien Schule, die statt Anpassung der SchülerInnen an den Unterricht umgekehrt eine Anpassung von Schule und Lehrerhandeln an die unterschiedlichen SchülerInnen anstrebt und so deren jeweils optimale Förderung realisiert. Schulen und Lehrkräfte sollen und können sich hier nicht mehr für Schüler(-gruppen) unzuständig erklären und diese an andere Organisationen abgeben, sondern gehen aktiv und produktiv mit Heterogenität um. Statt für das Scheitern und mangelhafte Leistungen die SchülerInnen (ihre Begabungen, Motivationen, Vorkenntnisse usw.) verantwortlich zu machen, soll die Organisation Schule und sollen die Lehrkräfte im Unterricht dafür Sorge tragen, dass niemand zurückbleibt. Diese neue Schule, die in den Augen vieler Reformer vor allem in Skandinavien schon real vorzufinden ist (vgl. Höhmann et al. 2009), zeichnet sich durch folgende Merkmale aus:

- Im Zentrum stehen die Bedürfnisse und Interessen der Kinder und Jugendlichen; jeder und jede bekommt das, was er bzw. sie benötigt.
- Die SchülerInnen werden als ganze Personen wahr- und ernst genommen, die Schule ist Lern- und Lebensraum zugleich.
- Die gesellschaftliche und innerschulische Heterogenität wird als Gelegenheit zum sozialen Lernen und zur Verständigung genutzt und wertgeschätzt.

- Prüfungen und Selektionsanlässe werden minimiert (oder ganz abgeschafft); Förderung, gemeinsame Erfahrungen und an den Stärken der Einzelnen orientierte Lerngelegenheiten werden in den Vordergrund gestellt.
- Der Unterricht wird in vielerlei Hinsicht flexibilisiert und nimmt Rücksicht auf die individuellen SchülerInnen (Individualisierung); niemand darf zurückgelassen werden.
- SchülerInnen haben Freiräume und arbeiten selbständig und kooperativ an ihren Kompetenzen; Lehrkräfte unterstützen und begleiten sie dabei respektvoll mithilfe vielfältiger innovativer Instrumente.

Es ist unschwer zu erkennen, dass sich aus der Differenz zwischen Ist und Soll ein beträchtlicher Veränderungsbedarf auf allen Ebenen ergibt: Neben die bereits erwähnte Kritik treten Forderungen auf der Schulsystemebene (Abschaffung des gegliederten Schulsystems, des Sitzenbleibens, der Sonderschulüberweisungen) und auf der Einzelschulebene (keine externe Leistungsdifferenzierung und Abschulungen) sowie didaktisch-methodische Forderungen nach einer ‚neuen Lernkultur' (s. Kap. 4). Die hier referierte Schulkritik, deren Wurzeln bis in die Reformpädagogik zurückgehen, ist – darauf soll nur am Rande verwiesen werden – auf eine Veränderung und Verbesserung von Schulen gerichtet und nicht auf deren Abschaffung. Eine Radikallösung, wie sie in den 1970er Jahren etwa von Ivan Illich mit seinem Buch ‚Deschooling Society' (1971) und heute von Anhängern des Home Schooling (vgl. Spiegler 2007) vertreten wurde und wird, wird nicht diskutiert. Die Richtung gibt stattdessen Hartmut von Hentig mit dem Titel seiner Schrift ‚Die Schule neu denken' (1993) vor.

Bis hierhin sollte Ihnen deutlich geworden sein: Die Realität des deutschen Schulsystems wird im aktuellen Reformdiskurs auf vielen Ebenen als überholt und unzeitgemäß beschrieben. Dabei wird manchmal auch mit gröberen Pinselstrichen und Schwarz-Weiß-Zeichnungen gearbeitet, um den Forderungen nach Reform Nachdruck zu verleihen; denn natürlich ist die deutsche Schule nicht nur eine Selektionsmaschine und werden auch in Skandinavien Tests durchgeführt und Berechtigungen vergeben. Das Bild wäre jedoch unvollständig, wenn neben der Schulkritik nicht auf tiefer liegende Quellen der Unzufriedenheit verwiesen würde. Die Frage lautet ja: Warum kann der Zustand des deutschen Bildungssystems nicht akzeptiert werden? Die Antwort findet sich einerseits in einer bestimmten Vorstellung vom Kind bzw. Jugendlichen und einer damit korrespondierenden Haltung des (erwachsenen) Erziehers und Lehrers, andererseits in gesellschaftspolitischen und moralischen Grundüberzeugungen zur Verfassung eines demokratischen Gemeinwesens.

1.2 Kind- und Individualitätszentrierung: Jedes Kind ist anders, einzigartig und unbestimmbar

Der Heterogenitätsdiskurs setzt ganz zentral bei reformpädagogischen Kinder- bzw. Menschenbildern an. Bei aller Unterschiedlichkeit derartiger Bilder im Einzelnen – sowohl historisch von Epoche zu Epoche als auch zwischen Vertretern derselben Epoche – eint diese doch der besondere Stellenwert des Kindes, das als Dreh- und Angelpunkt aller pädagogischen Praxis und Theoriebildung gedacht wird (vgl. Oelkers 1996; Skiera 2003: V). Kinder und in der Folge auch Jugendliche gelten in dieser Perspektive als einzigartig und unbestimmbar. Im Zentrum steht ihre möglichst freie Entwicklung gemäß ihrer eigenen Bedürfnisse und Interessen. Gesellschaftliche (Erwachsenen-)Anforderungen werden zwar nicht als unwichtig, aber doch deutlich als nachgeordnet angesehen. Nicht Fächer, Lehrpläne oder allgemein das, was Erwachsene für gut und richtig halten, sollten im Mittelpunkt der Schule stehen, sondern die kindliche Individualität soll hier möglichst ganzheitlich und partnerschaftlich zur vollen Entfaltung gebracht werden: Reformpädagogen und auch VertreterInnen der sog. geisteswissenschaftlichen Pädagogik (s. Kasten 1.1) verstehen sich als ‚Anwalt des Kindes' und projektieren Schule nicht als Lehranstalt, sondern als Lebensraum, als ‚Haus des Lernens'.

Die geisteswissenschaftliche Pädagogik hat in der Weimarer Republik bis hin zu den 1970er Jahre die universitäre Pädagogik maßgeblich geprägt. Das disziplinäre Selbstverständnis war bzw. ist das einer Handlungswissenschaft, einer ‚Theorie für die Praxis', die sich an der optimalen Entwicklung von Kindern und Jugendlichen zu orientieren hat (vgl. z.B. Baumgart/Lange 2008). Herman Nohl, als ein prominenter Vertreter dieser Richtung, hat die Wende hin zum Subjekt 1933 folgendermaßen beschrieben:

„Stand die Pädagogik bis dahin im Dienst objektiver Aufgaben, wo das Individuum nur der an sich unwesentliche Träger solcher objektiven Ziele war, wie Staat, Kirche, Wissenschaft, Stand und Beruf, so nahm sie jetzt zum ersten Mal mit vollem Bewusstsein der Tragweite einen radikalen Wechsel des Blickpunktes vor und stellte sich in das Individuum und sein subjektives Leben. War bis dahin das Kind das willenlose Geschöpf [...] so wird es jetzt in seinem eigenen spontanen produktiven Leben gesehen, hat seinen Zweck in ihm selber, und der Pädagoge muss seine Aufgabe, ehe er sie im Namen der objektiven Ziele nimmt, im Namen des Kindes verstehen. In dieser eigentümlichen Umdrehung [...] liegt das Geheimnis des pädagogischen Verhaltens und sein eigenstes Ethos." (Nohl 1933/1949: 126 f.)

Kasten 1.1: Die pädagogische Wende nach Herman Nohl

Auch wenn nicht wenige ReformpädagogInnen im analysierenden Rückblick ziemlich feste Vorstellungen von der ‚Natur‘ und Entwicklung des Kindes ‚an sich‘ hatten, wird hier doch der Gedanke der Moderne, dass alle Menschen Individuen – unteilbare Besondere – sind und dies etwas Positives darstellt, auf die Welt der Kinder und Jugendlichen ausgedehnt. Heranwachsende übernehmen idealerweise nicht die Positionen der Erwachsenen, sondern entwickeln in Auseinandersetzung mit deren Überzeugungen eigene Interessen und Fähigkeiten. Feste und frühzeitige Zuordnungen zu Fähigkeitsgruppen, zukünftigen Ausbildungsgängen, generalisierte Bilder von ‚den‘ Migranten, Jungen usw. erscheinen vor dem Hintergrund der Entwicklungstatsache als stigmatisierend und festlegend und müssen deshalb vermieden werden. Die Prinzipien dieser Erziehung (wenn man den Ausdruck noch verwenden kann) lauten neben der Kindorientierung: Selbsttätigkeit, Selbstständigkeit, Eigenverantwortung, Entdeckendes Lernen, Soziales Lernen sowie Ganzheitliches Lernen.

Auch die Perspektive auf SchülerInnen im Heterogenitätsdiskurs ist eine ‚Pädagogik vom Kinde aus‘, die Unterschiede zwischen den Kindern betont (obgleich sich natürlich auch zahlreiche Aussagen zu Gemeinsamkeiten finden). Es wird konstatiert und auch empirisch unterfüttert, dass SchülerInnen sich hinsichtlich zahlreicher – unbestimmt vieler – Merkmale unterscheiden, z.B. Migrationserfahrungen, Vorwissen, Geschlecht, Behinderung, Interessen, Alter, sozioökonomischer Hintergrund, Lerntempo usw. Anschließend wird gefordert, dass diese Unterschiedlichkeit zum Ausgangspunkt eines wertschätzenden und konstruktiven Umgangs genommen werden müsse, statt sie zu ignorieren oder zu unterdrücken (vgl. Prengel 1993; von der Groeben 2008; Höhmann et al. 2009). Anders formuliert: Unterschiede werden mit hoher Aufmerksamkeit versehen, und sollen von den schulischen Akteuren nicht als besser oder schlechter bewertet, sondern anerkannt und konstruktiv bearbeitet werden. Und das bedeutet auch: Jegliche Normierungen, Standardisierungen, Vereinheitlichungen, Zu- und Einordnungen geraten unter dieser Perspektive – dem Anspruch und Recht auf volle Entfaltung von Individualität – schnell in den Verdacht, erschwerend oder gar diskriminierend zu wirken. Statt Anpassung der Kinder an die Schule, wie sie sich in Jahrgangsklassen, Pflichtprogrammen, Regelstandards für alle oder auch Einschulungsstandards ausdrückt, gelte nun gerade umgekehrt, dass Schule jedem einzelnen Kind gerecht werden müsse, und zwar nicht nur in Bezug auf fachliche Leistungen bzw. Schülerrolle, sondern als ganze Person:

„Individualisierung beinhaltet so verstanden die Gestaltung von Lernprozessen, die vom lernenden Subjekt ausgehen und dessen jeweilige Ausgangslage berücksichtigen, anstatt fachliche Inhalte für alle in der gleichen Art und Weise aufbereitet vorzugeben. Nicht zuletzt geht es um einen anderen Blick auf die Lernenden, die in ihrer Persönlichkeit gefördert werden sollen" (Schäfers 2009: 42)

Immer wieder wird auch darauf hingewiesen, dass jedes Kind und jeder Jugendliche über besondere Fähigkeiten und Stärken verfügt, an die es anzuknüpfen
gelte und auch lohne. Analytisch gesprochen handelt es sich dabei um den Versuch, die pädagogische Praxis zu einer „Umstellung von einer Defizitsemantik
auf eine Fördersemantik" (Drepper 1998: 75) zu bewegen: Die Praktiker müssen
nur genau hinsehen wollen und die positiven Besonderheiten jedes Kindes wahrnehmen und schätzen lernen.[2] Im Heterogenitätsdiskurs findet sich auch das
Argument, dass Kinder und Jugendliche sich nicht nur untereinander unterscheiden, sondern – damit wird die Individualität der Individuen weiter gesteigert –
auch intra-individuelle Differenzen der Aufmerksamkeit bedürfen (z.B. Prengel
1993: 181). So kann jemand über besondere sozial-kommunikative Stärken verfügen, dafür aber in anderen Gebieten weniger wissen und können. Oder man
unterscheidet sich in der Tagesform oder innerhalb eines Fachgebietes, kann sich
z.B. gut Vokabeln merken, hat aber Schwierigkeiten mit grammatischen Termini
usw. Auch dieses Argument ist keineswegs neu (vgl. Trautmann/Wischer 2008).
Die Stoßrichtung sollte Ihnen aber mittlerweile klar sein:

Jedes Kind hat den Anspruch auf bestmögliche Förderung durch Schule, da
jedes gleich wertvoll ist und dieselbe Wertschätzung und Anerkennung verdient.
Dabei ist aber jedes Kind auch anders und bedarf deshalb einer individuellen
oder individualisierenden Strategie zur Förderung, die ein ‚Unterrichten im
Gleichschritt' gerade nicht zu leisten vermag. Gekoppelt wird der hohe Anspruch auf Entfaltung der einzelnen Individualitäten mit dem ebenfalls hohen
moralischen Anspruch, niemanden zurückzulassen. Der Titel des 2002 verab-
schiedeten US-amerikanischen Bildungsgesetzes ‚No child left behind' bringt
(auch wenn das Gesetz selbst kaum als reformpädagogisch bezeichnet werden
kann) die Absichten auf den Punkt: Jeder Schüler und jede Schülerin ist letztlich
einzigartig und unbestimmbar. Schule wie auch LehrerInnen sollen sich daran
messen lassen, inwiefern sie diese vielen Individualitäten in ihrer Lerngruppe,
ihrer Schule, dem Bildungssystem optimal fördern. Wir werden uns in den weiteren Kapiteln noch ausführlicher damit beschäftigen, ob und wie sich dieser
Anspruch in der Institution Schule realisieren lässt, und welche Probleme auftauchen, wenn man sich dieser Vision von Schule verschreibt.

---

[2]   Hier gibt es deutliche Parallelen zum pädagogischen Diskurs über Pluralität und Multikultura-
lismus der 1980er Jahren, der die PraktikerInnen ebenfalls mit pädagogischen Mitteln davon zu
überzeugen suchte, andere Kulturen als Bereicherung zu begreifen und ‚Probleme' durch eine
individuelle Einstellungs- und Verhaltensänderung zu überwinden (vgl. dazu Diehm/Radtke
1999).

1.3 Reformengagement für eine gerechtere Gesellschaft: Eine Pädagogik der Vielfalt realisieren

„Wer von Heterogenität in der Bildung spricht, mag es, dass Menschen sich unterscheiden und bringt zum Ausdruck, dass er die Verschiedenheit von Kindern und Jugendlichen bereichernd findet und wertschätzt" (Prengel 2004: 44). Die immer wiederkehrende Forderung, Heterogenität wertschätzend zu begegnen und nicht zu ignorieren oder zu reduzieren, wird in aller Regel mit schulkritischen und kindorientierten Argumenten begründet. Im Hintergrund steht einmal der Kern reformpädagogischen Denkens – das Erziehungsverhältnis als Erzieher-Zögling-Verhältnis, durchaus unter Ausblendung gesellschaftlicher oder organisationstheoretischer Bezüge: Sich für das einzelne Kind zu engagieren, ihm zu seiner bestmöglichen Entfaltung zu verhelfen, es vor der schlechten Gesellschaft zu schützen, ist quasi das reformpädagogische Credo schlechthin.

Daneben wird als normativer Referenzrahmen in den pädagogischen Debatten um Heterogenität immer wieder auf das Konzept der ‚Pädagogik der Vielfalt' von Annedore Prengel rekurriert. Dieses Buch ist bereits 1993 erschienen und liegt mittlerweile in der dritten Auflage vor; sein Titel ist gleichsam *der* Bezugspunkt und *das* Schlagwort der neuen Heterogenitätsdebatte.

Die Autorin untersucht in ihrer Studie das Verhältnis von Gleichheit und Differenz/Verschiedenheit anhand von drei pädagogischen ‚Bewegungen', die sie wiederum in Verbindung mit sozialen Bewegungen bringt: Interkulturelle Pädagogik (Leitdimension: Kultur), Feministische Pädagogik (Leitdimension: Geschlecht) und Integrative Pädagogik (Leitdimension: Behinderung). Diese Untergliederung macht darauf aufmerksam, dass sich die Heterogenitätsthematik in bestimmten Spezialfeldern der Erziehungswissenschaft früher und auch schärfer stellte. Prengels Buch ist allerdings insofern als Erweiterung der Debatte zu verstehen, als sie dezidiert versucht, das Thema politisch und gesellschaftstheoretisch in anspruchsvoller Weise aufzuarbeiten und gerade nicht beim schlagwortartigen ‚Feiern' von Unterschieden, wie es in der Heterogenitätsliteratur oft anzutreffen ist, stehenzubleiben.

Kasten 1.2: Das Konzept der Pädagogik der Vielfalt von Prengel (1993)

Dabei ist nun im Unterschied zur bisher beschriebenen Perspektive einer Pädagogik vom Kinde aus bedeutsam, dass mit dem Konzept der Pädagogik der Vielfalt auch Werte und Vorstellungen darüber ins Spiel kommen, wie eine Gesellschaft als Ganze verfasst sein soll und welche Lebensweisen und Umgangsformen in dieser Gesellschaft inklusive ihrer Schulen anzustreben sind: Was wäre ein guter, ein gelingender Umgang mit Heterogenität, woran sollen wir uns als BürgerInnen eines politischen Gemeinwesens orientieren? Es geht also um grundsätzliche politische, demokratie- und gerechtigkeitstheoretische grundsätzliche politische, demokratie- und gerechtigkeitstheoretische Fragen, die auch Aspekte von Macht und Herrschaft, Minderheitenpolitik, Diskriminierung und Anti-Diskriminierung oder Diversity Management betreffen – Fragen also, die mit dem anspruchsvollen und weitläufigen Thema Chancen- und Bildungsgerechtigkeit in engem Zusammenhang stehen.

Um zu verstehen, wie Heterogenität mit Demokratie und Gerechtigkeit verknüpft werden, muss man sich die Anlage der Studie von Prengel verdeutlichen und dabei im Hinterkopf haben, dass mögliche Übersetzungen von Heterogenität ‚Differenz‘ bzw. ‚Ungleichheit‘ sind: Prengels Leitfragen lauten: „Kann pädagogisches Handeln der geschlechtlichen, kulturellen und individuellen Verschiedenheit der Menschen gerecht werden? Wie kann Pädagogik dabei das demokratische Prinzip der Gleichberechtigung verwirklichen?" (Prengel 1993: 17). Die Autorin arbeitet in dialektischer Manier heraus, dass viele bisherige Fassungen des Verhältnisses von Gleichheit und Differenz zu kurz greifen. In einer konservativen Lesart werde Differenz immer auch als hierarchisch gedacht, d.h. es gibt Formen der Über- und Unterordnung oder von besser und schlechter. Mit diesem Differenzverständnis (=anders+besser/schlechter) werde auch soziale Ungleichheit gerechtfertigt, z.B. bei höheren oder niedrigeren Bildungsabschlüssen, die Unterschiede in Status und Einkommen legitimieren. Prengel bezeichnet eine solche Vorstellung als undemokratisch und lehnt ein derartiges, hierarchisches Differenzkonzept ab. Nichtkonservative Lesarten teilten diese Ablehnung zwar auch, bei ihrem Kampf gegen Hierarchien würden aber laut Prengel oft Differenzen eingeebnet, es gehe um Angleichung (der Status-Minderheiten an Majoritäten oder umgekehrt). So sollten Mädchen in vielen pädagogischen Maßnahmen etwa in ihren Interessen an die von Jungen herangeführt (Naturwissenschaften, Informatik, technische Berufe) oder umgekehrt Jungen in ihren sozialen Kompetenzen gefördert werden. In beiden Fällen gingen Differenzen verloren und würde assimiliert (ähnlich gemacht bzw. auf eine Seite hin angeglichen).

Prengel geht dagegen in ihrem theoretischen Entwurf davon aus, dass Gleichheit und Verschiedenheit in einem unaufhebbaren Spannungsverhältnis zueinander stehen, wie eine erläuternde Formulierung in einem anderen Artikel deutlich machen kann: „Keine der beiden Dimensionen ist in diesem Zusammenhang verzichtbar, denn Gleichheit ohne Differenz würde undemokratische Gleichschaltung und Differenz ohne Gleichheit undemokratische Hierarchie hervorbringen" (Prengel 2001: 93). Ihr Konzept ist dementsprechend darauf gerichtet, die Gleichheit der Verschiedenen anzuerkennen, ohne sie in eine hierarchische Ordnung zu bringen und ohne bestimmte Gruppen von Menschen auszuschließen (Prengel 1993: 180).

Die zentrale Idee besteht darin, das Verhältnis von Gleichheit und Verschiedenheit als ‚Gleichberechtigung der Verschiedenen‘ oder auch ‚egalitäre

Differenz' zu bestimmen. Als wichtigster Theoriebaustein stellt sich somit die Entkoppelung von Unterschieden vom Hierarchie-Denken heraus. Innerhalb bestimmter Grenzen, die gleich noch zur Sprache kommen, soll es keine höher oder niedriger wertigen Lebensweisen, Kulturen, überhaupt keine Herrschaftsverhältnisse mehr geben. Diejenige Gleichheit oder besser: Gleichwertigkeit und Gleichrangigkeit, die sich als Bedingung der Möglichkeit von Vielfalt versteht, nennt Prengel Gleichberechtigung als „Akzeptanz gleichwertiger Differenzen" (ebd.: 48). Das hört sich an, als ob hier pauschal für Toleranz alles Andersartigen geworben wird, etwa auch rechtsradikaler Weltbilder oder frauenverachtender Überzeugungen. Dagegen führt Prengel jedoch ein demokratisches Kriterium als Toleranzgrenze ein: „All jene Tendenzen, die monistisch, totalitär, hegemonial, ausbeuterisch und diskriminierend die Gleichberechtigung des Differenten zu zerstören trachten, können [...] nur bekämpft werden" (ebd.: 49). Nicht alle Differenzen sind also gleich erhaltenswert! Oberhalb dieser (nicht leicht zu bestimmenden) Grenze soll aber alles Denken und Tun, so unterschiedlich (heterogen) es auch sein mag, gleichwertig sein.

Ein Beispiel, das Prengel selbst verwendet, soll dies für Sie anschaulich machen: In ihrer Darstellung der feministischen Pädagogik stellt die Autorin fest, dass die Mehrheit der feministischen Forderungen darauf hinauslaufe, Frauen und Mädchen kompensatorisch die Aneignung männlicher Lebensräume zu ermöglichen. Es gehe darum, dass diese sich als typisch männlich geltende Kompetenzen wie „Abgegrenztheit, Selbstsicherheit, psychisches und körperliches Durchsetzungsvermögen, Aggressivität, Konkurrenzfähigkeit und technisch-naturwissenschaftliche Sachbezogenheit" (ebd.: 114) aneignen, dass sie sich in der Eroberung männlicher Privilegien und Werte anpassen sollen. An dieser Strategie der Assimilation[3] kritisiert Prengel, dass damit eine „Entwertung oder Ignoranz des weiblichen Lebenszusammenhangs und der dort ausgeprägten Kompetenzen" (ebd.: 115) einhergehe. Sie hält dies für falsch und plädiert stattdessen für eine Anerkennung von Weiblichkeit. Statt sich an Jungenidealen zu orientieren, verweist sie auf eine andere, aber darum nicht schlechtere/bessere, sondern eben nur andere Art des weiblichen moralischen Denkens, wie sie als Beziehungsorientierung (*care*) von Carol Gilligan herausgearbeitet wurde. Allerdings seien diese frauentypischen Kompetenzen nicht als unveränderliche Natur zu denken, noch sei damit eine Überlegenheit der Frauen verbunden. Die Idee von Über- oder Unterlegenheit müsse vielmehr – erinnert sei an das Diktum der egalitären Differenz – aufgegeben werden, wie übrigens auch die Idee, dass beide Geschlechter ihre jeweiligen Defizite entwickeln müssten und sich dabei gleichsam annähern (Androgynitätspädagogik). Stattdessen gehe es um Erhaltung der Differenzen bei Anerkennung ihrer Gleichwertigkeit. An anderer Stelle wird deutlich, dass Prengel eine Fremdbestimmung von außen überhaupt ablehnt: „Wir müssen uns vor Augen führen, dass es überhaupt

---

[3] Ob dies tatsächlich den Mainstream feministischer Theoriebildung darstellt, kann hier dahingestellt bleiben.

falsch ist, Menschen definieren zu wollen und von der Unbestimmbarkeit der Menschen ausgehen" (ebd.: 135).

Es lässt sich zusammenfassen: Prengel bringt mit ihrem Konzept einerseits anerkannte Leitideen demokratischer Gesellschaften[4] zur Sprache und verweist zu Recht darauf, dass diese Normen in vielen Fällen noch nicht mit der gelebten Praxis übereinstimmen. Zugleich trägt die ‚Pädagogik der Vielfalt‘ unverkennbar egalitär-utopische Züge, insofern sie sich auch grundsätzlich gegen jedwede Über- und Unterordnung ausspricht, und sich damit gegen die historische Tatsache stellt, „dass es in der Geschichte bisher keine Gesellschaft ohne ihr eigenes System der sozialen Ungleichheit gegeben hat" (Wehler 2008: 118).

1.4 Anreicherung und Stützung der zentralen Argumente durch aktuelle Diskurse

Die vorgestellte pädagogisch-normative oder neo-progressive Perspektive wird in den Publikationen des neuen Heterogenitätsdiskurses mithilfe stützender Argumente aus aktuellen Diskursen um Bildung, Aufwachsen und Lernen ergänzt und plausibilisiert. Wir gehen im Folgenden auf drei wichtige Argumentationslinien näher ein.

(1) PISA als Argumentationshilfe
Die Debatte um Heterogenität wurde vor allem durch die Ergebnisse von PISA 2000 angestoßen. So schreibt Ratzki (2005: 40): „Die neun Länder, deren SchülerInnen bei TIMSS und/oder PISA am besten abgeschnitten haben, kennen keine selektierenden Schulformen. LehrerInnen unterrichten an Gesamtschulen in heterogenen Lerngruppen und finden das ‚normal‘". Und Becker et al. (2004: 1) schlussfolgern nach einer Darstellung der Unterschiedlichkeit der Kinder und Jugendlichen: „Mit dieser Heterogenität soll die Schule, sollen die Lehrkräfte pädagogisch produktiv umgehen; das ist spätestens seit PISA die Forderung, die öffentlich auf breite Resonanz stößt." Die Bezugnahme auf derartige Leistungsvergleichsstudien, von denen es mittlerweile eine größere Anzahl gibt, ist keineswegs selbstverständlich, denn genau dieser Forschungstypus wird im reformpädagogischen Milieu üblicherweise doch kritisch betrachtet. Gegen dort eingesetzte standardisierte Verfahren wird eingewendet, dass damit der Blick auf das

---

[4] Vgl. Artikel 3 des deutschen Grundgesetzes: „Niemand darf wegen seines Geschlechtes, seiner Abstammung, seiner Rasse, seiner Sprache, seiner Heimat und Herkunft, seines Glaubens, seiner religiösen oder politischen Anschauungen benachteiligt oder bevorzugt werden. Niemand darf wegen seiner Behinderung benachteiligt werden".

einzelne Kind versperrt würde; der Messbarmachung schulischer Wirkungen begegnet man mit dem Argument der Nichtstandardisierbarkeit von Bildung; und die Fokussierung auf kognitive Lernleistungen wird als deutliche Verkürzung des Bildungs- und Erziehungsauftrags der Schule bewertet (s. auch Kap. 2). Dass die Ergebnisse hier trotzdem als Argument eingebracht werden, ist nicht zuletzt darauf zurückzuführen, dass sie die Grundüberzeugung der ReformerInnen bestärken, dass die deutsche Schule ihren Auftrag nicht angemessen erfüllt. Zudem bilden die Leistungsvergleichsstudien eine in der Öffentlichkeit hinlänglich bekannte Folie für Schul- und Unterrichtskritik, an die sich rhetorisch hervorragend anschließen lässt. Grundsätzlich werden drei Punkte immer wieder genannt:

- Das Problem der Homogenisierung von Lerngruppen durch ein auf Selektion ausgerichtetes System: Man findet wiederholt als Argument, dass Systeme ohne äußere Differenzierung besser abgeschnitten haben (z.B. in Skandinavien): „Von allen bei PISA untersuchten Ländern hat Deutschland" – so heißt es bei Ratzki (2007: 22) – „die am stärksten homogenisierten Schülergruppen. Trotzdem, – oder gerade deswegen? – liegen die Leistungen der deutschen Schüler international in der unteren Hälfte".
- Daneben sind auch intern – also für die deutschen Befunde – Probleme identifiziert worden, die mit Formen äußerer Leistungsdifferenzierung in Zusammenhang gebracht werden: eine starke Streuung der Ergebnisse mit problematischen Folgen besonders für die SchülerInnen an Hauptschulen; zugleich der im internationalen Vergleich starke Zusammenhang zwischen der sozialen Herkunft und dem Leistungserfolg.
- Vor allem die vergleichsweise geringe Anzahl an SpitzenschülerInnen zeige, dass auch die Behauptung einer besseren Förderung leistungsstarker SchülerInnen durch homogenisierte Lerngruppen, in denen die Schwächeren nicht ‚bremsen', nicht erfolgreich sei. Kurz: Weder die Starken noch die Schwachen profitierten von dem bisherigen System.

Betrachtet man die mithilfe der PISA-Ergebnisse artikulierte Kritik (s. für eine ausf. Darstellung auch Kap. 2), so ist diese vor allem darauf gerichtet, dass die Homogenisierung von Lerngruppen mit einer systematischen Aussonderung von solchen SchülerInnen verbunden wird, die den Erwartungen und Anforderungen nicht entsprechen: Beispiele sind Sonder- oder FörderschülerInnen, verzögerte Einschulungen, Abschulungen vom Gymnasium auf die Realschule und von dort auf die Hauptschule, Nichtversetzungen usw. Das Homogenisierungsprinzip und die damit verbundenen Zuweisungsmaßnahmen – dies der Einwand – würden in erster Linie auf einer Negativauslese beruhen (z.B. Möller 2006). So gelesen heißt dies z.B. konkret, dass mit der Rückstellung vom Schulbesuch weniger das betroffene Kind von einer Überforderung entlastet werde, sondern vielmehr die Schule von Kindern, die eigentlich einer besonderen Förderung und damit auch besonderer Anstrengungen von Seiten der Lehrkräfte bedürfen: „Den Kindern wird" – so etwa Tillmann (2004: 6) – „zwar nicht geholfen, aber die erste Klasse ist von möglichen ‚Problemfällen' befreit". Ähnlich lässt sich dies für die darauf aufbauenden Maßnahmen beschreiben: Das Sitzenbleiben fördere nicht den davon betroffenen Schüler, sondern erleichtere eher den Unterricht für die betroffene Lehrkraft und die vom schwachen Schüler entlastete Lerngruppe (ebd.).

(2) ‚Reformpädagogik meets Konstruktivismus'
Als eine weitere Argumentationshilfe für die Forderung nach einem veränderten Unterricht(en) werden in vielen Publikationen des neuen Heterogenitätsdiskurses auch lerntheoretische und neurobiologisch basierte Überlegungen verwendet. Während die Prämissen dieser Theorien – die Betonung der Eigenaktivität des Lerners, die Relevanz der individuellen Vorerfahrungen etc. – durchaus auch schon in den 1970er Jahren genannt wurden, kann heute expliziter auf ausformulierte Theorien zurückgegriffen werden. Hier ist insbesondere auf die Theoriefamilie des Konstruktivismus zu verweisen, die in den letzten fünfzehn Jahren für viel Diskussionsstoff in der Erziehungswissenschaft (und anderswo) geführt hat und die eine zeitlang – so wie der Heterogenitätsbegriff in der Gegenwart – eine Art Leit- und Modethema darstellte, um das man im Studium und in der akademischen Auseinandersetzung nicht herumkam. Auch hier gilt wieder, dass die Argumente aus der Kognitionsphilosophie und Neurobiologie zur Stützung der eigenen Positionen herangezogen und demzufolge auch überwiegend als dogmatische Wahrheiten behandelt werden: Die vertretenen reformpädagogischen Unterrichtskonzepte (s. Kap. 4) gelten nun zusätzlich noch als lernpsychologisch abgesichert, denn der Konstruktivismus – auf den wir uns hier konzentrieren wollen – kommt ja zu vergleichbaren Schlussfolgerungen in Bezug auf Lernen und Lehren. Ein Beispiel soll dies zeigen.

Achermann (2005) vergleicht in seiner Beschreibung des fiktiven Schulhauses ‚Moos' – ein Modell für den guten Umgang mit Heterogenität – vier verschiedene Auffassungen vom Lehren und Lernen: das behavioristische, das kognitivistische, das konstruktivistische und schließlich das kognitiv-konstruktivistische Modell (vgl. Kasten 1.3). Im Anschluss wird eine Synthese vollzogen: Das „kognitiv-konstruktivistische Lehr-/Lernverständnis [...] bildet zusammen mit der Pädagogik der Vielfalt die Grundlage für das Lehren und Lernen im Schulhaus Moos" (Achermann 2005: 3; vgl. auch Bräu/Schwerdt 2005). Für die Begründung eines anderen, besseren Umgangs mit Heterogenität entfalten derartige Theorieofferten gleich in zweifacher Hinsicht Argumentationspotenzial.

Erstens lässt sich die starke Betonung des Selbststeuerungsaspekts als Einwand gegen den immer noch verbreiteten, auf Instruktion gerichteten Frontalunterricht wenden. Zweitens kann argumentiert werden, warum Lernen im Gleichschritt den Bedürfnissen der Lerner nicht gerecht werden kann: Wenn Wissen immer subjektiv konstruiert und Lernen immer individuell sei, dann seien die Lernprozesse der Kinder einer Lerngruppe zwangsläufig so verschieden, dass Lernarrangements an den individuellen Lernvoraussetzungen anzusetzen haben (vgl. Bräu 2005: 133).

- Der *Behaviorismus* war in der ersten Hälfte des letzten Jahrhunderts besonders in den USA sehr einflussreich und hat sich intensiv mit dem beobachtbaren Verhalten von Lebewesen befasst. Schlüsselbegriffe sind Reiz-Reaktionslernen, Verhaltenskonditionierung und der Aufbau von Gewohnheiten und Verhaltensweisen. Für den Unterricht wurde das Basiskonzept der Direkten Instruktion entwickelt, das sich durch Vermittlung des Stoffes durch die Lehrkraft und zunehmend weniger eng kontrolliertes Üben seitens der Schüler auszeichnet. Als Vorstellungen von Lehre und Unterricht wurde den Behavioristen schon in den 1970er Jahren unterstellt, sie würden zu lehrerzentriert denken, ihre Unterrichtspraxis sei viel zu kleinschrittig und eng kontrollierend gedacht und sie würden mit ihren Ideen der Anpassung des Menschen an die äußeren Verhältnisse und nicht seiner Emanzipation dienen.

- Im *Kognitivismus* rückt die black box des ‚inneren' Denkens und Fühlens stärker in den Vordergrund. Untersucht werden Prozesse der Entstehung, Umstrukturierung und Entwicklung von deklarativem und prozeduralem Wissen. Hierunter fallen „auch die wesentlichen schulischen Lerninhalte, bei denen Bewusstsein, Sprache, schriftliche Symbolsysteme, Einsicht und schlussfolgerndes Denken eine zentrale Rolle spielen" (Stern et al. 2007: 111). Das Gehirn wird als Informationsverarbeitungssystem verstanden, bei dem ein innerer Apparat zwischen Außenwelt und Lernen/Handeln vermittelt.

- In *konstruktivistischen* Ansätzen lässt sich eine Zuspitzung der kognitiven Grundprämisse beobachten: Im Konzept der Wissenskonstruktion geht die Beeinflussung durch äußere Faktoren noch weiter zurück und macht einer fast durchgängigen Innensteuerung bei gleichzeitiger hoher Aktivität der Lernenden Platz (vgl. Terhart 1999: 24f.). Damit ist die extreme Gegenposition zum Behaviorismus erreicht: Lernen wird zu einem „selbständig zu vollziehenden Akt mit starker Situationsbindung, in dessen Verlauf Wissen, Inhalte, Fähigkeiten etc. nicht eingearbeitet oder ‚absorbiert', sondern konstruiert werden." (ebd.). Für den Unterricht würde dies bedeuten, dass es keine Vermittlung von Wissen durch Dritte geben kann/geben darf, da sich jeder Wissen selbständig erarbeitet (erarbeiten muss). LehrerInnen sind bestenfalls Anreger und Moderatoren selbständiger Lernprozesse.

Kasten 1.3: Verschiedene psychologisch basierte Modelle des Lernens

(3) Sozialisationstheoretische Argumente

Eine letzte, die Forderungen des neuen Heterogenitätsdiskurses stützende Argumentationslinie entspringt den beiden Topoi ‚veränderte Kindheit und Jugend' sowie ‚Individualisierung und Pluralisierung der Lebenslagen'. Beide greifen auf die in den 1980er Jahren in Deutschland einsetzende kulturalistische Wende in den Geistes- und Sozialwissenschaften zurück, in der anstelle von Klasse und Schicht, also klassischen vertikalen Dimensionen sozialer Ungleichheit, die Untersuchung von Lebensstilen und kulturellen Milieus, mithin eine bunte Vielfaltsforschung, trat. Wortführer war hier der deutsche Soziologe Ulrich Beck, der den Mobilitätssprung und die Dynamisierung der (west-)deutschen Gesellschaft seit den 1960er Jahren auf den Begriff brachte: Auflösung traditioneller sozialmoralischer Milieus, neue Formen des persönlichen Zusammenlebens, erodierende Klassen, Milieus und Geschlechterrollen, Ausdehnung der Gestaltungsmöglichkeiten in der Freizeit, allgemein mehr Wahlmöglichkeiten und -notwendigkeiten seitens der Individuen. Dies alles wurde und wird seitdem in seinen vielfältigen Auswirkungen auf die Institution Schule und die Befindlichkeiten der Kinder und Jugendlichen unter pädagogischen Aspekten breit erörtert. So führt Preuss-Lausitz (2004: 16), um ein Beispiel zu nennen, als Anforderungen an heutige Kinder in „pluralen, offenen und mobilen Gesellschaften" an:

- die Notwendigkeit und Möglichkeit, frühzeitig selbständig und selbstbewusst zu werden
- Konsumwünsche mit vorhandenen Ressourcen in Einklang zu bringen
- Hobbys und Vereinsaktivitäten zu regeln, Termine zu koordinieren
- Wünsche mit Eltern und Freunden auszuhandeln
- sich auf wechselnde Partnerschaften und neue Freunde und Geschwister einzustellen
- sich gesund zu ernähren und Sport zu treiben
- sich in der Jungen- oder Mädchenrolle finden
- situations- und personenspezifisch ‚richtiges' Verhalten zu erkennen und zu unterscheiden

Betont wird erstens, dass diese zuweilen auch ‚postmodern' genannten Lebens- und Aufwachsensbedingungen große Chancen, gleichzeitig aber auch große Risiken bergen, und dass zweitens „die gesellschaftlichen Veränderungen die Unterschiede der Schülerinnen und Schüler sichtbarer gemacht" (ebd.) haben, sie aber zugleich auch größer geworden seien. Diese (sozialisations-)theoretische Perspektive scheint also einmal das Faktum der steigenden Heterogenität der SchülerInnen und gleichzeitig auch die Auffassung von der Reformnotwendigkeit des deutschen Schulsystems erneut zu bestärken. Obwohl prinzipiell auf eine steigende Pluralisierung der Lebenslagen auch mit einer steigenden Pluralisierung und weiteren Ausdifferenzierung der Bildungsangebote reagiert werden könnte, nutzt der Diskurs die Diagnosen für verstärkte Forderungen nach einer gemeinsamen Schule für alle, *innerhalb der* dann Differenzen differenziert bearbeitet werden sollen: Abkehr vom Frontalunterricht, weniger Abschottung der sozialen Milieus, unterschiedliche Angebote für die unterschiedlichen SchülerInnen im gemeinsamen Unterricht, Inklusion und Raum für Selbständigkeit der Lernenden werden angesichts der neuen gesellschaftlichen Verhältnisse als dringliche Innovationen empfohlen.

1.5 Rückfragen an den Reformdiskurs

Bis hierhin haben wir versucht, den Heterogenitätsdiskurs anhand der in der Literatur verbreiteten Leitunterscheidung ‚Homogenisierung als Leitidee/Strukturprinzip – Umstellung auf Heterogenität als Anforderung' zu beschreiben. Es sei nochmals daran erinnert, dass diese Unterscheidung im Prinzip keineswegs neu ist. Wer die schulkritische Literatur der 1960er und 1970er Jahre in die Hand nimmt (und es ließe sich noch weiter zurückgehen), wird über die vielen Gemeinsamkeiten und Wiederholungen überrascht sein. Allgemeiner formuliert: Viele Aspekte des Diskussionsfeldes ‚Schule und Heterogenität' tauchen wellenartig in Reformphasen immer wieder auf. Unübersehbar hat sich für Deutschland in der Wissenschaft, aber auch in der Bildungspolitik und der Öffentlichkeit aktuell wieder die Einschätzung durchgesetzt, dass wir es gegenwärtig in besonderer Weise mit einem Reformstau zu tun haben, der auf vielen unterschiedlichen Ebenen gleichzeitig aufgelöst werden muss. Kurz: Wir befinden uns offensichtlich in einer neuen Reformphase.

Abschließend soll es nun darum gehen, einige kritische Fragen an den Reformdiskurs zu formulieren und auf diese Weise einen Problemgrund für die folgenden Kapitel zu legen. Zur Erinnerung sei das zentrale Argumentationsmuster noch einmal aufgeführt: Heterogenität/Differenz wird zunächst grundsätzlich als positiver Wert beschrieben (Etablierung eines Maßstabs). Dagegen wird die schlechte/verbesserungswürdige Praxis gehalten (Schul- und Unterrichtskritik unter dem Stichwort Homogenisierung). Aus der Differenz zwischen dem, was sein soll, und dem, was ist, werden sodann zahlreiche Forderungen abgeleitet und Empfehlungen geäußert, welche die Lücke zwischen Ideal und Wirklichkeit schließen oder zumindest verkleinern helfen sollen. Es ist vor allem auf drei Probleme der Argumentation hinzuweisen, die wir kurz als Denkrichtung skizzieren, und mit denen wir uns im Weiteren beschäftigen werden:

(1) Heterogenität und Homogenität als Spannungsfeld
Eine erste Rückfrage gilt dem ‚Feiern' von Vielfalt in der Literatur, die sehr oft als Wert an sich begriffen und propagiert wird: Heterogenität soll bejaht, unterstützt, produktiv bearbeitet werden. Der Ausdruck erscheint hier als einprägsamer Spruch (Slogan), dem man die moralische Gefolgschaft nicht verweigern darf, ohne als rückständig, vorurteilsbehaftet und nicht auf der Höhe der Zeit zu gelten. Er ist allerdings auch noch weitgehend inhaltsleer: Welche Heterogenitätsdimensionen und Schülermerkmale werden eigentlich angesprochen und kann man diese alle unterschiedslos bejahen? Und was heißt bejahen und produktiv nutzen konkret? Ist die Bearbeitung einer ‚grenzenlosen' Heterogenität vorstellbar oder gibt es auch legitime Homogenitätserfordernisse?

Wir werden im zweiten Kapitel zeigen, dass diese Fragen alles andere als einfach zu beantworten sind, dass sie aus unterschiedlichen disziplinären Traditionen heraus durchaus ganz unterschiedlich angegangen werden und dann auch unterschiedliche Schlussfolgerungen nahe legen. Gegenüber einer einfachen Kodierung von Heterogenität als moralisch gut möchten wir uns stärker Positionen anschließen, die von einem unaufhebbaren Spannungsfeld zwischen Heterogenität und Homogenität ausgehen und die Heterogenisierung und Homogenisierung als zwei je nach Kontext legitime Strategien zum Umgang mit Schülerinnen und Schülern ansehen (vgl. Prengel 1993; Wenning 2007; Sauter/Schroeder 2007).

(2) Reflexionsabschluss durch den Wertbegriff Individualität
Dass die neue Schule sich auf die individuellen Bildungsvoraussetzungen ihrer einzelnen Schüler einstellen müsse, dass förderliche und nicht-diskriminierende Lernumgebungen für alle geschaffen werden und Lehrkräfte Heterogenität auch in ihrem Unterricht berücksichtigen sollen, klingt einleuchtend und wirkt unmittelbar sympathisch; wer könnte sich auch schon gegen solche hehren Ziele aussprechen? Als Fluchtpunkt der Reflexion fungiert im Reformdiskurs schließlich immer wieder das Wohl jeden einzelnen Kindes. Es ist dies eine Perspektive, die ihr eigenes Recht beanspruchen kann und in unseren Augen auch – um Missverständnissen vorzubeugen – notwendig ist.

Allerdings: Was verliert man aus dem Blick, wenn man Schule pointiert gesprochen als Einrichtung zur Verwirklichung von Individualität versteht? Eine derartige *pädagogische* Selbstbeschreibung der Schule kollidiert nicht nur aus unserer Sicht massiv mit der Beobachtung ihrer *gesellschaftlichen* Funktionen und Aufgaben (z.B. Fend 2008). Aus schultheoretischer Perspektive muss vielmehr einbezogen werden, dass das Bestreben, unterschiedliche Lernerbedürfnisse optimal zu berücksichtigen, immer wieder an systemimmanente Grenzen stößt, die durch die Schule als Institution – ihre spezifische Funktions- und

Handlungslogik – erzeugt werden. Einige der damit verbundenen organisatori-schen Zwänge und Einschränkungen wie auch die außerpädagogischen, explizit nicht-kindorientierten Funktionen für andere gesellschaftliche Teilbereiche wer-den wir im dritten Kapitel näher betrachten.

(3) Grenzen von (Erziehungs-)Wissenschaft als Handlungswissenschaft
Dass auch WissenschaftlerInnen gestaltende Absichten haben und sich für Ver-besserungen der Praxis engagieren, ist auf der einen Seite grundsätzlich wün-schenswert und nachvollziehbar. Dies wird nicht nur von der Öffentlichkeit er-wartet, sondern ein solcher Anspruch gehört auch zum recht weit verbreiteten Selbstverständnis der Erziehungswissenschaft als einer Handlungswissenschaft: Wissenschaft soll nicht Selbstzweck sein, sondern soll auf die Probleme der gegenwärtigen Verhältnisse aufmerksam machen, Verbesserungen anregen und die dafür zur Verfügung stehenden Möglichkeiten aufzeigen.

Auf der anderen Seite fragen wir uns, ob die Schulpädagogik damit nicht erneut in Probleme gerät, wie sie aus der Vermischung von Entscheidungslogi-ken und -spielräumen, auch Erkenntnis- und Handlungsmöglichkeiten von Wis-senschaft, Schulpraxis, Bildungsverwaltung und -politik bereits aus den 1970er Jahren bekannt sind. Beispiele dafür wären eine Überschätzung der eigenen Einflussmöglichkeiten, eine Pädagogisierung gesellschaftlicher Probleme, eine Vermeidung der Explikation von Ungereimtheiten, Widersprüchen und Risiken, um Innovationen anzustoßen und andere von der Richtigkeit der eigenen Strate-gien zu überzeugen (z.B. Paschen/Wigger 1992). Folgt man den Überlegungen dieser und anderer AutorInnen (z.B. Diederich/Tenorth 1997), dann wären re-formambitionierte Texte im Hinblick auf ihren Anschlusswert für die pädagogi-sche Praxis auch mit deutlicher Skepsis zu betrachten; denn es wird offenbar nicht nur im Sinne von Paschen und Wigger (1992) ‚unvollständig argumen-tiert', sondern als weitere Probleme kommen z.B. idealisierende Wirkungserwar-tungen, eine verkürzte Problemsicht auf die Komplexität und Widersprüchlich-keit des pädagogischen Handelns und nicht zuletzt unrealistische Erwartungen an die Akteure der Praxis hinzu. Kurz: Erziehungswissenschaft läuft damit schnell Gefahr, in das ‚große Ganze' – in weit reichende gesellschaftliche Fragen oder Visionen – abzudriften und Szenarien zu entwerfen, die schon im Ansatz an den dafür eigentlich notwendigen Voraussetzungen zu scheitern drohen. Wir werden auf diese Probleme besonders im vierten und fünften Kapitel immer wieder zurückkommen; außerdem wird dieses Problem noch einmal gesondert in einem Nachwort von uns reflektiert.

Das nun folgende Kapitel dient aber zuerst einmal einer genaueren Begriffsana-lyse zu ‚Heterogenität'.

2 Heterogenität: Facetten und Probleme eines Schlüsselbegriffes

Es sollte Ihnen deutlich geworden sein, dass mit dem Stichwort Heterogenität eine vielschichtige Diskussion verknüpft ist, die ausgehend von dessen positiver Bewertung – als Vielfalt – eine Reihe kritischer Rückfragen an die ‚Heterogenitätsfähigkeit' der Schulen und Lehrkräfte in Deutschland stellt. Deutlich geworden sein sollte jedoch auch, dass sich eine Prüfung dieser Monita zunächst genauer mit diesem Schlüsselbegriff der Debatte selbst zu beschäftigen hat: Was bedeutet Heterogenität im Detail? Welche Dimensionen und Zugänge sind zu unterscheiden? Welche Anschlussfragen ergeben sich für den wissenschaftlichen und schulpraktischen Umgang mit Heterogenität? Die dazu bisher präsentierten Bestimmungsstücke haben zwar eine erste Richtung aufzeigen können, so etwa, dass eine Reflexion der Thematik aus einer subjektbezogenen Perspektive – wie wir dies für die pädagogisch-normative Position rekonstruiert haben – zu dem Ergebnis führt, dass sich Individuen in vielfältiger Weise voneinander unterscheiden. Dies ist aber noch nicht viel mehr als eine Binsenweisheit, die für eine Beschäftigung mit der Thematik ‚Umgang mit Heterogenität in der Schule' einige Probleme bzw. weiterführende Fragen aufwirft:

- Die Zahl der Merkmale, nach denen man eine Gruppe als mehr oder weniger heterogen klassifizieren kann, ist im Prinzip unendlich: Haarfarbe, Körpergröße, Charaktereigenschaften und Freizeitinteressen, soziale Bindungen oder Familiengröße – in all diesen Aspekten können sich Mitglieder einer Lerngruppe mehr oder weniger (un)ähnlich sein. Für den Umgang mit Heterogenität in der Schule müsste also näher bestimmt werden, welche Unterschiede in den Blick zu nehmen sind: Welche Dimensionen von Verschiedenheit sind für schulisches Lernen relevant? Dies zu klären – und so die Slogan-Ebene ‚Jeder ist anders!', ‚Alle sind verschieden!' zu verlassen – wäre etwa eine Voraussetzung, um angeben zu können, welche Merkmale LehrerInnen im Blick haben sollten oder welches Ausmaß von Verschiedenheit man in den Schulklassen tatsächlich antrifft.
- Schwierigkeiten bestehen nicht nur im Hinblick auf die Kriterien, sondern auch im Hinblick auf die Ausprägungen: Ab welcher Ausprägung der Merkmale soll von Gleichartigkeit oder Verschiedenartigkeit gesprochen

werden? Man kann eine Gruppe 15-Jähriger als (alters-)homogene Gruppe bezeichnen: eben als Gruppe aller 15-Jährigen; man kann sie aber auch als (alters-)heterogen bezeichnen, weil jeder Schüler schließlich einen anderen Geburtstermin hat. Auch hier kommt es also entscheidend darauf an, genauer zu klären, was jeweils gemeint ist (vgl. auch Arnold 2010).

▪ Mit einer Bestimmung von relevanten Kriterien und ‚Heterogenitätsmaßen' geht schließlich die Frage einher, welche Umgangs- und Reaktionsformen sich dafür aufzeigen lassen bzw. konkreter: welche Konsequenzen man daraus für die Organisation schulischer Lernprozesse ziehen will oder soll. Lässt sich Verschiedenheit tatsächlich immer als eine Bereicherung deuten? Oder gibt es auch gute Gründe dafür, bestehende Unterschiede zu ignorieren oder gar abzubauen? Und welche Konsequenzen ergeben sich, wenn man Unterschiedlichkeit in das Zentrum der Aufmerksamkeit rückt?

Es sind diese Fragen, die unsere weiteren Ausführungen leiten sollen. Wir beginnen mit einer Begriffsbestimmung (2.1), um davon ausgehend die Frage in den Vordergrund zu rücken, welche Dimensionen von Verschiedenheit diskutiert bzw. für schulisches Handeln als bedeutsam eingeschätzt werden. Dazu präsentieren wir zwei theoretische Perspektiven für die Bestimmung solcher Merkmale, die im Diskurs um Heterogenität in der Schule einen hohen Stellenwert besitzen (2.2). Wir fragen dann nach Möglichkeiten und Grenzen der empirischen Beschreibung von Heterogenität und stellen ausgewählte Ergebnisse vor (2.3). Abschließend reflektieren wir einige grundsätzliche Probleme, die sich aus den bis dahin angestellten Überlegungen ergeben (2.4).

2.1 Zur Bestimmung des Begriffs ‚Heterogenität'

Heterogen bedeutet ursprünglich von „verschiedener Abstammung, Art, Gattung" (griech. *heteros* „anders, abweichend" und *genos* „Geschlecht, Art, Gattung"), in erweitertem Sinne dann aber auch ganz allgemein „andersgeartet, ungleichartig, fremdstoffig" (Duden 2009); als Gegenwort wird meist das Adjektiv *homogen* verwendet. In schulpädagogischen Diskussionen wird Heterogenität oft synonym mit Verschiedenheit, Vielfalt oder Unterschieden/Differenz gebraucht; ein zunächst weniger nahe liegendes Bedeutungsfeld erschließt sich über den Ausdruck Ungleichheit. Zwar verbergen sich hinter den Übertragungen ins Deutsche durchaus unterschiedliche theoretische Hintergründe, gemeinsam ist ihnen aber, dass damit im schulischen Kontext auf die Unterschiedlichkeit von Kindern bzw. Jugendlichen Bezug genommen wird. Folgende Spezifizierungen sind hervorzuheben (vgl. Wenning 2007):

(1) Heterogenität ist eine Bezeichnung, die in der Regel nicht auf ein einzelnes Subjekt, sondern auf eine Gruppe – hier eine Gruppe von SchülerInnen – angewendet wird: auf eine Schulklasse, auf die SchülerInnen einer Schule, einer bestimmten Schulform oder einer Region.

(2) Der Ausdruck bezeichnet Differenz(en) und auch Gleichartigkeit(en): Alle Gruppenmitglieder lassen sich nach gemeinsamen Merkmalen beschreiben (z.B. nach Alter, Geschlecht, Intelligenz), deren Ausprägungen können aber bei den Einzelnen sehr unterschiedlich sein (jünger oder älter, männlich oder weiblich, hohe oder niedrige Intelligenz, katholisch, atheistisch oder muslimisch etc.). Neben der Frage, welche Merkmale eigentlich (wann und wozu) relevant sein sollen, sind auch die Merkmalsausprägungen mitsamt ihren Bezeichnungen – als Ordnungsgefüge sozialer Wirklichkeit – teilweise umstritten: Während etwa das Alter von Menschen unproblematisch mit einer Zahl bezeichnet werden kann, ist das für die Kategorie ‚ethnische Herkunft' deutlich schwieriger; eine Klassifikation in Deutsche und Nichtdeutsche kann viel zu grob sein und sogar als falsch abgelehnt werden.

(3) Heterogenität ist also nicht als Faktum gegeben, sondern nur als ein Konstrukt, d.h. eine Bezeichnung, die von außen – von einem Beobachter – zugeschrieben wird. Ausschlaggebend ist, welches Kriterium für den Vergleich von Gruppenmitgliedern gewählt wird: Die Schülerinnen einer Mädchenschul-Klasse sind im Hinblick auf die Geschlechtszugehörigkeit homogen, aber eben mehr oder weniger heterogen, wenn es um andere Merkmale (z.B. Intelligenz, Fachinteressen, soziale Herkunft) geht. Daneben ist der angelegte Maßstab bzw. die zugrunde gelegte Norm relevant. Ob ein Lehrer eine Lerngruppe als leistungshomogen oder -heterogen einstuft, hängt eng mit seinen Normalitätsvorstellungen, aber auch vom jeweiligen Kontext ab: „In einer Jungenschule" – so konkretisiert Wenning (2007: 25) – „führt beispielsweise ein Mädchen zu einer Heterogenitätswahrnehmung, in einer gemischten Schule nicht. In einer homogenen Gymnasialklasse führt das Auftauchen eines Schülers mit besonderem Förderbedarf zu einer irritierenden Heterogenitätswahrnehmung, in einer integrativen Grundschulklasse nicht".

(4) Es handelt sich um zeitlich und räumlich begrenzte Zustandsbeschreibungen, und dies in zweifacher Hinsicht: Einmal kann das Vergleichsergebnis durch eine veränderte Betrachtungsweise anders ausfallen: Werden Lehrende – wie durch den aktuellen Diskurs – für zahlreiche Dimensionen von Unterschiedlichkeit und deren Bedeutung sensibilisiert, ist zu erwarten, dass sie ihre Lerngruppen zukünftig auch als heterogener wahrnehmen bzw. beschreiben werden. Daneben kann Heterogenität aber auch ‚objektiv' zu- und abnehmen bzw. durch Eingriffe und Maßnahmen (wie spezielle Förderung, Gruppenzuweisungen) aktiv verringert oder vergrößert werden.

Kurz: Heterogenität ist ein in historischer, theoretischer und empirischer Hinsicht relatives Konstrukt, das in engem Zusammenhang zu weiteren Begriffen wie Homogenität, Einheit und Differenz/Unterschiedlichkeit, Vielfalt, Ungleichheit und Normalität steht. Wie wird dieses Konstrukt nun inhaltlich gefüllt?

2.2 Dimensionen von Heterogenität[5]

Befragt man aktuelle Veröffentlichungen danach, welche Gruppen- bzw. Lernermerkmale für Schule und Unterricht bedeutsam sind, so trifft man auf längere, aber keineswegs identische Listen von Merkmalen, nach denen Lerngruppen als heterogen klassifiziert werden bzw. denen eine hohe Relevanz im Hinblick auf schulisches Lernen zugeschrieben wird (s. Kasten 2.1).

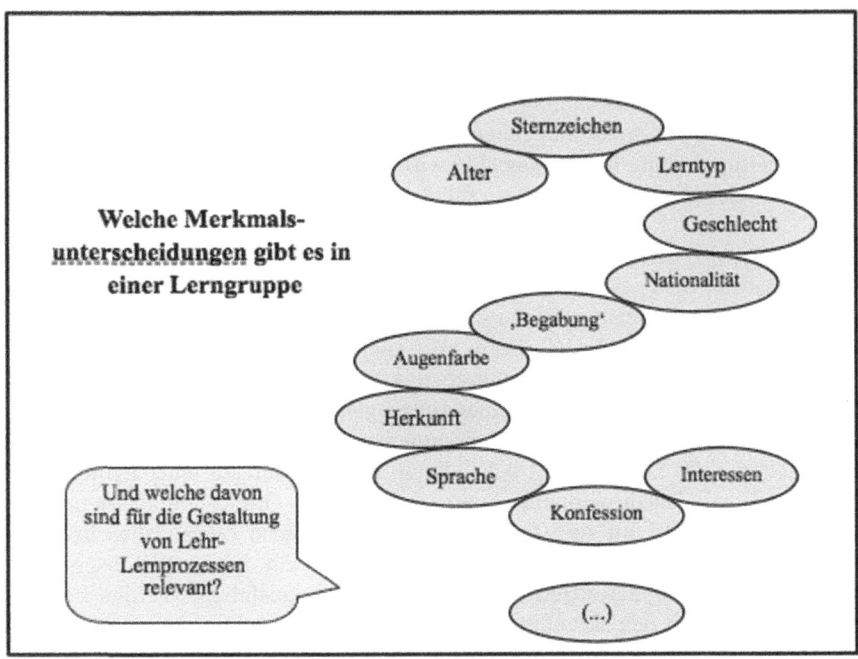

Kasten 2.1: Mögliche Merkmalsunterscheidungen innerhalb einer Lerngruppe

---

[5]   Ein Hinweis zum Sprachgebrauch: Wir sprechen von *Dimensionen* als Beschreibungselementen des Heterogenität*begriffs*, aber von *Merkmalen* im Zusammenhang mit *Schüler*klassifikationen.

40

Das bedeutet: Heterogenität wird aktuell (und in historischer Perspektive: s. dazu Kasten 2.4) durch diverse, nicht einheitlich bestimmte Dimensionen beschrieben. Bleibt man bei der aktuellen Debatte, also einer synchronen Betrachtung, dann werden fast immer genannt: kognitive Leistungsfähigkeit (Intelligenz, fachliche Leistungen, aber auch Lernbehinderung), soziale Herkunft (Sozialschicht, Familienstruktur, Migrationshintergrund, religiöse Einbindung etc.), die Geschlechtszugehörigkeit und das Alter. Es gibt bei vielen AutorInnen (z.B. Altrichter/Hauser 2007; Höhmann 2009) allerdings im Detail dann noch etliche Ergänzungen. Wir zitieren exemplarisch Altrichter/Hauser (2007: 6), die nicht nur eine solche Fülle von Merkmalen auflisten, sondern (durch die häufige Verwendung von ‚etc.') andeuten, dass damit noch längst nicht alle Aspekte einbezogen sind:

„Die Klassenzimmer sind gleichsam mit Heterogenität gepflastert, Schülerinnen und Schüler einer Klasse sind oft sehr unterschiedlich in Bezug auf
- Erfahrungshintergrund – nach ihrer sozialen, kulturellen, nationalen Identität, Erziehungsstile der Eltern etc.
- Kenntnisse und Vorerfahrungen, Leseverhalten, Fernsehkonsum etc.
- Allgemeine Fähigkeiten und Begabungen und logisches Denken, künstlerische Fähigkeiten, sportliche Eigenschaften etc.
- Persönlichkeitsmerkmale, wie Schüchternheit, Offenheit, unterschiedliche Lerntypen etc.
- Arbeitshaltungen – Durchhaltevermögen, zielgerichtetes Arbeiten, Ehrgeiz, Langsamkeit, Entmutigung, Unsicherheit etc.
- Arbeitstechniken im Umgang mit angebotenen Lernmaterialien
- Motivation und Einstellung zu bestimmten Unterrichtsfächern
- Arbeits- und Lerntempo, Ausdauer, Lernorganisation
- Leistungen."

Nun mag diese Aufzählung die praktischen Erfahrungen gut abbilden. Problematisch ist aber, dass man es bei solchen Listen mit einer additiven und beliebig erweiterbaren Aufzählung zu tun hat, die eine Gemengelage produziert, in der man sich schnell verlieren kann. Es stellen sich unweigerlich Fragen wie: Welche der Dimensionen sind zu berücksichtigen, welche können berücksichtigt werden oder welche sollen explizit außen vor bleiben? Dass diese Fragen einfacher zu stellen als zu beantworten sind, versuchen wir nun aufzuzeigen, indem wir aus dem breiten Fundus der wissenschaftlichen Auseinandersetzung mit Heterogenität exemplarisch zwei – durchaus sehr unterschiedliche – Perspektiven vorstellen. Es ist dies die psychologische Lehr-Lern-Forschung (2.2.1) sowie eine sozial- und erkenntniskritische Perspektive (2.2.2). Beide Perspektiven setzen durchaus unterschiedliche Prioritäten im Hinblick darauf, welche Heterogenitätsdimensionen als bedeutsam bzw. relevant eingeschätzt werden.

2.2.1. Lehr-Lernpsychologische Zugänge: Identifikation von Lernermerkmalen für die Gestaltung von Unterricht

Eine erste Möglichkeit zur Identifikation relevanter Heterogenitätsdimensionen liegt in der Suche nach Lernermerkmalen für die Organisation von Lehr-Lern-Prozessen, wie sie in der psychologischen Lehr-Lern-Forschung seit Jahrzehnten intensiv betrieben wird (vgl. Helmke/Weinert 1997; Arnold 2010). Gefragt wird hier nach Bedingungsfaktoren schulischer Leistungen: Wie können *interindividuelle* Unterschiede in den Schulleistungen erklärt werden? Was sind zentrale Einflüsse für die Entwicklung bzw. den Erwerb von Kenntnissen und Fähigkeiten im schulischen Kontext? Der Fokus der Lehr-Lern-Forschung bezüglich der Heterogenitätsthematik ist also gleich in mehrfacher Hinsicht relativ eng:

(1) Es werden nur Erkenntnisse zu Lehr-Lernprozessen produziert, die den Unterricht betreffen, also für Fragen der Unterrichtsgestaltung im engeren Sinne bedeutsam sein können.

(2) Dabei stehen in erster Linie kognitive Lernziele im Vordergrund, während andere (relevante) Unterrichts-Ziele wie soziales Lernen oder Persönlichkeitsentwicklung tendenziell außen vor gelassen werden.

(3) Eine grundsätzliche Einschränkung betrifft auch die Art und Weise, mit der man auf die schulische Realität ‚blickt': Gesucht wird nach statistisch abbildbaren Zusammenhängen und Gesetzmäßigkeiten mit dem erklärten Ziel „die Vielzahl und Vielfalt potentieller oder tatsächlicher Einflussfaktoren so zu reduzieren und zu ordnen, daß sie in möglichst sparsamer Weise beobachtbare Schulleistungsunterschiede und ihre Genese befriedigend erklären" (Helmke/Weinert 1997: 77). Salopp formuliert: Es geht um ein Hantieren mit einem zuvor definierten Set an Variablen, die zwar trotz forschungsökonomisch gebotener Begrenzungen noch zahlreich sind, die Wirklichkeit als Modell aber natürlich nur eingeschränkt abbilden können – zumal man sich gerne auf Aspekte (wie Wissenszuwachs) beschränkt, die gut operationalisier- und messbar sind.

Betrachtet man unter diesen Vorzeichen die Grundannahmen und produzierten Befunde, so zeigt sich, dass im Ergebnis trotz eines eher reduktionistischen Vorgehens doch mit sehr komplexen Modellen gearbeitet wird, um das Geflecht von Bedingungsfaktoren schulischer Leistungen theoretisch erklären und empirisch abbilden zu können. Demonstrieren kann dies das so genannte Angebot-Nutzungsmodell, das der Unterrichtsforscher Andreas Helmke (u.a. unter Bezug auf Überlegungen von H. Fend und F. E. Weinert) entwickelt hat, und das aktuell als ‚state of the art' gilt (s. Kasten 2.2).

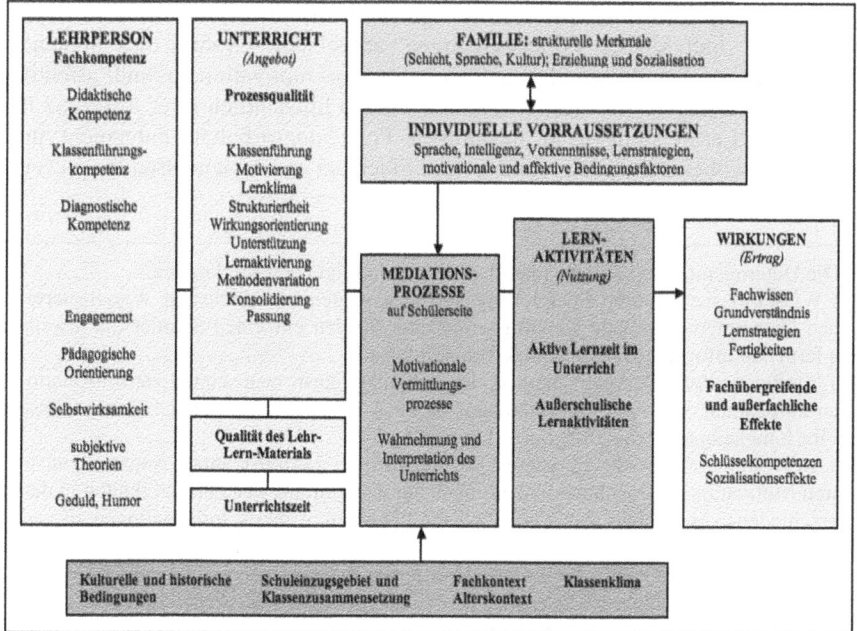

Kasten 2.2: Angebots-Nutzungsmodell von Helmke (2009)

Wir können hier nicht auf die theoretischen Implikationen des Modells im Einzelnen eingehen (vgl. Helmke 2009). Für unsere Frage nach wesentlichen Heterogenitätsmerkmalen muss als Hinweis genügen, dass man in der Lehr-Lern-Forschung verschiedene Einflussbereiche für das Zustandekommen schulischer Leistungen (hier als Wirkungen bezeichnet) im Blick hat: Fachliche (und fachübergreifende) Effekte hängen etwa auch ab von Merkmalen des Unterrichts (und so auch direkt oder indirekt von Merkmalen des Lehrers). Im Kontext dieser Faktoren, die allesamt Erklärungskraft für die Beeinflussung von Lernergebnissen besitzen, wird jedoch den *individuellen Lernermerkmalen* trotz zahlreicher Verflechtungen zu anderen Faktoren die höchste Relevanz zugeschrieben:

„Auch wenn die Einflüsse gesamtgesellschaftlicher, sozio-ökonomischer, schulsystematischer und klassenspezifischer Bedingungen auf die Schulleistung trotz gelegentlich schwacher empirischer Evidenz hoch eingeschätzt werden, so gibt es doch keinen vernünftigen Zweifel daran, dass der Lernende mit seinen dispositionalen Merkmalen und seinem aktuellen Verhalten *die wichtigste dynamische Determinante* der Schulleistungen und der Entstehung von Schulleistungsunterschieden darstellt" (Helmke/Weinert 1997: 99; Herv. von M.T/B.W.).

43

Was mit ‚dispositionalen Merkmalen' gemeint ist, findet sich in dem Erklä-rungsblock ‚individuelle Voraussetzungen' aufgelistet: Es sind dies Sprache[6], Intelligenz, Vorkenntnisse, Lernstrategien sowie motivationale und affektive Bedingungsfaktoren. All diese Merkmale wurden hinsichtlich ihrer Relevanz für schulische Lernleistungen in unzähligen Forschungsarbeiten untersucht und gewichtet, wobei sich die Ergebnisse vereinfacht so zusammenfassen lassen (vgl. ausf. Helmke/Weinert 1997 und Kasten 2.3):

„Die Heterogenität der Schüler manifestiert sich in folgenden Merkmalen:

a) Wissensbasis: Schüler einer Klasse verfügen in den verschiedenen Wissensberei-chen über unterschiedliche Kenntnisse, so dass für den einzelnen Schüler die jeweils zu lernende Informationsmenge unterschiedlich ist.

b) Intelligenz: Schüler unterscheiden sich außerdem darin, wie schnell sie Informatio-nen aufnehmen, wie viele Informationen sie im Arbeitsgedächtnis speichern und diese in ihr Langzeitgedächtnis integrieren können.

c) Motivation: Ferner differenzieren Schüler in ihrer Lernlust, ihren Ängsten und in ihren Motivationen. Dies hat Auswirkungen auf den Umfang der Lerntätigkeiten in den verschiedenen Bereichen sowie auch auf die Fähigkeit, effektiv Informationen zu ver-arbeiten.

d) Meta-Kognitionen: Für das Lernen sind ferner metakognitive Unterschiede in den Strategien und Verfahrensweisen der Problembearbeitung, der Problemlösung sowie deren kritische Beurteilung bedeutsam".

Kasten 2.3: Merkmale von Schülerheterogenität nach Wellenreuther (2005: 437)

- *Vorkenntnisse*

Hier geht es um das Vorwissen bzw. die Kompetenzen, die die Lernenden im Hinblick auf den jeweiligen Lerngegenstand mitbringen, womit – dieser Hinweis ist wichtig – neben deklarativen Kenntnissen (*knowing that*) auch spezifische Fertigkeiten, Routinen und Strategien (*knowing how*) angesprochen sind. Im Reformdiskurs bleibt dieses Merkmal erstaunlich oft unbeachtet, obwohl es sich empirisch als bester Prädiktor (d.h. Vorhersagevariable) für Schulleistungen erwiesen hat und in der Lehr-Lern-Forschung daher als wichtigstes Lerner-merkmal betrachtet wird. Helmke/Weinert (1997: 108) nehmen explizit Bezug auf Untersuchungen, die die Überlegenheit dieses Faktors auch gegenüber dem zweiten wichtigen Kriterium – der Intelligenz – belegen: „Vergleicht man Men-schen mit ähnlicher Intelligenz, aber einem sehr unterschiedlichen Wissensstand bei der Bearbeitung anspruchsvoller Lern-, Gedächtnis- oder Denkaufgaben aus

---

[6] Sprache als individuelles Lernermerkmal wird nicht näher erläutert und taucht nicht in allen Darstellungen auf.

einem bestimmten Inhaltsgebiet, so übertreffen diejenigen, die über das bessere Wissen verfügen (Experten), die Novizen in praktisch allen Belangen" (ebd.).

- *Kognitive Grundfähigkeiten bzw. Intelligenz*
Auch diese zweite Dimension individueller Lernervoraussetzungen besitzt eine hohe Prognosekraft für Schulleistungen. Es gilt als empirisch evident, dass sich Lernende in ihren kognitiven Grundfähigkeiten – ihren ,Begabungen' – unterscheiden und damit ein Bedingungsrahmen für Leistungsfähigkeit abgesteckt wird: Intelligenz und Schulleistungen stehen in engem Zusammenhang. Dabei scheint die Funktion kognitiver Grundfähigkeiten für Lernleistungen einmal darin zu liegen, dass neue Aufgaben schneller erfasst und Problemlösungsstrategien effektiver entwickelt werden. Zweitens bestehen auch Zusammenhänge zum Vorwissen: „Intelligentere" – so Helmke/Weinert (1997: 106) – „haben im Vergleich zu weniger intelligenten Menschen in kumulativen Lernsequenzen unter vergleichbareren Zeit- und Instruktionsbedingungen mit einer gewissen Wahrscheinlichkeit in der Vergangenheit mehr und intelligenter organisiertes (tiefer verstandenes, vernetztes, multipel repräsentiertes und flexibel nutzbares) Wissen erworben", was die darauf aufbauenden Lernprozesse erleichtere. Allerdings ist Intelligenz als Lernermerkmal so einschlägig wie umstritten. Vielen ErziehungswissenschaftlerInnen gilt sie als ein problembehaftetes Konstrukt, das zu statisch, eindimensional und zu deterministisch gedacht wird. Insofern ist als Hinweis wichtig, dass zwar mit dem Intelligenzkriterium Unterschiede im geistigen Potenzial abbildbar sind, die über „Zeit und Situation hinweg konsistent sind" (Stern 2004: 38); die Beziehung zwischen Leistungsfähigkeit und -ergebnissen wird aber durch zahlreiche andere Einflüsse moderiert – etwa auch durch motivationale und affektive Bedingungsfaktoren.

- *Motivationale und affektive Merkmalen*
Hierunter fallen solche Aspekte der Schülerpersönlichkeit, denen ein Einfluss auf das Lernverhalten und demnach ein *indirekter* Einfluss auf Lernleistungen zugeschrieben wird. Empirisch werden Konstrukte wie Fähigkeitsselbstkonzept, Kontroll- und Selbstwirksamkeitsüberzeugungen, lernstoffbezogene Interessen, Anstrengungsbereitschaft und Emotionen wie Angst vor Misserfolg, Langeweile u.Ä.m. unterschieden. Sie alle nehmen Einfluss auf den Lernerfolg, was hoch plausibel ist, wenn man Lernen als einen aktiven Prozess begreift, der vom Lerner selbst gesteuert werden muss. Gleichwohl hat man es mit komplexen Wechselwirkungsprozessen zu tun, die sich für eine Bestimmung relevanter Lernermerkmale als nicht einfach erweisen.

▪ *Strukturelle Bedingungsfaktoren*

Zur Verkomplizierung trägt bei, dass sich die Lehr-Lern-Forschung zwar primär für personenbezogene Merkmale interessiert, diese Merkmale aber nicht ‚einfach vom Himmel fallen', sondern auch ein Ergebnis vor- und außerschulischer Sozialisationsprozesse sind. Dies erklärt – wie durch den Block ‚Familie' angedeutet – eine Erweiterung der Lernermerkmale um strukturelle Bedingungsfaktoren, die über personale Faktoren im engeren Sinne hinausgehen. Einbezogen werden hier Variablen – wie Schicht, Sprache und Kultur –, die als Indikatoren für die soziale Lebenslage fungieren und in der Debatte um Heterogenität einen hohen Stellenwert besitzen. Empirisch vielfach belegt ist so ein enger Zusammenhang zwischen der sozialen Herkunft und den Schulleistungen: Je höher die soziale Schicht, – dies ist nicht erst ein seit PISA 2000 bekanntes Ergebnis – desto günstiger sind die schulischen Leistungen (Helmke/Weinert 1997: 120).

Indes: So gewichtig dieser Befund auch ist, in der Lehr-Lern-Forschung stellen sich solche strukturellen Bedingungen vornehmlich als sog. distale Faktoren dar, denen gegenüber den Lernermerkmalen im engeren Sinne (als proximalen Faktoren) nur eine indirekte Wirkung auf den Leistungserfolg zugeschrieben wird. So argumentiert Helmke – hier exemplarisch für die Sozialschicht:

> „Dabei muss allerdings zur Vermeidung kurzschlüssiger Erklärungen und unangemessener Empfehlungen für Konsequenzen darauf hingewiesen werden, dass ‚Sozialschicht' eine bildungssoziologische Kategorie ist, die für sich genommen *keinen direkten Erklärungswert* hat. Das Leistungsniveau eines Kindes [...] ist nicht deshalb niedriger, weil es zur sozial niedrigeren Schicht gehört, sondern weil der kognitive Anregungsgehalt, die elterlichen Standards und Erwartungen, ihre leistungsbezogenen Erklärungen und Sanktionen und ihr eigenes Engagement für Schulleistungen des Kindes in niedrigeren sozialen Schichten typischerweise geringer ausgeprägt sind. Dies sind die hinter der ‚Sozialschicht' liegenden eigentlichen Wirkfaktoren" (Helmke 2004: 57; Herv. im Original).

Versucht man unsere knappe Darstellung zu bilanzieren, dann besitzen lehrlernpsychologische Bestimmungen von Heterogenität zunächst einmal den Vorteil, dass die einbezogenen Kriterien trotz der auch hier schon auftretenden ‚Variablen-Vielfalt' noch recht überschaubar bleiben. Sie liefern zudem speziell für die Gestaltung schulischer Lehr-Lern-Prozesse – als dem eigentlichen ‚Kerngeschäft' der Schule – wichtige Orientierungspunkte für die Frage, welche Lernervoraussetzungen im Klassenzimmer zu berücksichtigen wären. Ein gutes Beispiel wäre für uns der Bereich der Vorkenntnisse, der sich einerseits empirisch als überaus starker Faktor erweist, gleichzeitig aber auch relativ leicht zu erfassen, und – mehr noch – im schulischen Kontext auch gut zu beeinflussen ist. Ein erfolgreicher Umgang mit Heterogenität könnte davon ausgehend etwa darin bestehen, dass bei der Unterrichtsgestaltung das jeweils notwendige Vorwissen (genauer: die notwendigen Vorkenntnisse) von der Lehrperson reflektiert und dafür Sorge getragen würde, dass entweder alle SchülerInnen über diese Vorkenntnisse verfügen oder aber der Unterricht so angelegt wird, dass fehlende Vorkenntnisse durch entsprechende Unterstützungsmaßnahmen aufgefangen werden (vgl. Stern 2004).

Gleichwohl ist mit dieser Perspektive nur ein Teil der Heterogenitätsthematik abgedeckt. Wie wir im ersten Kapitel deutlich gemacht haben, lässt sich der Umgang mit Heterogenität nicht allein auf Unterricht (also auf Aspekte der didaktisch-methodischen Gestaltung von Lehr-Lern-Prozessen), und erst Recht nicht auf den Erwerb kognitiver Lernleistungen reduzieren. Vielmehr spielen auch Fragen und Probleme eine Rolle, die den gesellschaftlichen Umgang mit Vielfalt insgesamt betreffen: Welche Etiketten sind überhaupt für die Klassifikation von Menschen in Gebrauch, und mit welchen Auswirkungen? Fungieren Unterschiede als Basis für Ungleichwertigkeiten, werden Differenzen also mit Hierarchisierung, einem unterschiedlichen Maß an Anerkennung, vielleicht sogar mit Diskriminierung oder Anpassungszwang verknüpft? Oder wird eine Gesellschaft angestrebt, in der sich der Einzelne individuell entfalten kann und in der Hierarchien und Ungleichheiten abgebaut werden sollen? Kurz: Es geht auch um Grundsatzfragen der Anerkennung von Verschiedenheit, von Gleichheit und Ungleichheit und damit im Kern auch um elementare Gerechtigkeitsfragen.

2.2.2 Sozial- und erkenntniskritische Zugänge: Die (problematische) Konstruktion sozialer Unterschiede

Zu einem solch deutlich weiter gespannten Bezugsrahmen führen bildungstheoretische sowie sozial- und erkenntniskritische Diskurse zur Heterogenitätsthematik, die Sie mit dem Konzept der ‚Pädagogik der Vielfalt' von Prengel (1993) bereits im letzten Kapitel in Ansätzen kennen gelernt haben. Anders als bei der Lehr-Lern-Forschung, die sich für Lerner- bzw. Gruppenmerkmale letztlich nur in Bezug auf die Optimierung von Unterrichtsprozessen (und Steigerung von Lernleistungen) interessiert, liegt der Ausgangspunkt hier bei gesellschaftlichen (Ungleichheits-)Verhältnissen und deren Herstellung und Fortschreibung, auch im und durch das Bildungswesen. Dies heißt im Unterschied zur Lehr-Lern-Forschung:

(1) Die Schule wird weniger als Ort des fachlichen Lernens betrachtet, sondern gerät als eine *gesellschaftliche* Institution in den Blick (s. auch Kap. 3), die

in recht umfassender Weise an der Herstellung gesellschaftlicher Verhältnisse einschließlich der darin verwobenen Ungleichheiten beteiligt ist.

(2) Es rücken Aspekte sozialer und struktureller Heterogenität in den Fokus, d.h. solche Unterschiede zwischen SchülerInnen, die man in der Lehr-Lern-Forschung nur am Rande – in ihrer Wirkung auf Lernverhalten – einbezieht.

Daneben sind die Grundannahmen und das Erkenntnisinteresse derartiger Überlegungen insofern auch anders gelagert, als man hier die Suche nach relevanten Lernermerkmalen, wie sie in der Lehr-Lern-Forschung betrieben wird, problematisiert. Es wird kritisch gefragt, welche Unterscheidungen zur Beschreibung und Klassifikation von Individuen und Gruppen – also auch von Schülerschaften – eigentlich getroffen werden und welche Konsequenzen und Probleme aus diesen Zuschreibungen resultieren. Vereinfacht lassen sich die dahinter stehenden Grundannahmen weiterführend so charakterisieren (vgl. Leiprecht/Lutz 2003):

(3) Unterscheidungsmerkmale zwischen Menschen – also die Heterogenitätsdimensionen – gelten als soziale Konstruktionen: Merkmale werden nicht als in der Person liegende Eigenschaften, und Unterschiede zwischen Menschen nicht als unveränderbare Gegebenheiten, sondern als historisch und gesellschaftlich bedingte Zuschreibungen betrachtet, durch die Unterschiede bzw. Unterscheidungen von Gruppen (wie ‚Lernbehinderte‘ und ‚Hochbegabte‘, ‚Jungen‘ und ‚Mädchen‘) überhaupt erst hergestellt werden.

(4) Gleichzeitig wird herausgearbeitet, dass die aus solchen Zuordnungen resultierenden Folgen keineswegs neutral bzw. die verwendeten Kategorien (wie männlich/weiblich, jung/alt) nicht gesellschaftlich gleichwertig sind, sondern die eingezogenen Differenzlinien werden in ihrer sozialen Funktion für die Legitimation von Ungleichheit bzw. als Grundlage für gesellschaftliche Bevorteilung und Benachteiligung analysiert. In die sozial konstruierten Unterscheidungen und in die dazu benutzten Beschreibungskategorien – so die Prämisse – sind stets Vorstellungen von Normalität und Abweichung, sind Formen von Dominanz, Hierarchie und Unterdrückung eingebaut.

Gut konkretisieren lassen sich diese noch recht abstrakt bleibenden Annahmen durch das Merkmal ‚Lernbehinderung‘, dem wir uns exemplarisch etwas ausführlicher widmen.

Das Differenzmerkmal ‚Behinderung' ist im konkreten Fall von ‚Lernbehinderung' nicht nur eng mit dem weiter vorn genannten Intelligenzkriterium verknüpft, was dann – folgt man den obigen Ausführungen – auch dessen Probleme übernimmt (z.b. statischer Behinderungsbegriff, Schwellenproblematik bei der Unterscheidung von Normalität und Abweichung, individuen- und nicht umweltorientierter Blick). Vielmehr dürfte auch ohne aufwändige Begründungen auf der Hand liegen, dass mit der Unterscheidungsoption in ‚nicht (lern)behindert' und ‚(lern)behindert' zwei ungleich attraktive Pole zur Verfügung gestellt werden: Die Zuweisung ‚lernbehindert' verspricht – salopp formuliert – nicht nur wenig Prestige, sondern geht (ganz im Gegensatz übrigens zur Hochbegabung!) mit Negativzuschreibungen, mit Vorstellungen einer defizitären Abweichung von Normalität und auch mit Stigmatisierung einher.

Anhand der konzeptionellen Entwicklung des Lernbehindertenbegriffs kann gleichzeitig gut dargelegt werden, wie sich Merkmale als in der Person liegende, quasi real existierende Eigenschaften konstruieren, aber auch wieder dekonstruieren lassen (z.B. Powell 2003; Werning/Lütje-Klose 2003): Denn Lernbehinderung, zu Beginn des 20. Jahrhunderts noch als Schwachsinn und später als Minderbegabung bezeichnet, galt bis in die 1970er Jahre noch als eine nur in engen Grenzen veränderbare Tatsache, die in den Eigenschaften des Individuums selbst gesucht wurde. Als Ursache wurden angeborene oder im Verlauf der kindlichen Entwicklung entstandene Defekte verantwortlich gemacht, und – so die Terminologie seit den 1960er Jahren – als (irreversible) Intelligenzschwäche definiert. Damit verbunden war gleichzeitig der Aufbau eines immer weiter expandierenden Sonderschulwesens einschließlich einer dazugehörigen akademischen Disziplin. Heute gelten individuumszentrierte Sichtweisen (zumindest in der Praxis) zwar keineswegs als überwunden, gleichwohl entwickelten sich in der Sonderpädagogik selbst konkurrierende Auffassungen, die das Vorliegen eines im Kind zu lokalisierenden Defekts und auch das Merkmal (wie dann auch die daran gekoppelten Sondermaßnahmen) selbst erheblich in Frage stellten:

- Seit Ende der 1960er Jahre wurde Lernbehinderung unter dem Einfluss von neueren Sozialisations- und Gesellschaftstheorien zunächst verstärkt als soziokulturelle Benachteiligung diskutiert. Zwar waren aus dieser Perspektive noch Aspekte beschreibbar, die eine Lernbehinderung auszeichnen (können), als eigentliche Ursache geriet aber statt individueller Defizite die gesellschaftlich vermittelte Lebenssituation bzw. auch die fehlende Passung zwischen schulischen Angeboten und sozialen Herkunftserfahrungen in den Blick: Man ‚ist' nicht behindert, man ‚wird' behindert.

- Zu einer dezidiert kritischen Problemsicht auf das Merkmal führte die Mitte der 1970er Jahre einsetzende Rezeption des symbolischen Interaktionismus. Aus interaktionistischer Perspektive rückt man von der Vorstellung von Lernbehinderung als einer Eigenschaft der Person vollends ab, indem man Lernbehinderung als Ergebnis von sprachlichen Zuschreibungs- bzw. Etikettierungsprozessen betrachtet, die durch die formalisierte Kommunikationsstruktur in der Schule besonders begünstigt werden.

- Zu einem ähnlichen Ergebnis kommen schultheoretische bzw. schulsystembezogene Deutungen, die die Selektivität des Schulsystems und die Eigengesetzlichkeit der durch horizontale Ausdifferenzierung entstandenen Teilsysteme in den Vordergrund rücken. Das Schulsystem – so hier die Pointe – produziert erst das Merkmal, das es zu behandeln vorgibt: Das Regelschulsystem kann sich von Kindern mit Lernproblemen entlasten; die Sonderschule braucht das Merkmal, um überhaupt existieren zu können!

- Die Dekonstruktion, die mit interaktionistischen und systembezogenen Perspektiven schon früh angelegt war, wird seit den 1990er Jahren durch die Rezeption konstruktivistischer Erkenntnistheorie noch weiter zugespitzt: Ausgehend von der hier gesetzten Prämisse sozial konstruierter Wirklichkeit gilt Lernbehinderung nun – erkenntnistheoretisch begründet – endgültig als Faktum und als problematisches Konstrukt, das vermieden werden sollte.

Weitere Differenzlinien

Was wir für die Theorieentwicklung für das Merkmal ‚Lernbehinderung‘ etwas ausführlicher präsentiert haben, lässt sich im Kern ähnlich auch für andere Heterogenitätsdimensionen beschreiben. Dabei ist für die Situation vor der Jahrtausendwende typisch, dass einzelne Dimensionen zunächst in getrennt voneinander ablaufenden Spezialdiskursen – Sonder- oder Differenzpädagogiken – verhandelt wurden. Neben Behinderung als einem Thema vor allem der Sonderpädagogik spielen das Geschlecht (als Diskurs der Frauenforschung) und die Ethnizität oder Kultur (als Gegenstand der Interkulturellen Pädagogik) eine auch für die schulische Debatte um Heterogenität zentrale Rolle. Wir gehen auf beide Differenzlinien – wenn auch nur holzschnittartig – ein, um im Anschluss daran noch knapp auf neuere Theorieentwicklungen zu verweisen.

- *Geschlecht*

Mit dem Geschlecht wird eine Dimension angesprochen, die im Hinblick auf schulische Förderung etwa seit den 1970er Jahren intensiver thematisiert und auch empirisch untersucht wird (im Überblick z.B. Popp 2009). Ähnlich wie bei der Theorieentwicklung für ‚Lernbehinderung' gibt es dazu eine wechselvolle Geschichte mit unterschiedlichen, nach wie vor konträren Positionen. Gleichzeitig steht aber auch hier wieder im Ergebnis eine insgesamt deutlich kritischer gewordene Problemsicht auf Versuche, Geschlechterdifferenzen als in der Person liegende Eigenschaften, mithin als biologische Tatsache, erklären zu wollen. Bis fast in den Alltagssprachgebrauch etabliert hat sich die in der Forschung prominent gewordene Unterscheidung zwischen dem biologischen Geschlecht (englisch: *sex*) und dem sozial konstruierten Geschlecht (*gender*), wobei letzteres dann im Fokus der Aufmerksamkeit steht. Es wird analysiert, in welcher Weise Geschlechterrollen in sozialen Interaktionen hergestellt werden, wie Geschlechterstereotypisierungen (wie typisch männlich/typisch weiblich) funktionieren und welche (ungleichen) Bewertungen damit einhergehen. Für die Frage nach der Identifikation relevanter Heterogenitätsmerkmale wird auf folgende Probleme aufmerksam gemacht: Geschlecht ist eine soziale Strukturkategorie und demnach systematisch mit Benachteiligungsmustern verknüpft. Gleichzeitig sind Unterschiede innerhalb einer Geschlechtergruppe größer als Unterschiede zwischen den Geschlechtern; Unterscheidungen nach Geschlechtszugehörigkeit sind also deutlich zu grob, und tragen darüber hinaus zur Reifikation[7] von Geschlechterunterschieden bei.

- *Kultur bzw. ethnische Zugehörigkeit*

Auch diese zentrale Kategorie der aktuellen Debatte kann auf eine wechselhafte Geschichte zurückblicken (vgl. dazu Diehm/Radtke 1999). Sie geriet als Form von Heterogenität gleichfalls erst ab den 1970er Jahren in den Fokus der schulpädagogischen Aufmerksamkeit, als der Anteil der Kinder und Jugendlichen mit Migrationsgeschichte im deutschen Schulsystem erheblich anstieg. Im Laufe der Theorieentwicklung ist die zugrunde liegende Kategorie ‚Kultur' immer stärker problematisiert worden, weil damit in der Praxis doch schnell unabänderliche, quasi-biologische Eigenschaften von Menschen postuliert oder Zugehörigkeit (und damit Ressourcen und Teilhabemöglichkeiten) in problematischer Weise zugeschrieben bzw. abgesprochen wird: Wer dazugehört und ‚normal' ist, wer fremd und ‚abweichend' ist, gilt aus einer kritischen Perspektive nicht als (vor)gegeben, sondern wird sozial konstruiert und dient auch der Legitimation von Ungleichbehandlung – Diskriminierung, Kompensation oder besonderer Förderung. Gleichzeitig wird der Kulturbegriff immer weiter zerlegt, weil er als Kategorie ebenfalls als zu grob erscheint und bestehende Unterschiede innerhalb von Gruppen negiert: ‚Die deutsche' und ‚die türkische Kultur' zeigen sich zum

---

[7] Dies meint eine Betrachtungsweise, nach der von Menschen gemachte bzw. konstruierte Entscheidungen als natürliche bzw. tatsächlich gegebene angesehen werden.

Beispiel als wenig haltbare Stereotypisierungen, die auch zur Verstärkung von kulturell-ethnischen Unterschieden beitragen.

Neben einer synchronen, d.h. aktuelle Veröffentlichungen vergleichenden, Perspektive ist auch ein diachroner, d.h. historisch vergleichender Blick aufschlussreich: Im Rückblick zeigen sich Konjunkturen bestimmter Heterogenitätsdimensionen einschließlich damit favorisierter Lösungsversuche in Bezug auf Schule und Unterricht. Viele (nicht alle!) Dimensionen sind auch heute noch relevant, einige sind dazugekommen:

Die *soziale Herkunft* bildet seit langem eine Basisdimension für die Beschreibung und den Umgang mit Unterschieden zwischen SchülerInnen. Sie fungierte bis in die 1950er Jahre nahezu selbstverständlich als Kriterium für die Art und Dauer des Schulbesuchs: Höhere soziale Schichten schickten ihre Kinder ins Gymnasium, Arbeiterkinder kamen in die Volksschulen, bevor es in den 1970er Jahren zu einer breiten, heute wieder neu einsetzenden Kritik an der sozialen Separation kam. Andere Merkmale wie *Geschlecht* oder *Konfession* galten bis in die 1960er Jahre als wichtige und auch unhinterfragte Kriterien für eine äußere Differenzierung oder Separierung (Jungen-/Mädchenschulen bzw. konfessionell getrennte Schulen). In der Kunstfigur des ‚katholischen Arbeitermädchens vom Lande‘ (Peisert 1967) wurde der Blick in der Ära der Bildungsreform vor allem auf vier Heterogenitätsmerkmale gerichtet, die als Benachteiligungsdimensionen des damaligen Schulwesens verdichtet kritisiert wurden.

Ein wichtiges Merkmal ist auch das *Alter*, insofern es sich als Zuweisungskriterium für die Bildung von Lerngruppen als praktikabel erwies. Die altershomogene Jahrgangsklasse wurde zu einem festen Bestandteil der Grammatik des Schulehaltens, die mit dem mittlerweile wiederentdeckten jahrgangsübergreifenden Unterricht als Alternative deutlich kontrastiert. *Individuelle Leistungsfähigkeit* wurde zu einem, wenn nicht zu dem zentralen Kriterium für die Legitimation der Gleich- bzw. Ungleichbehandlung von SchülerInnen; es entfaltet als sog. meritokratisches Kriterium eine außerordentlich hohe Relevanz. In den 1970er wurde das Merkmal *Behinderung* ‚entdeckt‘, bzw. durch Inklusion dieser vormals ausgeschlossenen Schülergruppen in das Schulsystem als neue Dimension überhaupt erst denkmöglich. Aktuell lässt sich eine Konjunktur der Heterogenitätsdimension *Migration* als wiederentdeckter Brennpunkt beobachten.

Kasten 2.4: Diachrone Betrachtung von Heterogenität

So fruchtbar diese Diskussionen zu einzelnen Dimensionen von Heterogenität auch sein mögen und so notwendig eine Spezialisierung auch ist: Eine Beschränkung auf nur jeweils eine Heterogenitätsdimension führt nicht nur im wissenschaftlichen Diskurs natürlich zu erheblichen Verkürzungen. Personen sind ja nie nur Frauen oder Männer, sondern unterscheiden sich noch in vielfältigen anderen Dimensionen: Alle Menschen sind gleichsam an den Schnittpunkten (*intersections*) der zahlreichen Merkmale positioniert.

- Die *Intersektionalitätsforschung* beabsichtigt entsprechend die Analyse der Verwobenheit und des Zusammenwirkens unterschiedlicher Differenzlinien im Sinne einer Wechselwirkung von Kategorien wie Geschlecht, Klasse, Alter usw. In dieser noch recht jungen Forschungsrichtung wird also versucht, multiple Heterogenitätsdimensionen (als Ungleichheitsrelationen) in den Blick zu nehmen, was die Komplexität des Zugangs allerdings noch weiter erhöht. Zudem taucht hier unser oben angesprochenes Problem – als Problem der Wissenschaft und noch nicht der Schulpraxis – auf, dass nämlich umstritten ist, welche Differenzlinien warum relevant sein sollen bzw. wie sich die Vielzahl möglicher Dimensionen adäquat berücksichtigen lassen (vgl. Leiprecht/Lutz 2003).
- Auch die sog. *Vielfaltspädagogiken* lassen sich als Reaktion auf die relativ eindimensionalen Perspektiven der Differenzpädagogiken verstehen. Kritisiert wird, dass dort immer nur bestimmte Unterschiede beleuchtet und so auch als entscheidungsrelevant hervorgehoben – dramatisiert – würden. Dies führe dazu, dass ein Zusammendenken der vielen Differenzlinien, die beim Individuum schließlich immer nur kombiniert auftreten, nicht stattfinde und/oder die Bearbeitung einer Kategorie wie ‚Migration' ein problematisches Schubladendenken sogar noch verschärfe (vgl. Sauter/Schröder 2007). Eine Pädagogik der Vielfalt (z.B. Prengel 1993) oder neuere Inklusionspädagogiken versuchen demgegenüber, eine allgemeine Pädagogik für alle SchülerInnen zu entwerfen, nicht nur für Migranten, Jungen oder Mädchen, Lernbehinderte usw.

Sie sehen: Je nachdem, welchen Zugang man wählt – Lehr-Lern-Forschung oder Gesellschafts- und Erkenntnistheorie – lassen sich doch sehr verschiedene Probleme und Lösungswege bezüglich Heterogenität identifizieren. Die Wahl hängt auch ab vom Erkenntnisinteresse, zugespitzt formuliert: Will man Unterricht oder die Gesellschaft verbessern? Während die lehr-lernpsychologische Perspektive mit ihrem Fokus auf Unterricht besonders für die Allgemeine Didaktik und die Fachdidaktiken attraktiv ist, sind die zuletzt referierten Zugänge hoch anschlussfähig für schultheoretische Analysen und sozialkritische Bewegungen, die Schule und Gesellschaft insgesamt in den Blick nehmen und verändern wollen.

Wie lässt sich nun – bei aller Aufmerksamkeit hinsichtlich der theoretischen Vorannahmen und Zugänge – Heterogenität empirisch erforschen? Dieser Frage widmet sich der nächste Abschnitt.

2.3 Die empirische Perspektive: Welche Heterogenität ist an deutschen Schulen anzutreffen?

Mit Blick auf die bis hierhin skizzierten Probleme könnte man versucht sein zu resümieren, dass es eigentlich kaum möglich sein dürfte, das Ausmaß ‚real existierender' Heterogenität in den Klassenzimmern zu bestimmen: Die Merkmale – so ließe sich einwenden – sind nicht nur vielfältig, sondern oft auch schwer zu erfassen, zumal die Gefahr besteht, dass man Merkmale und daraus resultierende Unterschiede durch den Versuch einer Bestandsaufnahme möglicherweise überhaupt erst konstruiert. Gleichwohl wird in der aktuellen Reformdebatte ja durchaus mit gestiegener Heterogenität argumentiert; und vor allem haben es LehrerInnen mit realen Lerngruppen und Schülerschaften zu tun. Will man etwas über die Heterogenität dieser Lerngruppen und über die damit verknüpften Bedingungen und Effekte erfahren, dann kommt man also nicht umhin, sich auf die Suche nach empirischen Beschreibungsmöglichkeiten zu begeben.

Grundsätzlich gibt es für Fragen nach der Zusammensetzung von Lerngruppen natürlich umfangreiches Material, auch außerhalb von Forschung, das ausgewertet werden könnte. Viele Schulstatistiken liefern Informationen zur jeweiligen Schülerschaft, in Unterrichtsentwürfen (von ReferendarInnen) werden in der Regel unterschiedliche Lernausgangslagen der Lerngruppen charakterisiert. Und Eck- und Strukturdaten zur Bevölkerungsentwicklung – wie sie etwa im Mikrozensus erfasst und regelmäßig publiziert werden – können Aufschluss darüber geben, ob und inwieweit sich soziale Lebenslagen, Familienverhältnisse, Migrationsbedingungen u.Ä.m. in den letzten Jahren verändert haben.

Uns geht es jedoch nicht darum, ‚harte Fakten' zur Zusammensetzung von Lerngruppen zu liefern oder das Ausmaß ‚tatsächlicher' oder gar ‚gestiegener' Heterogenität zu dokumentieren. Vielmehr soll exemplarisch vorgeführt werden, dass und auf welche Weise Fragen nach der Heterogenität von Lerngruppen empirisch bearbeiten werden können und welche Erkenntnisse, aber auch Probleme man damit produziert. Eine solche Auseinandersetzung ist wichtig, weil empirische Argumente im Diskurs um Heterogenität (zumindest bezogen auf die Problemanalyse!) durchaus hohen Stellenwert besitzen. Zugleich ist deutlich zu machen, dass auch die empirische Forschung – anlog zur theoretischen Reflexion – mit einer spezifischen Perspektive auf die ‚Realität' zugreift und so unterschiedliche Sachverhalte – bezogen auf Heterogenität – konstruiert.

Für einen einführenden Zugang lassen sich grob zwei Wege unterscheiden, um die Heterogenität von Lerngruppen empirisch zu untersuchen: Wir treffen einmal auf ein breites Forschungsfeld, in dem die Thematik – wie etwa in der Lehr-Lern-Forschung – mit *quantitativen Methoden* bearbeitet wird. Prominente Beispiele dafür sind die in den letzten Jahren so zahlreich gewordenen Leistungsvergleichsstudien, wobei es auch schon davor in diversen Arbeitsfeldern ähnlich angelegte Studien – auch zu Heterogenitätsfragen – gegeben hat (s. Kap. 3). Während quantitative Forschung bei der Suche nach statistisch abbildbaren Zusammenhängen vom Einzelfall abstrahiert, werden in Studien, die mit sog. *qualitativen* Forschungsmethoden arbeiten, Einzelfälle ausdrücklich in den Vordergrund gestellt. Heterogenität in einer Lerngruppe wird z.b. herausgearbeitet, indem man von einzelnen SchülerInnen ausgehend deren Orientierungen, Interessen oder auch soziale Lagen rekonstruiert. Ein anderer Zugang liegt in der Rekonstruktion von Prozessen und Umgangsformen, wenn etwa genauer untersucht wird, welche Unterscheidungen von LehrerInnen zur Beschreibung ihrer Schülerschaft eingezogen werden und welche – auch diskriminierenden – Effekte damit einhergehen.

2.3.1 Ausgewählte Befunde aus der quantitativen Forschung

In dieser Forschungsrichtung, die mit den internationalen Leistungsvergleichsstudien in den letzten Jahren einen immensen Aufschwung erlebt hat, werden an möglichst großen Stichproben mittels standardisierter Befragungen Merkmale von Heterogenität erfasst und zur Beschreibung von Schülerschaften herangezogen. Dabei sollte mit Blick auf die vorgängigen Ausführungen auf der Hand liegen, dass man sich natürlich nur auf ausgewählte (in der Regel gut zu erfassende) Merkmale stützen kann. Zum Standardrepertoire zählen inzwischen das Geschlecht, das Alter sowie diverse Indikatoren für soziale Herkunft, Nationalität und kognitive Grundfähigkeiten. Die Merkmale dienen der Beschreibung von Gruppenzusammensetzungen, indem man die Streuung (als Ausmaß der Heterogenität) wie auch Zusammenhänge zwischen einzelnen Merkmalen analysiert.

Nun wäre es ein schier unmögliches Unterfangen, den Forschungsstand vollständig abbilden zu wollen – nicht nur, weil man zu Fragen nach der Heterogenität von Lerngruppen einen vielfältigen und kaum mehr überschaubaren Fundus an Untersuchungen vorfindet. Der Anspruch, so etwas wie generalisierbare Befunde zu präsentieren, wäre auch problematisch, weil im Grunde immer zu berücksichtigen ist, in welchem Kontext und mit welchen Instrumenten und Verfahren solche Ergebnisse zustande gekommen sind. Mit quantitativer Forschung verbindet sich zwar häufig die Vorstellung allgemeingültiger Ergebnisse, tatsächlich steckt aber der Teufel im Detail! Wir konzentrieren uns daher auf die Darstellung von Befunden, die in der aktuellen Reformdebatte einen hohen Stellenwert besitzen, uns bereits im letzten Kapitel begegnet sind und hier nun weiter vertieft werden sollen. Es sind dies die Daten bzw. Analysen aus der PISA-Studie 2000, deren konzeptionelle Anlage in Kasten 2.5 knapp dargestellt ist.

Dabei ist voranzuschicken, dass die PISA-Studien (ebenso wie Nachfolgerstudien wie IGLU und DESI) zwar grundsätzlich Auskunft geben können über die Verteilung unterschiedlicher Heterogenitätsmerkmale. Diese Angaben beziehen sich in der Regel auf alle Schulen in Deutschland, nicht aber auf einzelne Schulen oder gar auf einzelne Lerngruppen. Des Weiteren sind wegen des Querschnittdesigns keine Aussagen zu Ursache-Wirkungsbedingungen möglich. Die eigentlich Stärke dieser Untersuchungen – und das von ihnen ausgehende hohe argumentative Potenzial – besteht insofern eher darin, dass hier das deutsche Schulsystem im internationalen Vergleich auf den Prüfstand gestellt worden ist und die Ergebnisse höchst öffentlichkeitswirksam geworden sind.

PISA (*P*rogramme for *I*nternational *S*tudent *A*ssessment) ist eine standardisierte Schulleistungsvergleichsstudie, die seit dem Jahr 2000 in dreijährigem Turnus in den meisten Mitgliedstaaten der OECD und einer zunehmenden Anzahl von Partnerstaaten durchgeführt wird. Sie ist auf die Erfassung alltags- und berufsrelevanter Kenntnisse und Fähigkeiten 15-Jähriger gerichtet, im Schwerpunkt Lesekompetenz, mathematische und naturwissenschaftliche Grundbildung. Neben der Erfassung der Kompetenzen durch Tests, bestehend aus Multiple-Choice-Aufgaben und offenen Fragen, werden Kontextbedingungen (wie Schul- und Klassengrößen, Unterrichtsqualität) und Lernermerkmale (Soziale Lage, Familienstruktur, Sprache/Migration, Erziehungsklima und häusliche Unterstützung, Bindung an die Altersgruppe und Freizeitaktivitäten) erfasst und bei den Auswertungen anschließend miteinander in Beziehung gesetzt.

Die Kompetenzen in den einzelnen Domänen werden in jeweils fünf Kompetenzstufen erfasst, wobei Kompetenzstufe I das niedrigste, Kompetenzstufe V das höchste Niveau ausweist. Die eingesetzten Aufgaben müssen dazu in ihrer inhaltlichen Schwierigkeit bestimmt, und die Schüler dann Punktwerten zugeordnet werden. Schließlich sind diese Punktwerte noch mithilfe unterschiedlicher Kompetenz- und Teilkompetenzniveaus und -stufen zu interpretieren.

PISA-E bezeichnet eine nationale Erweiterungsstudie, für die weitere ca. 40.000 SchülerInnen in den deutschen Bundesländern ausgewählt wurden. Diese Erweiterung wurde 2009 durch die vom IQB geleitete ‚Überprüfung der Bildungsstandards im Ländervergleich' ersetzt und kann regionale, länderspezifische Differenzen bei den getesteten, hoch aggregierten Schülerkompetenzen sichtbar machen. *PISA-I-Plus* schließlich bezeichnet eine einmalige Längsschnittstudie, bei der 2004 einige zusätzlich getestete Klassen in Mathematik und Naturwissenschaften am Ende der Klasse 10 ein zweites Mal getestet wurden, um Lernzuwächse sichtbar zu machen.

Weitere Informationen: http://www.ipn.uni-kiel.de/pisa

Kasten 2.5: PISA – Übersicht zur konzeptionellen Anlage

Wir präsentieren im Folgenden drei ausgewählte Ergebnisbereiche:

- *Leistungsheterogenität in Schulen und Lerngruppen*
Die Frage nach der vorfindbaren Leistungsheterogenität in Schulen wird im aktuellen Diskurs mit großem Interesse belegt, weil hier in Deutschland (anders als in vielen anderen Ländern) eine Homogenisierung – durch Schulformzuweisung nach der vierten bzw. sechsten Klasse – angestrebt wird. Während in der Grundschule die Klassen noch als weitgehend leistungsheterogen gelten, da noch keine direkte Auslese stattgefunden hat, müssten die Lerngruppen in der Sekundarstufe I also recht homogen sein, was die PISA-Daten so zunächst auch bestätigt haben. Die ForscherInnen stellen fest, dass der sichtbarste „Effekt der Gliederung eines Systems in Schulformen [...] die Homogenisierung der Schulleistungen innerhalb der einzelnen Schule" sei. Dies werde durch weitere Maßnahmen – wie Klassenwiederholungen und Schulwechsel – noch unterstützt und führe dazu, „dass die in PISA erfassten Kompetenzen von Schülerinnen und Schülern der 9. Jahrgangsstufe innerhalb einer Einzelschule im internationalen Vergleich bemerkenswert homogen ausfallen" (Deutsches PISA-Konsortium 2001: 454). Als Beispiel dient ein Vergleich zu Schweden, das ein integratives Schulsystem besitzt: Während in Deutschland die mittlere Streuung der Leseleistungen in einer einzelnen Schule bei SD =59, 9 Punkten liegt, ist der Wert in schwedischen Gesamtschulen mit SD =85, 9 Punkten deutlich höher. Das Ergebnis ist, dass sich die eher leistungsschwächeren SchülerInnen in der Hauptschule, die eher leistungsstärkeren im Gymnasium konzentrieren.

Zu diesem Befund steht jedoch nicht im Widerspruch, dass auch die Klassen des gegliederten Schulsystems in sich leistungsheterogen sind. Die PISA-Daten weisen darauf hin, dass das Ziel des gegliederten Systems – die Herstellung möglichst leistungshomogener Gruppen – nur sehr unvollständig gelingt. Zwar liegen die Lesekompetenz-*Mittelwerte* der verschiedenen Schulformen deutlich auseinander, die Leistungen von 15-Jährigen in einer Schulform streuen aber wiederum erheblich und reichen jeweils in den Kernbereich anderer Schulformen hinein. Wie die Grafik in Kasten 2.6 zeigt, erreichen die besten Hauptschüler das mittlere gymnasiale Niveau; und die schwächeren Gymnasiasten wären auch in der Hauptschule nur Mittelmaß. Jede Schulform – und jede Lerngruppe – kann also intern eine recht große Leistungsstreuung aufweisen. Solche Leistungsstreuungen findet man auch in zahlreichen anderen Studien, die sich speziell mit der leistungsbezogenen Zusammensetzung von Klassen beschäftigt haben (z.B. Gröhlich/Scharenberg/Bos 2009). Das argumentative Potential liegt demnach eher in dem Beleg, dass die Übergangsauslese nach der Grundschule durchaus fehleranfällig ist. Deutlich interessanter sind überdies zwei andere Ergebnisbereiche.

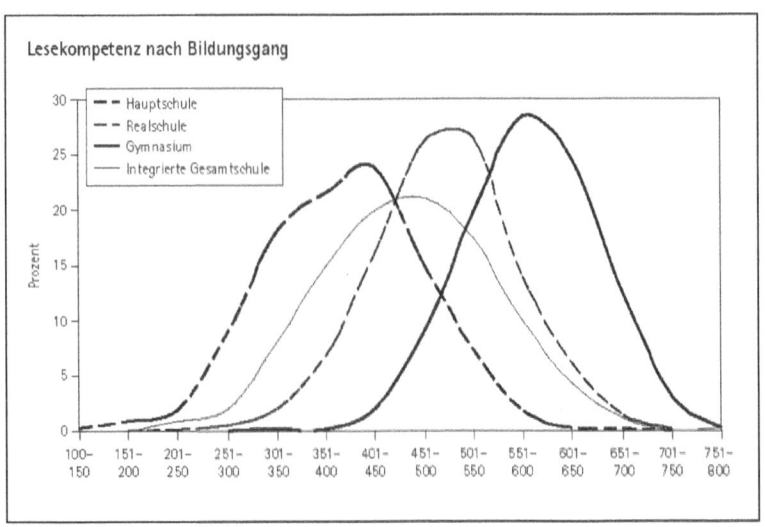

Kasten 2.6: Verteilungen der Leseleistungen auf der Gesamtskala Lesen nach Bildungsgang (Grafik: Deutsches PISA-Konsortium 2001: 121)

- *Leistungsniveau und Leistungsstreuung*

Es konnte gezeigt werden, dass gemessen an den Mittelwerten die Lesekompetenzen deutscher SchülerInnen nicht nur unterdurchschnittlich ausfielen, sondern
für die deutsche Stichprobe im internationalen Vergleich auch die höchste Streuung aufwiesen: Der Abstand zwischen den leistungsstärksten und den leistungs-
schwächsten SchülerInnen war im Vergleich deutlich am größten (Deutsches
PISA-Konsortium 2001: 105). Gleichzeitig war die Gruppe mit sehr schlechten
Leistungen besonders groß: Fast 10 Prozent der untersuchten 15-Jährigen (gegenüber sechs Prozent im OECD-Durchschnitt) erreichten bei den Lesetests
nicht einmal die Kompetenzstufe I, was rückübersetzt auf die zugrunde gelegten
Aufgabenformate bedeutet, dass diese Jugendlichen im Prinzip nicht fähig waren, ausdrücklich gegebene Informationen aus einem Text herauszusuchen oder
eine einfache Verbindung zwischen Informationen aus einem Text mit weit ver-
breitetem Alltagswissen herzustellen (vgl. ebd.: 104).

- *Zusammenhänge zwischen einzelnen Merkmalen*

Der zweite, im Heterogenitätsdiskurs breit rezipierte Ergebnisbereich betrifft
Zusammenhänge zu sozialstrukturellen Merkmalen: So stehen die untersuchten

Kompetenzen – hier die Lesekompetenzen – in überaus engem, ja im internationalen Maßstab engsten, Zusammenhang zur sozialen Herkunft: „Während sich Jugendliche aus Familien der oberen und unteren Dienstklasse in ihrer mittleren Lesekompetenz kaum unterscheiden, ist ein deutlicher Abstand zwischen diesen beiden Sozialschichten einerseits und der Klasse der Routinedienstleistenden und dem Arbeitermilieu andererseits zu erkennen" (ebd.: 365). Ein anderer, damit eng verknüpfter Zusammenhang besteht zwischen der sozialen Herkunft und der Bildungsbeteiligung: SchülerInnen, deren Eltern der oberen und unteren Dienstklasse zuzuordnen sind, besuchen deutlich häufiger ein Gymnasium, während umgekehrt bei den Hauptschulen Jugendliche aus der Gruppe der unteren Sozialschichten dominieren. Dieser Sachverhalt wurde über eine Berechnung der Beteiligungschancen anschaulich untermauert:

„Wenn für die Tochter oder den Sohn einer Facharbeiterfamilie die Chancen des Real- und Hauptschulbesuchs 1:1 stehen, halbiert sich in etwa die Chance des Hauptschulbesuchs für Kinder der oberen und unteren Dienstklasse [...]. Dagegen ist die Chance für einen Jugendlichen aus dem Haushalt eines ungelernten Arbeiters [...] eine Hauptschule zu besuchen, um 50 Prozent größer als die seines Alterskameraden aus einer Facharbeiterfamilie [...]. Noch weitaus größer fallen die sozialen Disparitäten beim Vergleich von Realschulbesuch und dem Besuch des Gymnasiums aus [...]: Im Vergleich zu Kindern aus Facharbeiterfamilien ist die Chance des Gymnasialbesuchs für Kinder der oberen Dienstklasse mehr als vier- und die der unteren Dienstklasse mehr als dreimal so groß" (ebd.: 357).

Schließlich erwies sich auch der Migrationshintergrund der SchülerInnen als ausschlaggebend für Bildungsbeteiligung. Vertiefende Analysen der PISA-Daten haben aufzeigen können, dass SchülerInnen nichtdeutscher Herkunft (ebenso wie SchülerInnen aus unteren Sozialschichten) insgesamt deutlich häufiger von schulischen Misserfolgserlebnissen wie Sitzenbleiben, Zurückstellung vom Schulbesuch betroffen sind (vgl. Krohne/Meier/Tillmann 2004).[8]

Versucht man die Erkenntnisse unter forschungsmethodischen Gesichtspunkten – dies war ja an dieser Stelle unsere Zielperspektive – nun knapp zu resümieren, dann lässt sich mit Brügelmann (2010: 100) unterstreichen, dass diese Forschung nützlich ist, „weil sie wie durch ein Brennglas die Bedeutung von Unterschieden *grundsätzlich* deutlich macht" (Hervorh. im Text). Gleichzeitig zeigt Brügelmann in seinen weiteren Ausführungen aber auch Grenzen auf:

---

[8] Die Ergebnisse aus der letzten Erhebungswelle 2009 unterscheiden sich nicht grundsätzlich von denen der Studie aus dem Jahr 2000, wenngleich inzwischen ein Trend zum Positiven nicht zu übersehen ist (vgl. Klieme et al. 2010). Die meisten Indikatoren liegen nun im OECD-Durchschnitt, auch ausgelöst durch Verbesserungen bei leistungsschwächeren SchülerInnen.

„Aber sofern Tabellen und Grafiken zu den Mittelwerten auch die Verteilungen zeigen, wird eindringlich klar, dass die Streuung *innerhalb* dieser Gruppen meist bedeutend größer ist als die Differenz der Mittelwerte *zwischen* ihnen. Will man diesem Tatbestand Rechnung tragen und folgt man dabei der Logik des statistischen Ansatzes, so muss man die Hauptkategorien in immer feinere Unterkategorien (z.b. die MigrantInnen nach nationaler Herkunft) teilen und für gehaltvolle Aussagen verschiedene Kategorien miteinander kombinieren (z. B. Migrationshintergrund, soziale Schicht, Geschlecht usw.). Rechnerisch lassen sich solche Kombinationen bis zu einem gewissen Grade bewältigen [...]. PädagogInnen in der Praxis aber, die mit Einzelfällen zu tun haben, helfen derart verdichtete Gruppenwerte wenig. Vier- und Neun-Feldertafeln ermöglichen vielleicht noch eine differenziertere Wahrnehmung, aber schon die (oft notwendige) Kombination von fünf oder zehn Merkmalen mit jeweils wenigstens zwei bis fünf Ausprägungen überfordert die menschliche Wahrnehmung – und bewusste Entscheidungen. Damit stellt sich die grundsätzliche Frage, wie Forschung zur Differenzierung pädagogischen Denkens beitragen kann, ohne handlungsunfähig zu machen." (ebd., i.O. kursiv)

Diese Einschätzung leitet uns unmittelbar zur zweiten Forschungsmethodologie, der qualitativen Forschung.

2.3.2 *Ausgewählte Befunde aus der qualitativen Forschung*

Qualitative Forschung stellt sich dem Anspruch, an kleinen Stichproben oder sogar Einzelfällen insbesondere subjektive Deutungen und Verstehensprozesse der Befragten detailliert zu rekonstruieren. Es geht also nicht um statistische Verteilungen, sondern um den Sinn, den die Akteure mit bestimmten Ausdrücken, Programmen, Handlungen verknüpfen, um deren Motive, Einstellungen und Erklärungsmuster zunächst nachvollziehend beschreiben zu können.

Exemplarisch zeigen wir dies an dem soeben zitierten Aufsatz von Brügelmann (2010), der dort auch Ergebnisse eines Projekts mit dem Namen ‚Lernbiografien im schulischen und außerschulischen Kontext' präsentiert. Dabei besuchten Studierende der Universität Siegen ausgewählte Kinder und Jugendliche zwischen 5 und 16 Jahren in ihren Familien, in Schule und Freizeit und erkundeten über einen längeren Zeitraum, was die einzelnen Personen interessiert, wie sie leben und lernen. Zwei Unterschiede zur quantitativen Forschung fallen ins Auge: Die Analysekategorien werden nicht hypothetisch vorausgesetzt, sondern ‚von unten' erarbeitet; und von Interesse ist die individuelle Bedeutung, die Kinder und Jugendlichen mit ihren Erfahrungen und Aktivitäten verbinden. Diese – so Brügelmann – lasse sich über dichte Beschreibungen und kontextbezogene Deutungen erheblich differenzierter erfassen als mit quantitativen Instrumenten. Man könne zwar mittels Umfragen erforschen, wie viele Kinder ein Haustier besitzen, damit wisse man aber noch nichts über die Bedeutung, die diese Kinder im Rahmen ihrer individuellen Lebensgeschichten mit den Haustieren verknüpfen. Durch Einzelfallstudien könnte also das Besondere einzelner Kinder herausgearbeitet, und könnten Praktiker für individuelle Besonderheiten sensibilisiert werden. Letztlich liegt der Fluchtpunkt der Analyse von Unterschieden also im Individuum, ganz gemäß dem Motto des Reformdiskurses: ,Alle sind verschieden' und seiner gleichberechtigten Wertschätzung individueller Besonderheiten.

Einen anderen Zugriff qualitativer Forschung – die Rekonstruktion von Prozessen und Bedingungen der Herstellung von Heterogenität inklusive der damit verbundenen Problematik von Merkmalszuschreibungen – wählt Weber (2003) mit ihrer Studie zur ,Konstruktion ethnischer und geschlechtlicher Unterschiede'. Die Forscherin hat mithilfe von Interviews mit LehrerInnen von drei Gymnasien Formen herkunfts- und geschlechtsbezogener Zuschreibungen untersucht. Das Interesse galt der Frage, „welche kulturellen und geschlechtlichen Besonderheiten an allochthonen SchülerInnen hervorgehoben werden, wie diese erklärt werden, ob diese in einem Zusammenhang mit Bildungsvoraussetzungen dieser SchülerInnen gesehen werden und ob daraus eine spezifische Leistungserwartung der LehrerInnen an dieser Jugendlichen resultiert" (ebd.: 117). Weber lenkt den Blick also auf ein Problem, das uns bereits beschäftigt hat: Einerseits scheint es sinnvoll, dass – wie in den internationalen Vergleichsstudien – Variablen wie Migrationshintergrund oder soziale Herkunft zur Differenzierung von Schülergruppen einbezogen werden, weil damit auf strukturelle Benachteiligungen dieser Gruppen erst aufmerksam gemacht werden kann. Gleichzeitig werden mit den Kategorisierungen (vermeintliche) ethnisch-kulturelle (und geschlechterbezogene) Differenzen zwischen SchülerInnen festgeschrieben bzw. überhaupt erst hervorgebracht, um dann selbst zur Benachteiligung beizutragen.

So findet die Forscherin in den Lehreraussagen viele Beispiele dafür, dass sie zur Beschreibung türkischer SchülerInnen auf stereotype und defizitorientierte Charakterisierungen zurückgreifen. Die Kategorie ,Kultur' fungiert – wie die Interviewauszüge in Kasten 2.7 illustrieren – als Unterscheidungsmerkmal, das nicht nur Unterschiede zwischen der ,eigenen' und der ,fremden' Kultur hervorhebt, sondern die Unterscheidung wird mit differenten Bewertungen verknüpft: Die deutsche Kultur wird als erstrebenswerte und gültige Norm, die türkische Kultur demgegenüber als rückständig und problematisch charakterisiert.

Gleichzeitig fungieren die Zuschreibungen als Erklärung (und möglichenfalls auch als Ursache) für fehlenden Bildungserfolg: (Vermeintliche) Differenzen in den Ausgangsvoraussetzungen deutscher und türkischer SchülerInnen sind nicht etwa Anlass, über Veränderungen pädagogischer Umgangsweisen nachzudenken, sondern Kulturdifferenz wird als durch Lehrkräfte oder Schulen nicht zu beeinflussende Ursache bzw. Quelle für Lern- und Integrationsprobleme verantwortlich gemacht und Nichtzuständigkeit reklamiert. Dazu gehören etwa Feststellungen, dass die türkischen SchülerInnen unter sich blieben und so nur wenig Sprachpraxis im Deutschen hätten, und es diesen Jugendlichen angesichts ihrer unterprivilegierten sozialen Herkunft an der notwendigen familiären Unterstützung fehle. Oder es werden zu geringe bzw. überzogene Bildungsvorstellungen gesehen, die angesichts vorhandener Bildungsferne im ‚türkischen' Elternhaus nicht zu realisieren seien. Weber resümiert diese Befunde so:

„Aus dem Zusammenspiel der jeweiligen Defizitbeschreibungen ergibt sich [...] ihre wechselseitige Stabilisierung. An der Kapitalausstattung der Familien und grundlegend anderer Lebenspraxen qua ethnischer Herkunft kann die Institution Schule in dem hier geäußerten Selbstverständnis nichts ändern. Sie hat, diesen Problembeschreibungen folgend, die falschen SchülerInnen. Die Ursachen für Leistungsprobleme ‚türkischer' SchülerInnen werden aus der Schule heraus verlagert. Der Beitrag der gymnasialen Oberstufe selbst zum Scheitern dieser Schülergruppe bleibt im Dunkeln" (ebd.: 269).

„Also sie (die türkischen Familien – M.T./B.W.) können zum Beispiel gar nicht ermessen, dass sie aus einer Agrarkultur einen Sprung machen in unsere Kultur hinein, das heißt die Eltern haben ja gar nicht so den Anspruch, dass die Kinder sich bilden. Die haben den Anspruch, dass sie Geld machen, ja? Aber die haben nicht den, also wir sind ja auch viele, die so in dem Bildungsbereich ihre Kinder haben, die wissen also, es ist nicht alles mit Geld zu kriegen auf der Welt, das wissen die ja auch schon, inzwischen hat sich das ja historisch bei uns so entwickelt, dass wir jetzt in so einer Phase nach Sinnsuche sind oder irgendwas, ne? Wie man das auch immer nennen will. Und bei diesen türkischen Familien ist es so, die müssen erst einmal mit dem Geld etwas machen. Das Auto, der BMW hat eine ganz große, oder hier Mercedes, wenn die hier auf den Schulhof fahren auch. Also Statussymbole, die eigentlich zu ihrer Herkunft noch gar nicht passen, ne? Die sie aber brauchen, um sich wichtig und gleichberechtigt zu fühlen. Und das wollen die Kinder auch" (Weber 2003: 123).
„Dieses Ghettoleben innerhalb der Großfamilie, innerhalb der anderen Großfamilie, türkischen, in Ghettos, dass man dann natürlich auch nur in türkischen Läden kauft, denn in den Ghettos sind diese Läden ganz stark ausgeprägt, man braucht also kein Deutsch, ja? Das wenige, was kommt, das erledigt der Mann, oder das machen die Kinder schon, die Kinder müssen sich zu Hause dann türkisch unterhalten, weil die Mutter sonst nichts versteht, das hat dann zur Folge, dass die Kinder quasi in der deutschen Sprache, die eigentlich schon fast Muttersprache sein müsste, denn sie bleiben hier und sie befinden sich ja, von den paar Wochen in der Türkei abgesehen, die sie in den Ferien dann machen, befinden sich ja quasi in ihrer eigentlich heimischen Gesellschaft, ja?" (ebd.: 125).

Kasten 2.7: Interviewauszüge aus Weber (2003)

Versucht man auch hier, diese – sehr unterschiedlich angelegten – qualitativen Studien zu bilanzieren, so ist aus unserer Sicht zweierlei festzuhalten:

(1) Bei der qualitativen Forschung mit ihrer Fokussierung auf wenige Einzelfälle hat man es mit einer quasi immer stärkeren Feineinstellung der Kamera zu tun, was dazu führt, dass die statistischen Mittelwerte und Kategorisierungen der quantitativen Forschung deutlich relativiert werden.[9] Das ist unbestreitbar ein Erkenntnisgewinn, wird doch deutlich gemacht, dass quantitativ ermittelte Streuungsmaße noch nichts über die Bedeutung von Varianzen aussagen, dass sich hinter Kategorisierungen wie ‚gleicher sozioökonomischer Status' beim genaueren Hinschauen verschiedene Verhältnisse und Praktiken verbergen, dass Migrant nicht gleich Migrant ist, kurz: dass sich jeder Fall im Prinzip anders darstellt, jeder Fall ein Einzelfall ist.

(2) Es kann – exemplarisch gezeigt an der Weber-Studie – deutlich werden, dass sich Unterscheidungsdimensionen nicht nur immer weiter ausdifferenzieren lassen, sondern dass mit solchen Konstruktionen auch Probleme einhergehen: Zur Orientierung sowohl in der Wissenschaft wie auch in der Praxis braucht man Kategorien zur Beobachtung und Klassifizierung (und sie sind teilweise in der Alltagspraxis schon immer eingelassen), gleichzeitig werden sie dadurch auch hervorgebracht und gegebenenfalls verstärkt oder legitimiert.

2.4 Fazit und Diskussion ausgewählter Probleme

In diesem Kapitel haben wir versucht, den Schlüsselbegriff der Debatte bzw. den Gegenstand auch dieses Buches – Heterogenität – näher zu bestimmen. Ausgegangen sind wir von dem Problem, dass der Ausdruck durchaus griffig und klar erscheint, d.h. hohe Anschlussfähigkeit für Erfahrungen besitzt, die Lehrkräfte, die aber auch wir alle in unserem Alltag machen können. Denn schließlich, so hatten wir mit Blick auf unsere Rekonstruktion der subjektorientierten Reflexion im ersten Kapitel argumentiert, wird darunter zunächst einmal ‚nur' der Gemeinplatz gefasst, dass sich Menschen – und so eben auch SchülerInnen – in vielfacher Hinsicht voneinander unterscheiden: Jeder Mensch ist einzigartig und jede Lerngruppe bunt und vielfältig! Nach der Begriffsanalyse und dem Durchgang durch ausgewählte Forschungsbeispiele lässt sich diese Alltagsintuition bestätigen und ist dem Reformdiskurs hier erneut – jetzt aber analytisch klarer –

---

[9]   Um keine falschen Fronten aufzumachen: Dies gilt auch für die Lehr-Lernforschung, wo sich ständig neue Variablen auftun, die als Lernermerkmal bedeutsam sein könnten.

zuzustimmen. Gleichzeitig haben wir jedoch auch zeigen wollen: Gerade wegen der hohen Anschlussfähigkeit steckt der Teufel im Detail! Drei Problembereiche, die sich für eine Reflexion der Thematik abzeichnen, möchten wir zum Abschluss dieses Kapitels – gleichsam als kritische Rückfragen an den Reformdiskurs – noch einmal etwas genauer in den Blick nehmen.

(1) Systematik statt Addition von Heterogenitätsdimensionen
Was Heterogenität bedeutet, welche Unterschiede gemeint sind, ist offen und lässt sich durch zahlreiche, beliebig erweiterbare Unterscheidungsdimensionen und -merkmale füllen, die in diversen Diskursen und aus unterschiedlichen, mitunter sogar konträren theoretischen Perspektiven heraus verhandelt werden. Heterogenität ist also ein ‚catch-all-Konzept': Es nimmt ‚unterschiedlichste Unterschiede' auf und erweist sich als anschlussfähig für vielfältige Problembeschreibungen. Dabei eröffnet der Reichtum an Perspektiven, die Allzuständigkeit und Allgegenwärtigkeit von Heterogenität einerseits durchaus Chancen: Wie wir im nächsten Kapitel zeigen werden, bietet sich die Möglichkeit, den Umgang mit Differenz auf unterschiedlichen Ebenen des Schulsystems (bzw. des Bildungssystems) zu betrachten und zwischen ihnen Beziehungen herzustellen. Ebenso können gerechtigkeitstheoretische mit schulorganisatorischen und didaktisch-methodischen Fragen in einen Zusammenhang gebracht werden.

Eine schlagwortartige, theoretisch nicht weiter fundierte Begriffsverwendung verschleiert jedoch auf der anderen Seite, dass unterschiedliche Dimensionen von Heterogenität möglicherweise auch einer unterschiedlichen Betrachtung und Behandlung bedürfen: Konturlosigkeit, mangelnde Trennschärfe und – damit verbunden – verkürzte Problemreflexionen sind Gefahren einer unspezifischen, übergeneralisierten Begriffsverwendung. Eine solche Begriffsverwendung zeichnet sich z.B. ab, wenn im Reformdiskurs häufig doch recht pauschal die Rede davon ist, dass der Umgang mit Heterogenität im deutschen Schulsystem problematisch sei. Hier wäre als kritische Frage aufzuwerfen, ob dies für alle Heterogenitätsmerkmale gleichermaßen gilt bzw. welche Differenzlinien davon besonders betroffen sind: Geht es in erster Linie um das Problem, dass Leistungsvielfalt ignoriert wird bzw. dass man überhaupt Lerngruppen nach diesem Kriterium sortiert und homogenisiert? Oder gilt die Feststellung, Heterogenität werde im deutschen Schulsystem als Problem und nicht als Bereicherung gesehen, tatsächlich für alle Differenzlinien, so etwa auch für das Geschlecht? Der Heterogenitätsbegriff erweist sich unter diesen Vorzeichen – etwas überraschend, will er doch gerade differenzsensibel sein – als zu pauschalisierend. Anzustreben wären für den schulpädagogischen Kontext aus unserer Sicht:

- eine *Systematisierung* (und zugleich Reduzierung) der Facetten von Vielfalt, d.h. eine Suche nach Merkmals*klassen* (z.B. Vorkenntnisse, unter die sich dann unterschiedliche Facetten bereichsspezifischen Vorwissens subsumieren lassen), oder auch *Zusammenhängen*, die zwischen einzelnen Merkmalen (wie dem Erziehungsstil der Eltern und der sozialen Herkunft) bestehen;
- eine *Konkretisierung*: Unter welchen Bedingungen sind welche Kriterien bedeutsam? Unmittelbar einleuchtend ist ja als Beispiel, dass Unterschiede in den sportlichen Eigenschaften für den Physikunterricht kaum eine Rolle spielen, das Geschlecht aber – um ein gängiges Stereotyp aufzugreifen – möglicherweise schon;
- eine *Priorisierung*, d.h. eine Klärung, welchen Merkmalen in welchem Kontext hohe Bedeutsamkeit zugeschrieben werden muss und welche eher als nachrangig eingestuft werden könnten. Notwendig wird dies nicht zuletzt für das konkrete pädagogische Handeln, weil Grenzen in Bezug auf Wahrnehmungs- und Verarbeitungskapazitäten einzukalkulieren sind: So mag das Lese- oder auch Fernsehsehkonsumverhalten von SchülerInnen durchaus wichtige Unterschiede in den Lernausgangslagen produzieren, es dürfte aber auf der Hand liegen, dass eine Lehrperson nicht über alle Eigenheiten eines jeden Schülers informiert sein kann (bzw. auch darf!) und sich nicht alle Unterschiede bei der Unterrichtsgestaltung gleichzeitig berücksichtigen lassen.

Zusammengefasst: Ohne Präzisierungen droht Heterogenität ein Schlagwort zu bleiben, das sich zwar für viele Erfahrungen mit schulischer Förderung als irgendwie anschlussfähig erweist, die dahinter stehenden Probleme und Herausforderungen aber eher verdeckt als aufklärt.

(2) Homogenisierungsnotwendigkeiten (an)erkennen
Wir hatten schon im ersten Kapitel darauf verwiesen, dass Heterogenität in der meistbenutzten Übersetzung als ‚Vielfalt' in der Regel positiv konnotiert wird. Grundsätzlich können wir der dabei erhobenen Forderung auch zustimmen, dass Individuen (hier: SchülerInnen) als rechtlich Gleiche und in diesem Sinne auch als gleichwertig wahrgenommen werden sollen (vgl. Artikel 3 des Grundgesetzes der Bundesrepublik Deutschland). In einer etwas anderen Bedeutungsdimension von Heterogenität als ‚ungleichartig' oder ‚ungleich' stellen sich jedoch weniger positive, ja sogar unerfreuliche Assoziationen ein; könnte man doch auch an heterogene/ungleiche Bildungschancen, Berufsaussichten, Zugänge zu Bildungsgütern usw. denken, die unter bestimmten Voraussetzungen als nicht akzeptabel gelten (und die auch faktisch nicht gleichwertig sind!). Bei solchen Differenzen

– Unterschieden in der Lesekompetenz (Analphabetismus), im sozialen Verhalten (Aggression), in der familiären Zuwendung (Vernachlässigung), im verfügbaren Familieneinkommen (Armut) usw. – würden eher Forderungen nach einer Angleichung oder Ent-Differenzierung, oder eben Homogenisierung nahe liegen, wenn man auf die Verlierer und die sog. RisikoschülerInnen blickt. Weiter gefasst bedeutet dies: Eine Ausblendung von legitimen Homogenisierungs- und Homogenitätsnotwendigkeiten – auch und gerade in modernen, pluralen Gesellschaften – mag zwar für die Rhetorik einfacher zu handhaben sein, führt aber tendenziell zu kurzschlüssigen und wenig einleuchtenden Verallgemeinerungen.

Zu erinnern ist hier an das Diktum der egalitären Differenz (s. Kap. 1), das mit einem ähnlichen Problem zu kämpfen hat: Mit der Betonung der gleichwertigen Individualität aller Kinder und Jugendlichen stellt sich die Frage, ob und wie mit pädagogischen Lern- und Entwicklungsproblemen umzugehen ist, wenn diese als Zeichen von Vielfalt, nicht aber als Ausdruck noch nicht realisierter Entwicklungspotenziale (vulgo: Defizite) bewertet werden dürfen:

> „Ohne die theoretische Kontrastfolie einer Normalentwicklung – und damit eine Hierarchie des besser/schlechter – bleibt nur noch eine reine Orientierung am Kinde, der dann nichts anderes mehr übrig bleibt, als die Kinder so zu akzeptieren, wie sie nun mal sind, schon weil ihr die Begriffe fehlen, um Lern- und Entwicklungspotenziale auszumachen, geschweige denn, um gesellschaftliche Benachteiligungen und andere mögliche Ursachen zu entdecken, die die Kinder in der Entfaltung dieser Potenziale behindern" (Rauschenberger 2001: 239).

Anders formuliert: Lernausgangslagen und Persönlichkeitsentwicklungen können auch auf problematische Weise verschieden sein; hier von Gleichwertigkeit und Anerkennung zu sprechen, wäre zynisch, gibt es doch auch eine beunruhigende und nicht nur eine bunte Unterschiedlichkeit. Sind hoher Konsum von Unterhaltungsmedien und Lektüre anspruchsvoller literarischer Texte tatsächlich gleichwertig? Oder von der Organisation her gedacht: Wenn allen Kindern qua Individualität in gleicher Höhe besonderer Förderbedarf attestiert wird, lässt sich dann noch der Einsatz (immer knapper und begehrter) Ressourcen für einige rechtfertigen – was ja faktisch immer mit deren Vorenthaltung für andere Kinder verbunden ist? Die ‚Hochbegabten' hätten dann exakt denselben Anspruch wie die Kinder und Jugendlichen, die Schwierigkeiten mit Basisprozessen des Lesens und Schreibens haben, was unter Gerechtigkeitsaspekten nicht unbedingt einleuchtet.

(3) Schülerkategorisierung und -klassifizierung als Problem und Notwendigkeit
Heterogenität, so haben wir gezeigt, ist ein historisch, theoretisch wie auch empirisch *relatives* Konstrukt: Ob eine Lerngruppe als heterogen bezeichnet wird und welche Unterschiede man als relevant für schulische Bildungs- und Erziehungsprozesse einschätzt, hängt ab vom Kontext, von den Theorien bzw. der Forschung, auf die man sich jeweils bezieht. Und das bedeutet gleichzeitig auch, dass sich Heterogenität als Merkmal von Schülerschaften – und so auch als Herausforderung für schulische Praxis – mit sehr unterschiedlichen Akzenten entfalten lässt: Es kann Unterschiedlichkeit, aber auch Gleichheit besonders betont werden, man kann sich auf ausgewählte Kategorien stützen oder dies gerade ablehnen usw. Betrachtet man unter diesem Vorzeichen die von uns vorgestellten theoretischen Perspektiven und Forschungsmethodologien, so scheinen die im ersten Kapitel skizzierten pädagogisch-normativen Prämissen einer vom einzelnen Subjekt aus reflektierenden Zugangsweise zunächst einmal eine deutliche Bestärkung zu erfahren. Als Trend auch in der Forschung lässt sich ausmachen, dass einerseits immer differenziertere und feinere Unterscheidungen eingezogen werden, mit denen Heterogenität beschrieben werden kann. Andererseits werden Unterscheidungen aber auch – mit Blick auf deren prekäre Funktion für die Konstruktion und Legitimation von Normalität, Abweichung und Ungleichheit – als problematisch markiert und wieder ,dekonstruiert'. Anders formuliert: Die im letzten Kapitel zitierte Forderung von Prengel (1993: 135), dass es „überhaupt falsch ist, Menschen definieren zu wollen", findet ihre Entsprechung in dem Ergebnis unserer Darstellungen: Kein Mensch gleicht dem anderen und jedes Konstrukt zur Beschreibung von Lernermerkmalen und jede Differenzlinie fängt immer nur einen bestimmten Teil von relevanten Unterschieden ein, die überdies bei jedem Individuum in ganz spezifischer Weise kombiniert auftreten.

Allerdings: So notwendig es ist, die Individualität des Einzelfalls zu sehen, so schwer ist es vorstellbar, dass sich aus dem Denken und Handeln jedwede überindividuelle Musterbildungen und Ordnungsprozesse verbannen lassen. In die alltägliche Lebens- und Berufspraxis sind derartige ordnende und orientierende Kategorien immer schon eingelassen; und auch in der Wissenschaft benötigt man sie zur Beobachtung und Klassifizierung: Wissenschaft – hier Sozial- und Erziehungswissenschaft – greift Unterscheidungen zur Gruppierung von Menschen auf und produziert neue Unterschiede, wie wir am Beispiel der sog. Differenzpädagogiken und der empirischen Forschung gesehen haben. Damit ist sie nicht nur an der Herstellung und Verbreitung – und möglicherweise auch an der Produktion und Legitimation von Unterschieden – aktiv beteiligt, sondern es sind zwei grundsätzliche Problemaspekte nicht aus dem Blick zu verlieren:

- Ein Problem betrifft strukturelle Differenzen zwischen Wissenschaft und Praxis. Wissenschaft – so könnte man vereinfacht sagen – lebt geradezu von immer neuen Klassifikationen, von Spezialisierung und Komplexitätsvermehrung. Kritik, Infragestellen von Unterscheidungen und die Einführung neuer Kategorien eröffnen Anschlüsse für weitere Forschung und sorgen dafür, dass die Forschung immer weiter geht – bis hin zu dem Ergebnis, dass man auf die für LehrerInnen doch so wichtige Frage, welche Schülermerkmale nun eigentlich in den Blick zu nehmen sind (bzw. welche in den Blick genommen werden dürfen!), kaum noch eine Antwort geben kann. Die Akteure der schulischen Praxis stehen demgegenüber unter Handlungs- und Entscheidungsdruck, was einer Verarbeitung der von Wissenschaft produzierten Komplexität deutliche Grenzen setzt: Wie viele Informationen kann (und darf) ein Lehrer bzw. eine Lehrerin über die einzelnen SchülerInnen überhaupt erfassen? Und wie soll dies alles realisierbar sein, wenn man es doch mit Schülergruppen und überdies ja zumeist auch noch mit vielen verschiedenen Lerngruppen zu tun hat? Lässt sich Unterricht überhaupt noch in Lerngruppen organisieren oder käme man nicht eher zurück zum Hauslehrermodell? Verkürzungen und Komplexitätsreduktionen, aus Sicht der Wissenschaft inakzeptabel, werden hier gewissermaßen zu einer Überlebensnotwendigkeit.

- In Zusammenhang damit steht, dass mit den Überlegungen zur Heterogenität von SchülerInnen bislang nur die *eine* Seite – nämlich die Lernerseite – aus dem deutlich vielschichtigeren Komplex der Organisation schulischer Lernprozesse beleuchtet worden ist. Ohne hier schon Überlegungen zu den strukturellen Bedingungen und Funktionsweisen schulischen Lernens zu bemühen, kann man erahnen, dass sich doch etliche Probleme einstellen, wenn man in die Analyse nicht auch Reflexionen über die *andere* Seite – den institutionellen und organisatorischen Kontext, in dem das Lernen stattfindet – einbezieht. Organisationen sind zur Prozessierung großer Zahlen auf wie immer definierte Einteilungs- und Verteilungsprinzipien ihrer Klienten angewiesen. Wenn sich alle gruppenbezogenen Differenzen individualisierend auflösen und zunehmend unklarer wird, wie dann noch ökonomisch Ressourcen zugeteilt können – weil Einzelfallbehandlung in Schulen nur in Ausnahmefällen vorgesehen ist – wird letztlich die Organisation Schule selbst in Frage gestellt, ohne dass jenseits des ebenfalls nicht unproblematischen Hauslehrermodells eine Alternative sichtbar werden würde.

Diese – organisations- und schultheoretische – Perspektive, die mit einer subjektorientierten Perspektive durchaus in Konflikt geraten kann, werden wir im folgenden Kapitel entfalten.

3 Heterogenität als schul- und organisationstheoretische Herausforderung

Bislang haben wir uns mit schulischen Lehr-Lern-Prozessen und der Verfasstheit des deutschen Schulsystems aus einer normativ-pädagogischen Perspektive beschäftigt: Wie ist schulisches Lernen zu gestalten, damit alle SchülerInnen optimal gefördert und Benachteiligungen von Personen bzw. Personengruppen vermieden werden? Auf welche Weise lassen sich Anerkennung und Wertschätzung von Verschiedenheit realisieren? Wie können Unterschiede produktiv genutzt werden? – so die Stoßrichtung dieser von den Bedürfnissen des einzelnen Kindes ausgehenden Reflexion, durch die die schulische Realität in vielerlei Hinsicht als problematisch und reformbedürftig markiert worden ist.

In den nun folgenden Kapiteln nehmen wir eine Perspektive ein, die sich von einer solchen Betrachtung deutlich unterscheidet. Nicht mehr von den Interessen des einzelnen Kindes aus wird nun gedacht, sondern es wird danach gefragt, welche Herausforderungen aus Verschiedenheit entstehen, wenn man von der Schule als Institution und Organisation aus denkt:

- Welche Problemlagen und Anforderungen sind zu bewältigen, wenn, anders als im Hauslehrermodell früherer Zeiten, Massenlernprozesse zu organisieren sind? Welche Organisationsformen sind möglich, welche findet man vor? Und was folgt daraus für den Umgang mit Heterogenität?
- Was heißt es in engem Zusammenhang dazu, dass wir uns hier nicht mit privat organisierten Bildungs-, Lern- und Erziehungsangeboten beschäftigen, sondern mit Prozessen, die in der Schule als einer gesellschaftlichen (und staatlich kontrollierten) Institution stattfinden? In welcher funktionalen Beziehung steht Schule zur Gesellschaft?
- Was bedeutet Institutionalisierung schließlich für das konkrete Handeln der Akteure? Welche Rahmenregelungen und Vorgaben trifft man an? Welche Gestaltungsspielräume ergeben sich daraus für Lehrkräfte?

Derartige Fragen sind Gegenstand schul- und organisationstheoretischer Überlegungen, bei denen der gesellschaftliche Funktionszusammenhang der Schule und die Strukturprinzipien von Organisationen im Mittelpunkt stehen. Der Blick auf die pädagogische Praxis ist hier distanzierter und weniger intentional, als wir dies für die pädagogisch-normative Betrachtung rekonstruiert haben. Ein solcher Zugriff ist nun nicht ‚objektiver', ‚richtiger' oder ‚besser' als eine normativ-pädagogische Reflexion. Wir sehen darin vielmehr einen Perspektivwechsel, der *andere* Formen des Erkenntnisgewinns eröffnet: Es können Aspekte in das Blickfeld rücken, die aus einer reformorientierten Perspektive eher übersehen werden bzw. ausgeblendet bleiben. Zur Orientierung und Verdeutlichung seien dazu einige Beispiele vorangeschickt:

- *Schule als Organisation und Institution*: Gegen das Bild einer vor allem interaktional geprägten Lehrer-Schüler- (resp. Erzieher-Zögling-) Beziehung verweisen Organisations- und Institutionstheorien auf die formende Kraft und Besonderheit der Schule als sozialem Gebilde, als „öffentliche Einrichtung für Massenlernprozesse" (Herrlitz 1994: 28). Dass Millionen von Kindern und Jugendlichen beschult werden müssen, hat ebenso Konsequenzen für den Umgang mit Heterogenität wie die Vielzahl an Rechts- und Verwaltungsvorschriften (Stundentafeln, Lehrpläne, Schullaufbahnregularien, Klassenfrequenzen, Lehrerdeputat), die Koordination und Arbeitsteilung unter den Akteuren oder der materiale Rahmen (z.B. Finanzspielräume, Fragen der Steuerung und Qualitätssicherung, Schulhausarchitektur, Einbindung der Schule in das weitere Bildungssystem).

- *Pädagogische Intentionalität vs. organisationales Handeln*: Pädagogische Programme setzen – das wird uns im vierten Kapitel intensiver beschäftigen – auf die Wirkmächtigkeit von Ideen und Werten und auf das Handeln der einzelnen Akteure (vor allem LehrerInnen). Demgegenüber verschieben neuere Organisationstheorien die Aufmerksamkeit „von der Bedeutung individueller Akteure und ihres Bewußtseins zu Kommunikations- und Handlungslogiken in Organisationen, die relativ unabhängig von den jeweils handelnden Personen bestehen bleiben" (Gomolla/Radtke 2003: 78). Das Handeln in Organisationen – so die Prämisse – ist institutionell geregeltes und normiertes Handeln, das seine eigene Logik(en) entfaltet, denen man mit moralischen Appellen nur unzureichend beikommen kann.

- *Aufgaben und Funktionen der Schule:* In normativ-reformerischer Lesart wird Schule (oft ausschließlich) als eine Einrichtung beschrieben, die sich am Wohl der Heranwachsenden zu orientieren habe. Diese *pädagogische* Beschreibung der Schule kollidiert mit der Analyse ihrer *gesellschaftlichen* Funktionen und Aufgaben. Aus Sicht vieler Soziologen (z.B. Durkheim, Bourdieu), aber auch Schultheoretiker (z.B. Fend) gilt es als ausgemacht, dass Schule auch gesellschaftliche Reproduktionsfunktionen zu erfüllen hat, d.h. auch einem anderen Imperativ gehorchen muss als dem der individuellen Förderung und gleichberechtigten Anerkennung von Differenz.

Grundsätzlich stecken hinter diesen Perspektiven vielfältige (und im Detail keineswegs konvergente) Theorien, die wir hier nicht im Einzelnen berücksichtigen können. Wir orientieren uns der Einfachheit halber an den Grundlinien der neuen Schultheorie von Helmut Fend, deren zentrale Prämissen wir zuerst knapp vorstellen (3.1), um uns dann mit der *Form*, d.h. der Struktur und Organisation des Schulsystems (3.2) und hier besonders mit der Differenzierungsthematik zu beschäftigen. Neben einer Klärung zentraler Begriffe, Modi und Herausforderungen von Differenzierung steht dabei die in Deutschland heftig umstrittene Differenzierung nach Schulformen in der Sekundarstufe im Vordergrund. Im Anschluss wenden wir uns den gesellschaftlichen *Funktionen* des Schulsystems zu (3.3) und fragen, welche Konsequenzen sich daraus – gleichsam als Rahmung schulischen Handelns – ergeben. Abschließend versuchen wir zusammenfassend auszuloten, welche Problemlagen daraus für den Umgang mit Heterogenität in der Schule wie auch im Hinblick auf reformerische Kritik an der Schule und die entwickelten Gegenprogramme resultieren (3.4).

3.1 Das Bildungswesen als institutioneller Akteur der Menschenbildung – Grundzüge einer schultheoretischen Betrachtung von Helmut Fend

Will man Schule gestalten bzw. verändern – so lässt sich der Ausgangspunkt der neuen Theorie der Schule von Fend (2006a, b; 2008) beschreiben –, dann setzt dies voraus, dass man sich mit den Funktionen und Funktionsmechanismen des Bildungssystems auseinandersetzt: „Erst wenn man das System versteht" – so Fend (2008: 12) – „kann man eine Fehlfunktion beheben". Das bedeutet: Auch mit einer stärker analytischen Perspektive können durchaus Gestaltungsabsichten verknüpft sein, diese müssen aber an einer bereits existierenden und historisch entstandenen ‚Wirklichkeit' ansetzen. Diese gilt es zuvorderst zu kennen und zu verstehen, um nicht Gefahr zu laufen, dass „aus dem – defizitären – Sein kurzschlüssig das ideale Sollen abgeleitet wird" (Fend 2006a: 15).

Ein solcher Anspruch erfordert ein umfassendes und komplexes Theoriegebäude, das wir nur ausschnitthaft skizzieren können. Fend bringt in seiner Konzeption zahlreiche Elemente (Theorien, empirische Befunde, historische Analysen) zusammen und betrachtet Schule bzw. das Bildungssystem in vielfältigen Facetten; die Auseinandersetzung reicht im Prinzip von der Entstehung von Schulen oder deren Gestalt im Mittelalter bis hin zur Frage nach Handlungsoptionen und Effekten der Schüler-Lehrer-Beziehung im Klassenraum. Die zentralen Elemente und Überlegungen, mit denen Fend unter Rückgriff auf neuere, zumeist außererziehungswissenschaftliche Konzepte wie Systemtheorie, verstehende Soziologie und Organisationstheorie das Bildungswesen ‚als institutionellen Akteur der Menschbildung' konzeptionalisiert, lassen sich aber so zusammenfassen:

(1) Einen Ausgangspunkt zum Verständnis der Schule bilden Fragen nach deren Funktionen und Aufgaben, die Fend (1980) schon in seiner ersten Theorie der Schule ausgearbeitet hat und in seine neue Theorie weitgehend übernimmt. Dabei ist zentral, dass neben pädagogische Aufgaben (wie Förderung von Handlungsfähigkeit und Persönlichkeitsentwicklung) auch gesellschaftliche Funktionen, d.h. soziale Reproduktionsleistungen, treten. Das Schulsystem wird als eine Instanz zur Lösung von Problemen rekonstruiert, die den Fortbestand der Gesellschaft betreffen, etwa in Bezug auf die notwendig werdende Qualifizierung zukünftiger ArbeitnehmerInnen oder in Bezug auf die Verteilung der nachwachsenden Generationen auf die unterschiedlichen Positionen in der Sozialstruktur (s. Abschnitt 3.3).

Mehr noch als die Frage nach den Funktionen stehen Erklärungsangebote im Vordergrund, wie diese Funktionen und Aufgaben erfüllt bzw. wahrgenommen werden (vgl. Fend 2008: 15).

(2) Dazu wird das Bildungssystem mehrebenentheoretisch konzeptionalisiert, d.h. als Ganzes in den Blick genommen. Fend untergliedert in eine Makro-, Meso- und Mikroebene und liefert so ein Ordnungsraster, um die Ebenen des schulischen Handelns systematisch unterscheiden zu können[10].

(3) Mit dem Konzept der *Rekontextualisierung* versucht Fend das Zusammenspiel dieser Ebenen wie auch die Handlungslogik der Akteure und deren Gestaltungsoptionen (und -restriktionen) theoretisch zu fassen: Handeln findet demnach auf unterschiedlichen (Verantwortungs-)Ebenen statt – von der Bildungspolitik bis hin zur konkreten Arbeit am Schüler. Eng verknüpft ist damit eine jeweils spezifische Handlungslogik, denn – dies ist eine wichtige Prämisse – die Akteure (wie LehrerInnen) agieren nicht als Privatpersonen,

---

[10]   Diese Ebenen bilden auch für unsere Ausführungen einen systematischen Bezugsrahmen: In diesem Kapitel beschäftigen wir uns mit der Makroebene – hier im Sinne der Organisation des Schulsystems. Im 4. Kapitel wenden wir uns der Frage nach den Gestaltungsoptionen auf der Mikroebene, also der konkreten Lehrerarbeit und dem Unterrichtshandeln, zu. Die Mesoebene – die Einzelschule als Handlungsebene – ist Gegenstand des 5. Kapitels. Hier wird die Frage nach den Entwicklungsmöglichkeiten der Einzelschule durch administrative Steuerung im Mittelpunkt stehen.

sondern ihr Handeln wird als Auftragshandeln, als regelgeleitetes, normiertes Handeln verstanden. Allerdings lassen sich Aufgaben bzw. Aufträge weder nahtlos von einer höheren Ebene auf die nächste dirigieren, noch hat man es bei den schulischen Akteuren mit ‚Rollenmarionetten' zu tun. Das Konzept der Rekontextualisierung weist vielmehr auf Folgendes hin: Es gibt Vorgaben und Regeln für schulisches Handeln, und Entscheidungen auf der einen Ebene haben immer auch Auswirkungen auf die darunter liegenden. Gleichzeitig müssen diese Vorgaben aber von den einzelnen Akteuren interpretiert und an die konkret vorfindbaren Handlungsbedingungen adaptiert werden, was zu „bedeutsamen empirischen Variationen des faktischen operativen Handelns" führt (Fend 2006a: 175).

Die Problembeschreibungen, die aus einer solchen Perspektive für den Umgang mit Heterogenität in der Schule resultieren, entfalten wir zuerst für zwei der hier genannten Bereiche: Der erste betrifft den Aufbau und die Organisation des Bildungswesens, seine *Form,* und zwar im Schwerpunkt auf der Makroebene (3.2). Im Anschluss greifen wir die Frage nach den gesellschaftlichen *Funktionen* der Schule auf (3.3).

3.2 Schule als ‚Einrichtung für Massenlernprozesse' – die Form des Schulsystems

Eine Beschäftigung mit der Struktur, dem Aufbau – vereinfacht: der Form und Gestalt – eines Schulsystems betrifft zwar vielfältige Aspekte (wie Fragen der Steuerung oder ob Lehrpersonen verbeamtet sind); man stößt aber unmittelbar auch auf die Differenzierungsthematik, die im Heterogenitätsdiskurs einen zentralen Stellenwert besitzt. Differenzieren (=Unterschiede machen) stellt sich dann nämlich als konstitutives Merkmal der Schule heraus – und zwar bezogen auf die Organisation des Systems, die Binnenstruktur der Einzelschule und die Unterrichtsgestaltung gleichermaßen. So finden Unterscheidungsprozesse auf der Interaktionsebene statt, wenn LehrerInnen im Frontalunterricht unterschiedlich anspruchsvolle Fragen stellen oder sich SchülerInnen bzw. Schülergruppen ungleich zuwenden (einige mehr ermahnen, die anderen mehr ermuntern usw.).

Für unsere Überlegungen entscheidender als solche Formen interaktionaler Differenzierung sind jedoch zuerst Prozesse der *organisatorischen* Differenzierung im Sinne der Konstruktion des Schulsystems und der Konstituierung von Lerngruppen: Wenn (wie in Deutschland für gegenwärtig mehr als zehn Millionen SchülerInnen) ein flächendeckendes Beschulungsangebot bereitzustellen ist, jedoch nicht alle dieselbe Schule besuchen können und man zur selben Zeit nicht alles gleichzeitig lernen kann, dann sind Ein- und Zuteilungen von Lerngruppen, die Auswahl und Sequenzierung von Lerninhalten, die Einrichtung von Bildungsgängen u.ä.m. unvermeidbar. Eine Lösung dieses Problems ist – als erste Variante organisatorischer Differenzierung – das im 19. Jahrhundert umfassend eingeführte Prinzip der Jahrgangsklasse als eine zeitlich gestaffelte Gliederung des Systems in aufeinander folgende Stufen. Da aber trotz dieser (auch umstrittenen) Ein- bzw. Zuteilung nicht alle eines Altersjahrgangs in derselben Schule bzw. Klasse lernen können, werden weitere Differenzierungen notwendig.

Aus schultheoretischer Perspektive ist nun bedeutsam, dass entgegen den bislang vorgestellten pädagogischen Auffassungen keineswegs nur die Interessen und Bedürfnisse des einzelnen Kindes als Referenz gewählt werden müssen, sondern auch andere Aspekte als Bezugspunkt für Differenzierung – wie organisatorische Kalküle oder gesellschaftliche Interessen – fungieren können:

- Differenzierung nach Leistungsfähigkeit lässt sich z.b. als eine organisatorisch sinnvolle Reduktion von Komplexität interpretieren: Sind die Lernvoraussetzungen der Schülerschaft in einer Schule oder Schulklasse in etwa vergleichbar – so die durchaus plausible Idee –, dann könnte dies zu einer Vereinfachung in der Angebotsstruktur führen, weil ein weniger großes Spektrum an Ausgangslagen zu berücksichtigen ist; man kann sich auf bestimmte Bedürfnisse und bestimmte Schülerschaften spezialisieren.

- Ein anderer Bezugspunkt für Differenzierung könnten gesellschaftliche Interessen oder Erfordernisse des Beschäftigungssystems sein. Differenzierung muss nicht (allein) bei den Ausgangslagen der Lerner ansetzen, sondern kann auch vom Ergebnis aus gedacht werden. Beispiele dafür wären frühzeitige Spezialisierungen für zukünftige Tätigkeitsfelder mit einem hohen gesellschaftlichen Bedarf, etwa Schulen mit sprachlichem oder naturwissenschaftlich-technischem Schwerpunkt.

Zweierlei sollte erkennbar werden: Aus schultheoretischem Blickwinkel geraten außerpädagogische Interessen und Funktionen in den Fokus, die mit pädagogischen Ansprüchen konfligieren können. Mit der Differenzierungsfrage wird gleichzeitig ein weites und komplexes Feld aufgemacht: Differenzierung kann nach unterschiedlichen Schülermerkmalen (wie Alter, Geschlecht oder Leistungsfähigkeit) und mit unterschiedlichen Zielen (Komplexitätsreduktion, Spezialisierung u.ä.m.) erfolgen. Es kann also auf unterschiedlichen Ebenen und auf unterschiedliche Weise differenziert werden. Wir können im Folgenden nur auf ausgewählte Aspekte näher eingehen.[11] Mit Blick auf die Heterogenitätsthematik gilt es die Aufmerksamkeit besonders auf zwei Gesichtspunkte zu richten:

(1) (Organisatorische) Differenzierung ist in aller Regel eine *Reaktionsform* auf Heterogenität: Die Einrichtung von Schulen und die Zusammenstellung von Lerngruppen erfolgt kaum nach dem Zufallsprinzip, sondern nach Kriterien, die Merkmale der Lerner – d.h. Heterogenitätsdimensionen – betreffen. Durch Differenzierung wird Heterogenität bzw. Homogenität (in einer Lerngruppe) dabei erst hergestellt. Zu fragen ist daher, welche Lernermerkmale aus welchen Gründen als Differenzierungskriterium fungieren und welche (dann auch problematischen) Ausgangslagen daraus resultieren.

(2) Differenzierung schafft nicht nur spezifische Ausgangslagen (einen Status quo), sondern es werden auch gewollte und unbeabsichtigte *Folgewirkungen* produziert: Unterschiede, auf die man durch Differenzierung reagiert – durch Einteilung von Lerngruppen oder auch im Unterricht durch differenzierte Lernangebote – verstärken in der Regel die Ausgangsunterschiede, beinhaltet Differenzierung doch immer auch Ungleich-Behandlung. Zu fragen ist daher, welche Ziele mit Differenzierung verbunden sind und welche (auch unerwünschten Neben-)Wirkungen damit einhergehen (können).

Dass differenziert werden muss, ist unvermeidbar; strittig ist jedoch, welche Kriterien und Prinzipien dabei in Anschlag gebracht werden sollen. Wir werden diese noch abstrakt bleibenden Hinweise in den folgenden Kapiteln konkretisieren, gehen aber zunächst auf einige grundsätzliche Begriffe ein, um eine Basis für eine vertiefende Problembeschreibung zu schaffen.

3.2.1 Strukturaufriss Differenzierung

Für einen knappen Einblick in die Facetten von Differenzierung orientieren wir uns an einem Schema (s. Kasten 3.1), in der wir die wesentlichen Aspekte zusammengestellt haben:

---

[11] Differenzierung und Differenzierungstheorien waren in den 1970er Jahren ein zentrales Thema schulpädagogischer Überlegungen. Wir meinen, dass viele der damals entstandenen, aber kaum noch rezipierten Publikationen auch für die aktuelle Debatte noch wertvolle Impulse setzen können (z.B. Winkeler 1976; Keim 1977; Haußer 1981).

▪ *Differenzierungskriterien*

Man sieht zunächst, dass Differenzierung nach zahlreichen *Kriterien* betrieben werden kann und wir hier auf die bereits bekannten Schülermerkmale wie Alter, Geschlecht, Konfession oder individuelle Leistungsfähigkeit treffen. Wie bereits erwähnt (s. Kap. 2), besaßen und besitzen diese Merkmale als Ausgangskriterium für *organisatorische* Differenzierung historisch wie national vergleichend eine unterschiedliche Bedeutung. So gab und gibt es Mädchen- und Jungen-Schulen, d.h. ‚Geschlecht' kann noch als Differenzierungskriterium fungieren. Ebenso existiert noch Differenzierung nach ‚Religionszugehörigkeit', auf Schulebene durch Einrichtung spezieller Konfessionsschulen, oder durch Religionsunterricht für eine ausgewählte Schülerschaft. Ähnliches gilt auch für das Geschlecht, wenn einige Fächer bewusst nicht koedukativ unterrichtet werden.

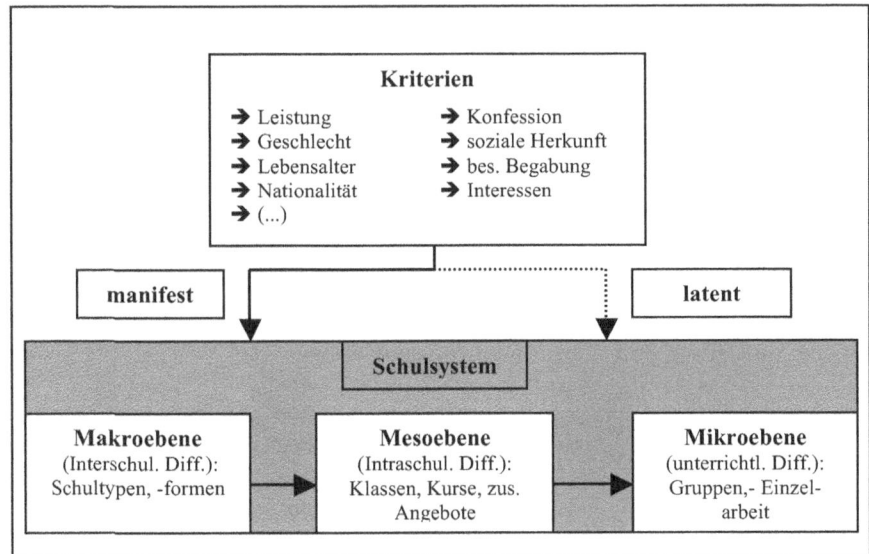

Kasten 3.1: Facetten schulischer Differenzierung

Das (nicht nur) im deutschen Schulsystem einschlägigste Kriterium ist ‚Leistung', die auf mehreren Ebenen als Maßstab für Zuweisung und Einteilung fungiert: bei der Rückstellung vom Schulbesuch, beim ‚Sitzenbleiben', vor allem aber bei der Schülerverteilung auf unterschiedliche Schulformen nach Abschluss der Grundschule. Irritierend mag für Sie vermutlich sein, dass auch ‚soziale Herkunft' in der Liste möglicher Kriterien auftaucht. Zwar galt dieses Kriterium früher recht selbstverständlich als Bezugspunkt für Differenzierung; heute dagegen dürfte es kaum noch offiziell in Anschlag gebracht werden, da die Idee einer schichtspezifischen Schule weitgehend ihre Legitimation verloren hat.

▪ *Manifeste und latente Differenzierung*
Dass soziale Herkunft als Kriterium dennoch nicht außer Kraft gesetzt ist, erklärt sich, wenn man die in das Schaubild aufgenommene, in den 1970/80er Jahren von einigen Autoren benutzte Unterscheidung von *manifester* und *latenter* Differenzierung einbezieht: „Neben manifester, also organisatorisch offenkundiger Differenzierung" – so Haußer (1981: 22) in seiner Theorie schulischer Differenzierung – gelte es noch eine latente Differenzierung zu beachten, für die er zwei Varianten benennt:

„Erstens kann ein manifestes Differenzierungskriterium latent ein anderes nach sich ziehen" (ebd.). Als Beispiel nennt Haußer die Schulformen des traditionellen Schulsystems, wo Schülerzuteilung nach Leistung (z.B. ins Gymnasium) betrieben werde, damit gleichzeitig aber – und diese Aussage ist ja noch aktuell – auch mit einer Selektion nach sozialer Herkunft verbunden sei: „Wir sprechen dann von latenter Differenzierung nach sozialer Herkunft bei manifester Differenzierung nach Leistung" (ebd.). Ein anderes Beispiel wäre ‚Interesse' als Kriterium, wie man es bei Wahldifferenzierung oder oft auch bei der Schulwahl antrifft. In beiden Fällen ordnen sich die Betroffenen selbst einem Lernangebot zu, mit dem Ergebnis, dass dies mit anderen Merkmalen – wie Leistungsfähigkeit bei Wahlangeboten (z.B. Technikunterricht vs. zweite Fremdsprache) oder soziale Herkunft bei der Schulwahl – verbunden sein kann.

Die zweite Variante bezieht Haußer auf die Schüler-Lehrer-Interaktion im Unterricht, davon ausgehend, dass es keinen undifferenzierten Unterricht geben könne: „Auch Frontalunterricht ist differenziert, nur eben nicht auf eine offenkundig-organisatorische Art und Weise, sondern vielmehr im Sinne einer differentiellen Behandlung durch den Lehrer" (ebd.). Durch soziale Interaktion im Unterricht (besondere Aufmerksamkeit, Lob und Tadel, Aufforderungen zur Mitarbeit etc.), die sich oft zu spezifischen „Behandlungsmustern gegenüber bestimmten Schülern und Schülergruppen" verdichten würde, nehme ein Lehrer „laufend latente, d.h. ausschließlich interaktionale Gruppenbildungen vor" (ebd.).

Diese genannten Varianten verweisen auf eine letzte Unterscheidung hinsichtlich der *Ebenen*, auf denen Differenzierung vorgenommen werden kann.

▪ *Ebenen der Differenzierung*
In der schulpädagogischen Debatte findet sich bezüglich dieser Ebenen häufig nur eine Unterscheidung zwischen sog. äußerer und innerer Differenzierung (z.B. Holzbrecher 2008): Unter *äußerer* Differenzierung werden in aller Regel sämtliche institutionell vorgenommenen Maßnahmen gefasst, durch die Lern-

gruppen zumeist für einen längeren Zeitraum gebildet werden. Wie schon im ersten Kapitel dargestellt, sind dies die im aktuellen Diskurs kritisierten, d.h. pädagogisch unerwünschten Varianten von Differenzierung. Dem gegenüber gestellt wird die *innere* Differenzierung – oder auch Binnendifferenzierung – als eine pädagogisch geforderte, ‚gute' Form des Unterscheidens: SchülerInnen sollen innerhalb einer bestehenden Lerngruppe bzw. eines Klassenverbundes im Unterricht in kleinere Einheiten aufgeteilt werden, um jeweils passende Zugänge und Bearbeitungsmöglichkeiten in der gleichen Unterrichtssituation zu eröffnen.

Wir selbst halten diese Gegenüberstellung jedoch für verkürzt und problematisch: Einmal, weil ausgeblendet wird, dass das Spektrum von Differenzierung weitreichender (gleichsam erheblich differenzierter) ist (s. Abschnitt 3.2.3). Viel grundsätzlicher verführen Polarisierungen aber auch zu entsprechend einseitigen Charakterisierungen, so etwa, wenn die eine Seite pauschal als problematisch, die andere hingegen als erwünscht markiert wird; oder wenn – wie Keim (1977: 9) schon in den 1970er Jahren kritisierte – die Formen innerer Differenzierung (im Gegensatz zur äußeren Differenzierung) als allein in das Belieben des Lehrers gestellt erscheinen, ohne zu reflektieren, dass es zwischen den jeweiligen Ebenen auch Zusammenhänge gibt. Um derartige Verkürzungen zu vermeiden, haben wir uns an dem Mehrebenenmodell von Fend (2008) orientiert und übernehmen damit zugleich die dahinter stehenden Überlegungen zum Zusammen- und Wechselspiel der einzelnen Ebenen:

- Die *Makroebene* bezeichnet im hier gemeinten Sinne das Schulsystem, nimmt also den Aufbau, d.h. die grundsätzliche Konstruktionslogik in den Blick: Wie werden die einzelnen Schulen in eine systematische Ordnung zueinander gebracht? (Interschulische) Differenzierung ist dabei ein unverzichtbares Gestaltungsprinzip, das aber in unterschiedlichen Varianten realisiert werden kann. Während eine vertikale Differenzierung in Stufen – also nach Alter – ein historisch wie international weitgehend universell realisiertes Prinzip zu sein scheint, bestehen erhebliche Unterschiede hinsichtlich der horizontalen Differenzierung (s. Abschnitt 3.2.2).
- Die *Mesoebene* bezeichnet die Ebene der Einzelschule vor Ort. Es ist dies eine bei Schulstrukturfragen oft übersehene Ebene, obwohl man auch hier eine Vielfalt organisatorischer (intraschulischer) Differenzierung antrifft. Prominentes Beispiel ist – natürlich neben der Jahrgangsklasse! – die Fachleistungsdifferenzierung, die man in der Regel an Gesamtschulen antrifft. Differenzierung findet aber auch durch Wahldifferenzierung oder bei der Einrichtung spezifischer Förderangebote statt (s. Kap. 5).

- Die *Mikroebene* ist die Unterrichtsebene (innere Differenzierung). Auch hier gibt es diverse Varianten, Unterricht nach unterschiedlichen Kriterien gruppenadaptiv oder individualisierend zu gestalten (ausf. Kap. 4).

Die drei Ebenen – so lässt sich mit Fend (2008) argumentieren – sind weder unabhängig voneinander, noch besteht zwischen ihnen eine deterministische Beziehung. Das bedeutet unter programmatischen Gesichtspunkten: Es gibt an unterschiedlichen Stellen Gestaltungsspielräume für bessere Differenzierungsvarianten; gleichzeitig sind spezifische Restriktionen der Strukturvorgaben jedoch nicht zu übersehen. Deutlich machen wird dies eine Auseinandersetzung mit der Frage der Schulformdifferenzierung, d.h. der Organisation des Bildungssystems auf der Makroebene, die uns nun beschäftigen soll.

3.2.2 Vielfalt an Schulformen oder eine Schule für alle?

Mit dieser Frage rückt der Modus interschulischer Differenzierung als zentrales Konstruktions- und Strukturprinzip eines Schulsystems in den Vordergrund, und damit die von allen Schulsystemen zu lösende Kernfrage nach dem Verhältnis von Einheitlichkeit und Differenzierung. Idealtypisch lassen sich zwei gegenläufige Strategien unterscheiden:

- Ein Schulsystem kann sich am Prinzip der Einheitlichkeit orientieren, also an einem Aufbau, bei dem alle Kinder und Jugendlichen möglichst lange in einer gemeinsamen Schule lernen. Es ist dies der *integrative* Strukturtyp, mit dem Ergebnis einer nicht sortierten, also einer in der Regel besonders heterogenen Schülerschaft.
- Die andere – in Deutschland noch dominierende – Variante besteht in einer Differenzierungsstrategie. Es gibt ein System aus unterschiedlichen, auch unterschiedlich wertigen Schultypen und -formen, auf die sich die Heranwachsenden nach bestimmten Kriterien aufteilen bzw. aufgeteilt werden. Man spricht auch vom *differenzierenden* oder *separativen* Strukturprinzip, das im Ergebnis eher zu einer Homogenisierung von Schülerschaften und Lerngruppen (bezogen auf das Aufteilungskriterium) führt bzw. führen soll.

Die Frage von Einheitlichkeit und Differenzierung – von Integration (resp. Inklusion) und Separation – ist seit jeher Gegenstand kontroverser pädagogischer, aber auch gesamtgesellschaftlicher Debatten. An ihr scheiden sich – nicht nur in Deutschland – gleichsam die ‚Geister‘, wie schon der amerikanische Erziehungswissenschaftler Yates Anfang der 1970er Jahre notierte:

„Eine [...] bemerkenswerte Eigenschaft der Kontroverse um die Differenzierung ist ihre Tendenz, mit größerer Intensität emotionales Engagement hervorzurufen, als es angesichts der diskutierten Frage angemessen wäre. Vor- und Nachteile zweier in gegenseitigem Wettstreit stehender Unterrichtsmethoden lassen sich oft in einer Atmosphäre akademischer Gelassenheit diskutieren [...]. Argumente zu diesem oder jenem Differenzierungsverfahren bewirken jedoch starre Fronten" (1972: 19).

Die Gründe für diese ‚starren Fronten' führen zur Konkretisierung einer in der Einleitung dieses Buches eingeführten Prämisse: Der schulische Umgang mit Heterogenität ist nicht allein ein technisches Problem (Wie lassen sich Massenlernprozesse am effektivsten organisieren?). Und es spielen keineswegs nur pädagogische Argumente (Durch welche Variante werden alle SchülerInnen am besten gefördert?) eine Rolle, sondern auch ökonomische, politische oder rechtliche Argumente. Anhand der Schulformdifferenzierung zeigt sich im historischen Rückblick (z.b. Diederich/Tenorth 1997: 13 ff.; Oelkers 2006), aber auch bei aktuellen Debatten, dass mit dieser Kontroverse grundsätzliche gesellschaftspolitische Präferenzen und gruppenspezifische Interessen verknüpft sind, was den gesellschaftlichen Umgang mit Vielfalt betrifft. Es ging früher, und es geht durchaus heute noch auch darum, gesellschaftliche Unterschiede (und Ungleichheiten!) fortzuführen, zu legitimieren oder aufzuheben bzw. abzubauen.

So orientierte sich Ende des 18. Jahrhunderts der Freiherr von Zedlitz (der damalige für den Aufbau des preußisch-deutschen Bildungssystems mitverantwortliche Justizminister) bei seinem Vorschlag zur Differenzierung des Schulsystems ganz selbstverständlich an dem Vorhandensein unterschiedlicher Stände: Da der Zweck der Schule – so seine Überzeugung – darin bestünde, die Menschen für ihr zukünftiges Leben bezogen auf ihren jeweiligen Stand brauchbar zu machen, und deshalb „der Bauer anders als der künftige Gewerbe oder mechanische Handwerke treibende Bürger und dieser wiederum anders als der künftige Gelehrte oder zu höheren Ämtern des Staates bestimmte Jüngling unterrichtet werden" müsse (von Zedlitz 1787: 3), seien für die unterschiedlichen gesellschaftlichen Gruppen entsprechende Schulen notwendig: eine Bauern-, eine Bürger- und eine Gelehrtenschule. Differenzierung – so zeigt das Beispiel auch – wurde gleichsam von ihrem Ergebnis aus gedacht. Heute werden derartige Überlegungen zwar nicht mehr öffentlich angesprochen. Gleichwohl ist zu vermuten, dass der nach wie vor beobachtbare Widerstand gegen eine möglichst ausgedehnte gemeinsame Schulzeit für alle Heranwachsenden – wie er sich etwa in Hamburg 2010 über einen Schulentscheid erfolgreich artikuliert hat – nicht zuletzt aus der Befürchtung der gut situierten Elterngruppen resultiert, „dass die Schulklasse" – wie dies Diederich/Tenorth (1997: 113) formulieren – „wirklich im Kleinen so sein könnte wie die Gesellschaft im Großen und Ganzen: heterogen, was die soziale Herkunft und die Lernvoraussetzungen angeht, pluralistisch bezüglich der Normen und Werte, von denen ihre Mitglieder überzeugt sind, und entsprechend konfliktreich im Zusammenleben – kurz: nichts für Sensible oder für Zeitgenossen, die sich nach Harmonie und Einheit sehnen" (ebd.: 113) – und nichts für solche, so kann man ergänzen, die ihr Kind von den ‚Schmuddelkindern' fernhalten bzw. eigene Privilegien sichern wollen.

Wir kommen darauf noch zurück, wenden uns nun aber der Frage nach dem empirischen Wissen über die Effekte unterschiedlicher Differenzierungsmodelle zu. Dabei geht es einmal um eine Vertiefung bzw. Konkretisierung der Differenzierungsthematik. Gleichzeitig verfolgen wir eine zentrale Argumentationslinie im aktuelle Reformdiskurs: die Kritik an der Differenzierung der deutschen Sekundarstufe in verschiedene Schulformen und die Forderungen nach einem integrativen System, von dem man sich eine Beseitigung vieler Probleme verspricht.

3.2.3 Schulformdifferenzierung in empirischer Perspektive

Fragen nach Effekten und Konsequenzen unterschiedlicher Organisationsmodelle haben in Deutschland zwar als Gegenstand empirischer Forschung im internationalen Maßstab eine noch recht kurze Tradition, im Kontext von deutscher Bildungsforschung selbst wurden solche und ähnliche Fragen jedoch mit vergleichsweise hoher Aufmerksamkeit belegt (s. Kasten 3.2). Dabei stand und steht die Diskussion um die separative (horizontale) *Schulformdifferenzierung* in der allgemeinbildenden Sekundarstufe I im Vordergrund.

Ausgangspunkt waren die Debatten um die Einführung der Gesamtschule in den 1960/70er Jahren, die – der Deutsche Bildungsrat (1969: 31) – von nahezu „allen Seiten so stark unter ideologischen Gesichtspunkten geführt (würden), daß eine Rationalisierung der Kontroverse durch objektive Untersuchungen der Wirkungen eines Gesamtschulsystems dringend notwendig sei". Neben der ‚Gesamtschulforschung' bzw. den durchgeführten Schulsystemvergleichen (vgl. z.B. Fend 1982) wurden ähnliche Fragen ab Mitte der 1980er Jahre auch im Rahmen der Integrationsforschung untersucht (z.B. Preuss-Lausitz 2002). Hier geht es gewissermaßen um den ‚verschärften' Fall von Heterogenisierung durch die, anfangs in Modellversuchen realisierte, Integration von SchülerInnen mit besonderem Förderbedarf. In den letzten Jahren kommen außerdem etliche neuere Studien und Kontroversen in Zusammenhang mit PISA und Folgestudien hinzu (z.B. Köller 2004; Groehlich/Scharenberg/Bos 2009). Damals wie heute zielen solche Studien auf die Frage, in welcher Weise sich die (eher homogene oder heterogene) Zusammensetzung der Lerngruppe auf die SchülerInnen auswirkt, und zwar im Hinblick auf fachliche Leistungen (etwa Lesekompetenz, Mathematikkompetenz) wie auch auf Persönlichkeitsaspekte (etwa das Selbstkonzept oder soziale Orientierungen). Daneben spielen auch andere Fragen, wie Durchlässigkeit, Chancengleichheit, Elternakzeptanz oder Lehrerarbeit, eine Rolle.

Kasten 3.2: Empirische Zugänge zum Problem der Schulstruktur

Die Schulstruktur wirkt zwar nicht determinierend, wie wir mit dem Konzept der Rekontextualisierung argumentiert haben. Sie gibt aber sehr wohl einen Rahmen vor, der bestimmte Prozesse in Gang setzt oder begünstigt, zu bestimmten Wirkungen führt bzw. spezifische Optionen eröffnet oder verschließt und durchaus weitergehende Dynamiken entwickelt. So könnte z.b. ein selektives Schulsystem eine „Entsorgungsmentalität" (Fend 2004: 23) bei den LehrerInnen begünstigen, die „zu einem Abschieben in andere Schulformen und zu einem gehäuften Sitzenbleiben führt". Die Akteure finden eine Struktur vor, in der das Verbleiben in einem spezifischen Bildungsgang zu legitimieren ist (Schüler müssen unter Beweis stellen, dass sie eines Bildungsgangs auch würdig sind; Lehrer müssen zeigen, dass sie dies auch richtig beurteilen), gleichzeitig besteht die Möglichkeit, diejenigen, die diesen Anforderungen nicht genügen, abzuschieben. Aus der Fülle derartiger Folgewirkungen greifen wir exemplarisch drei Aspekte auf:

- *Verselbstständigungseffekte organisatorischer Differenzierung*
Allein die Existenz eines horizontal differenzierten Schulsystems kann zu problematischen Folgen führen, weil die einzelnen Systeme (Schultypen, Einzelschulen) Existenzsicherung betreiben (müssen) und auch um ‚gute' SchülerInnen konkurrieren. Beispiele dafür, dass Schülerrekrutierungen und -verschiebungen keineswegs nur das Ergebnis pädagogischer Motive sind, sondern auch schul(form-)spezifische Bestands- und Funktionserhaltungsinteressen wirksam werden, haben Gomolla/Radtke (2003) rekonstruiert. So wird die Sonderschule/Förderschule nicht allein deshalb mit SchülerInnen ‚versorgt', weil hier ‚besondere' Förderung betrieben wird, sondern sie besitzt gegenüber dem Regelschulsystem auch eine *Entlastungsfunktion,* und sie braucht Förderschüler, um existieren zu können. Es sind dies Prinzipien, die ähnlich auch für die Schülerverteilungen auf die weiterführenden Bildungsgänge nach der Grundschule greifen. Neben Interessen, vermeintlich schwierige SchülerInnen abzuweisen (sofern die vorgeschriebenen Klassengrößen gesichert sind!), kann es gleichzeitig auch umgekehrte Effekte in Bezug auf leistungsstarke SchülerInnen geben: Für die Realschulen bestehe zum Beispiel – so Gomolla/Radtke (ebd.: 235) – „bei der Entscheidung, leistungsstarke SchülerInnen auf das Gymnasium zu empfehlen, ein Dilemma. Schülerverschiebungen (Abschöpfen von Schülern durch die Gymnasien) werden an den Realschulen als Niveauverlust erlebt, bei dem man die für die Abgrenzung zur Hauptschule wichtigen leistungsstarken SchülerInnen ungern gehen lässt". Kurz: Mit einzelnen Schulformen gehen pädagogisch höchst unerwünschte Wirkungen einher.

- *Kumulation von Problemen am unteren Ende*

Zwar sind für viele Grundsatzfragen zu Vor- und Nachteilen des integrativen oder separierenden Strukturprinzips die Befunde kaum generalisierbar und eindeutig. Allerdings stimmen eine Reihe von Untersuchungen doch darin überein, dass gerade schwächere SchülerInnen eher von integrativen Systemen profitieren bzw. dass eine Homogenisierung von Lerngruppen zu problematischen Effekten am ‚unteren Ende' führt. Ungünstige Kompositionseffekte auf den Unterricht und die Unterrichtsergebnisse – so Helmke/Weinert (1997: 96) in ihrer Übersicht zur Lehr-Lern-Forschung – „treten verstärkt auf, wenn sich in Schulklassen eine größere Anzahl von Schülern mit Verhaltens- Erziehungs- und/oder Lernproblemen findet". Untermauern konnte diese Problematik auch Schümer (2004) durch eine differenziertere Analyse der PISA-Daten. Die Forscherin weist nach, dass besonders in Hauptschulen die Schülerleistungen noch einmal schlechter als erwartet ausfallen. Sie spricht deshalb von einer „doppelten Benachteiligung", weil SchülerInnen, „die unter ungünstigen sozialen und kulturellen Bedingungen aufwachsen und dementsprechend häufig Schulschwierigkeiten haben, (...) noch einmal benachteiligt werden, wenn sie extrem ungünstig zusammengesetzten Schülerpopulationen angehören" (ebd.: 105). Zur Interpretation bieten sich mehrere Erklärungen an: Ungünstige Schulerfahrungen können das Selbstvertrauen, aber auch die Lernmotivation deutlich vermindern und so ein eher schwieriges Lernmilieu (Disziplinprobleme, Absenzen, Gewalt) begünstigen. Denkbar sind auch Erwartungseffekte auf Lehrerseite: Man traut den SchülerInnen kaum etwas zu und unterrichtet auf niedrigem Niveau.

- *Soziale Selektion bei Übergangsentscheidungen*

Dass schulischer Bildungserfolg in Deutschland eng mit der sozialen Herkunft verknüpft ist, wurde schon mehrfach angesprochen. Zwar gibt es dafür unterschiedliche Deutungen, jedoch gewinnt gerade die frühe Übergangsauslese nach der Grundschule diesbezüglich in mehrfacher Hinsicht an Erklärungskraft. Einmal scheinen, wie Lehmann/Peek (1997) in ihrer Hamburger Studie feststellen konnten, bei der von LehrerInnen erteilten Übergangsempfehlung sozial privilegierte Schülergruppen eher zu profitieren: Je niedriger der Bildungsabschluss des Vaters, desto höher mussten die Testleistungen eines Kindes sein, um eine Gymnasialempfehlung zu erhalten. Neben dieser Beeinflussung der Übergangsempfehlung durch subjektive Lehrertheorien (vgl. Pohlmann 2009) wird jedoch auch von unterschiedlicher Nutzung sozialer Aufstiegsmöglichkeiten ausgegangen: Eltern aus bildungsfernen Schichten entscheiden sich bei gleicher Begabung ihrer Kinder seltener für gymnasiale Bildungsgänge als jene aus bildungsnahen Milieus, was – so eine Theorie (rational-choice-Modelle, vgl. Boudon 1981) – mit unterschiedlichen Kosten-Nutzen- und Risiko-Abwägungen erklärt wird.

Man spricht hier auch von sog. sekundären (auf Entscheidungen beruhenden) Ungleichheiten, im Unterschied zu sog. primären Disparitäten, die durch herkunftsbedingt ungleiche Fähigkeiten und Leistungen entstehen.

Überlegenheit integrativer Systeme?

Es gibt also eine ganze Reihe guter Gründe, alle SchülerInnen in einer einzigen Schulform zu unterrichten, d.h. auf Differenzierung in Haupt- und Sonderschulen, Realschulen, Gymnasien usw. zu verzichten. Reicht es nun aber aus, auf das integrative Strukturprinzip zu setzen, um die geschilderten negativen Aspekte zu vermeiden bzw. zu reduzieren?

Gundel Schümer (2008) hat sich in einer Reanalyse der PISA-Daten 2000 mit dieser Frage auseinandergesetzt. Ihr Beitrag ist für unsere Thematik deshalb so interessant, weil die Forscherin explizit bei der im aktuellen Diskurs häufig vertretenen These ansetzt, „das hohe Niveau der Leistungen in Ländern mit egalitären Schulsystemen zeige, dass diese dem vergleichsweise selektiven, hierarchisch gegliederten deutschen Schulsystem überlegen sei" (ebd.: 52). Ihre Befunde lassen sich so zusammenfassen:

- Ein einfacher Ländervergleich zwischen Leistungsergebnissen und Schulstruktur zeigt, dass kaum systematische Zusammenhänge bestehen: Es gibt Länder (wie Österreich, Tschechien, die Niederlande, Belgien oder Frankreich), die zwar eine recht selektive Struktur haben, aber überdurchschnittlich gut abschneiden. Umgekehrt findet man Länder (z.B. Griechenland, Portugal, Spanien, Polen und die Vereinigten Staaten) mit wenig Selektion und unterdurchschnittlichen Leistungsergebnissen.
- Ähnliches gilt auch für den sog. sozialen Gradienten, der angibt, wie eng Leistungen mit der sozialen Herkunft der Schüler zusammenhängen: „Signifikant über dem OECD-Durchschnitt liegende Werte der sozialen Gradienten findet man nicht nur in Ländern mit selektiven Schulsystemen sondern auch in Ländern mit durchschnittlichen oder nicht-selektiven Systemen; und signifikant unter dem OECD-Durchschnitt liegende Werte kommen keineswegs nur in nicht-selektiven Schulsystemen vor" (ebd.: 53).

Diese Ergebnisse weisen also darauf hin, dass es – wie Schümer (ebd.: 59) selbst resümiert – deutlich zu kurz greift, „Länderunterschiede in den Leistungen und im Ausmaß ihres Zusammenhangs mit der sozialen Herkunft der Schüler monokausal – unter Hinweis auf die Schul- und Unterrichtsorganisation – zu erklären". Dies war bereits eine zentrale Erkenntnis aus den groß angelegten Begleituntersuchungen zur Gesamtschule der 1970er Jahre: Die Unterschiede zwischen den einzelnen Schulen einer Systemvariante, so das wohl am häufigsten zitierte Ergebnis, waren in der Regel größer als die Unterschiede zwischen der Gesamtschule und dem gegliederten System (vgl. Fend 1986). Ähnlich lesen sich die Befunde der empirischen Lehr-Lern-Forschung, in der diese Frage auf der Unterrichtsebene untersucht worden ist. So bilanzierten Helmke/Weinert (1997: 93) die vorrangig internationale Forschung zu den Vor- und Nachteilen leistungshomogener und -heterogener Lerngruppen für die Leistungsentwicklung: „Es gibt weltweit eine große Anzahl von Untersuchungen, aber kein einheitliches Befundmuster, weil die Effektivität der Fähigkeits- und Leistungsgruppierung von zu vielen Bedingungsfaktoren beeinflusst wird".

Dass eine alleinige Analyse von Struktureffekten grundsätzlich zu grob ist, scheint also evident und dürfte mit Blick auf die schultheoretische Konzeption von Fend auch nicht überraschen. Das heißt aber auch: Ein Systemwechsel allein ist noch keine hinreichende Lösungsstrategie; vielmehr scheint man gut beraten, sich genauer mit den jeweiligen Optionen und Gegebenheiten auseinanderzusetzen. Einige weiterführende Perspektiven dazu seien im Folgenden aufgezeigt.

(1) Länderspezifische Unterschiede
Für internationale Vergleiche, die in der aktuellen Debatte einen hohen Stellenwert besitzen, sind immer auch Einflussfaktoren zu berücksichtigen, die ihren Ursprung *außerhalb* des Bildungswesens haben (vgl. Fend 2004): Länderunterschiede bezüglich der sozioökonomischen Situation, kultureller Traditionen oder der soziokulturellen Bevölkerungszusammensetzung sind z.B. Faktoren, die für die Leistungsentwicklung oder die Ausprägung des Sozialgradienten Relevanz entfalten können.

(2) Latente Differenzierung
Bezogen auf die *Schulstrukturfrage* ist im Blick zu haben, dass in der Regel eine deutlich größere Varianz besteht, als dies eine einfache Gegenüberstellung von zwei Strukturtypen nahe legt. Notwendig wird etwa eine kritische Prüfung, ob und inwieweit es nicht auch in integrativen Systemen andere, nämlich indirekte Wege von Differenzierung gibt, die gleichfalls zu einer Homogenisierung von Lerngruppen beitragen. In Anlehnung an Schümer (2008: 54) seien einige ‚Selektionsverfahren' näher ausgeführt:

▪ Es können *große sozioökonomische Differenzen* zwischen verschiedenen Schuleinzugsgebieten bestehen, d.h. es kann eine latente Differenzierung stattfinden. Ein solcher Mechanismus kommt in Deutschland etwa im Primarbereich zum Tragen: Einerseits gilt hier die Schülerschaft noch als sehr heterogen, weil die Grundschule *alle* Kinder eines Wohngebietes aufnimmt. Weil es aber – vor allem in größeren Städten – Wohngebiete mit privilegierten und weniger privilegierten Bevölkerungsgruppen gibt, macht sich dies auch in der Zusammensetzung der jeweiligen Grundschulklassen bemerkbar. Lehmann und Peek (1997) haben dies eindrucksvoll für die Stadtgebiete Hamburgs belegt: Ein Leistungstest am Ende des 4. Jahrgangs zeigte, dass zwar in allen Klassen große Leistungsheterogenität besteht, sich dies aber in den verschiedenen Stadtteilen auf höchst unterschiedlichem Niveau bewegt: Die „leistungsstärkeren Schülerinnen und Schüler in den benachteiligten Regionen [erreichen] etwa den Stand der leistungsschwächeren SchülerInnen in den am meisten bevorzugten Gebieten" (ebd.: 53).

- Ein zweiter Faktor sind *Privatschulsysteme*, wie man sie in größerem Ausmaß z.b. in Frankreich, Großbritannien oder in den USA findet. In Deutschland nehmen konfessionell gebundene Schulen diese Funktion teilweise wahr. Sie basieren zumeist auf Elternentscheidungen und schulseitigen Auswahlprozeduren und können dann zu heiklen Effekten führen, wenn das Prinzip einer Schule für alle bewusst unterlaufen wird, bestimmte Schulen gemieden und auf diese Weise leistungsstarke SchülerInnen aus dem staatlichen System ‚gezogen' werden (vgl. Zymek/Richter 2007). Diese Differenzierungsvariante scheint in Deutschland, obgleich noch relativ moderat ausgeprägt, im Kommen zu sein, wenn man die Zuwachsraten betrachtet: Berichtet wird eine Steigerung der Schülerschaft an privaten Schulen um 25% zwischen 1996/97 und 2006/07 (vgl. Autorengruppe Bildungsberichterstattung 2008: 65).

- Ähnliche Effekte verbinden sich mit der Wahl von *Schulen mit besonderen Schwerpunkten oder attraktiven Angeboten*: Beispiele sind Schwerpunkte in den Fremdsprachen (Certilingua, Europaschulen, bilinguale Zweige in verschiedenen Sprachen), im naturwissenschaftlichen Bereich, in Informatik, im (reform-)pädagogischen Profil. Dieses Prinzip greift dann, wenn eine Schule so attraktiv ist, dass die Bewerberlage die tatsächlich vorhandenen Plätze übersteigt, so dass die Schule auswählen und sich auf besonders privilegierte/leistungsstarke Schülergruppen stützen kann (s. auch Kap. 5).

- Schließlich sind die Modi von *intraschulischer Differenzierung* genauer in den Blick zu nehmen. Wir gehen darauf noch ein, weisen aber schon darauf hin, dass man hier wieder manifeste, aber auch latente Differenzierung antrifft: Manifeste Formen sind z.B. Varianten der Fachleistungsdifferenzierung (*tracking oder setting* – s.u.). Latente Differenzierung findet man hingegen häufig bei Wahl- und Interessen-Differenzierung; so ist etwa die Wahl einer zweiten Fremdsprache eng verknüpft mit Leistungsmerkmalen.

Neue bzw. bleibende Differenzierungsprobleme in integrativen Systemen

Uns soll abschließend noch das Problem beschäftigen, dass auch bei einer Abschaffung der Schulformgliederung die angesprochenen Probleme nicht verschwinden, sondern an anderen Stellen wieder auftauchen können. Auch wenn wir damit unsere selbst gewählte Systematik verlassen und uns schon der Mesoebene zuwenden, vertiefen wir dieses Problem exemplarisch an der hitzigen US-amerikanischen Debatte um das *tracking*.

Ein Blick in die USA kann zunächst zeigen, dass die Debatte um Heterogenität und Differenzierung in Deutschland kein Solitär ist, sondern auch in anderen Ländern schon seit längerem, und zwar sehr kontrovers geführt wird. Oakes (2005), auf die wir uns im Folgenden stützen, spricht hier sogar von ‚Tracking Wars'. Was steckt dahinter?

Es ist zwar so, dass die US-amerikanische High School vom Anspruch eine Schule für alle sein will und soll; nichtsdestotrotz (bzw. auch aus diesem Grund!) findet man dort vielfältige Differenzierungspraktiken auf Einzelschulebene, die im Prinzip ähnliche Effekte haben wie die Sortierung von SchülerInnen in separate Schulformen: So ordnen die meisten US-amerikanischen Schulen ihre SchülerInnen über standardisierte Tests und Beratungen bzw. ordnen diese sich zunehmend selbst (*choice*) unterschiedlichen (und unterschiedlich wertigen) Klassen und Kursen zu. Deren Bezeichnungen sind zwar zunächst ‚unverdächtig' (*vocational, general, academic* oder *college-prep, honors, gifted, basic* usw.), ihnen liegt aber meist eine latente Einteilung in leistungsstarke, durchschnittliche und schwache Schülergruppen zugrunde. Die genauen Sortierungsmechanismen und -kriterien unterscheiden sich im stark lokal verankerten Schulsystem der USA im Einzelnen sehr: Manche Schulen sortieren in feste Schulzweige (ähnlich den Kooperativen Gesamtschulen in Deutschland), andere nur in einzelnen Fächern (wie bei der Fachleistungsdifferenzierung an deutschen Gesamtschulen). Wieder andere verfügen zwar über keine manifesten, wohl aber über latente Platzierungsmechanismen. Eine beträchtliche Variation gibt es außerdem nach Ausmaß der Differenzierung (alle Fächer? nur einige Fächer für nur einige Zeit? welche Fächer überhaupt?), nach Flexibilität und Mobilität der Zuweisungen und nach dem Entscheidungsträger. Die wenigsten verteilen ihre SchülerInnen überhaupt nicht auf verschiedene ‚*tracks*'.

Wo liegt das Problem, wenn Schulen – was sie doch sollen! – als Antwort auf Differenzen, die ihre SchülerInnen mit in die Schule bringen, diesen unterschiedliche Lerngelegenheiten anbieten? Oakes' Argumente, die sie auf der Grundlage empirischer Studien formuliert, erinnern an die Befunde von Schümer zur doppelten Benachteiligung von ausgelesenen Schülerschaften: Die Qualität der Lernmöglichkeiten erweist sich in den *lower tracks* als geringer als in den *higher tracks*; und die Chancen, in einen von diesen *tracks* zu gelangen, sind schichtenspezifisch ungleich verteilt. *Tracking* ist, mit anderen Worten, ein Äquivalent für die deutsche Schulformdifferenzierung in einem integrativen System mit ähnlich negativen Folgen: Es benachteiligt die ohnehin schon Benachteiligten. Der sich anschließenden Frage, ob intraschulisches *tracking* im Vergleich weniger schlecht als die interschulische Schulformdifferenzierung ist, kann Oakes nicht nachgehen, da ihr die Vergleichsgruppe fehlt. Auch wir wollen diese zweifellos wichtige Frage nicht weiter vertiefen, sondern auf zwei hier sichtbar werdende Dilemmata hinweisen:

Natürlich gibt es die Möglichkeit, auf äußere Differenzierung nach Leistung – ob in Schulformen oder Fachleistungskursen – ganz zu verzichten. SchülerInnen könnten durch ein einfaches Losverfahren in Lerngruppen eingeteilt werden. Gelöst wäre so aber nur ein Teilproblem. Wie dargestellt, treten benachteiligende Effekte auch in Form latenter Differenzierung – etwa bei Wahl- und Interessendifferenzierung – auf: Ungleichheit der Angebote (ob selbst gewählt oder aus pädagogischen Gründen verordnet) führt zu Unterscheidungen, die sowohl homogenisieren und Ausgangsunterschiede weiter verstärken, als auch unterschiedliche Anschlussmöglichkeiten eröffnen bzw. verschließen können. Wollte man die damit verbundenen Probleme vermeiden, müsste man im Prinzip alle zu dem gleichen Angebot zwingen, was aber in Zielkonflikte führt: Einerseits sollen Interessen und Bedürfnisse – so ja gemeinhin das pädagogische Postulat – der Subjekte berücksichtigt, ja in den Mittelpunkt gestellt werden: SchülerInnen sollen zu ihnen passende Lerngelegenheiten geboten werden; und SchülerInnen sollen auswählen können! Andererseits führen genau diese Wahlmöglichkeiten zu ungleichen (ungleichwertigen) Kompetenzen und Abschlüssen. Wahlfreiheit und das Recht auf passende Angebote und individuelle Profilierung stehen also gegen Normierung und (Angebots-)Gleichheit.

In engem Zusammenhang dazu steht ein weiteres Dilemma, das wir schon kurz gestreift hatten: Differenzierungspraktiken gleich welcher Art hängen auch von gesellschaftlichen Grundüberzeugungen ab. Diese manifestieren sich nicht zuletzt in den Interessen von Eltern, die für ihre Kinder natürlich nur das Beste und sich ihre Rechte darauf nicht nehmen lassen wollen. Der Zielkonflikt zwischen Freiheit und Gleichheit – so lässt sich aus der nachfolgenden Einschätzung von Zymek/Richter (2007) zur regionalen Schulentwicklung schließen – setzt sich bis hin zur Frage freier Elternentscheidung fort:

„In deutschen Großstädten haben sich die Schulformen zu einem stark ausdifferenzierten und unterschiedlich sozial vernetzten Spektrum von Schulen entwickelt. Integrierte Schulmodelle scheinen nur dann den Tendenzen zur sozialen Segregation entsprechend ihrem sozialräumlichen Umfeld entgehen zu können, wenn sie als Solitärschulen in einem relativ homogenen Umfeld angesiedelt sind, wie das heute in vielen Kleinstädten und suburbanen Räumen der Fall ist. Dies könnte einer der Gründe sein, warum in Ländern (wie z.b. den skandinavischen), in denen die große Mehrheit der Bevölkerung in solchen Siedlungsstrukturen lebt, sich integrierte Schulmodelle durchsetzen und akzeptiert werden. In Ländern und Regionen, die von stark segregierten urbanen Strukturen mit einer differenzierten Berufs- und Sozialstruktur geprägt sind, würde die Einführung integrierter Schulformen nur dann die Hoffnung auf den Abbau von Bildungsungleichheiten rechtfertigen können, wenn gleichzeitig alle - bislang durch Verfassungsrecht garantierten - Freiheiten auf die Errichtung von privaten und konfessionellen Schulen abgeschafft und eventuell auch noch die Mischung der Kinder aus verschiedenen Wohnvierteln in integrierten Schulen – etwa durch ‚bussing' – erzwungen würde. Eine solche Schulpolitik erscheint unrealistisch" (ebd.: 343).

Insgesamt, so möchten wir unsere Einschätzung bezüglich der in diesem Kapitel thematisierten Makrostruktur bilanzieren, scheint es alles andere als einfach, aus einer wissenschaftlichen Perspektive mögliche Wirkungen und Nebenwirkungen einer Schulstrukturreform, wie sie der Reformdiskurs fordert, abzuschätzen. Zwar sind die Argumente für die Forderung, alle SchülerInnen in einer einzigen Schulform zu unterrichten, d.h. auf eine horizontale Schulformdifferenzierung zu verzichten, evident. Es gibt aber zahlreiche Strategien (wie Privatschulen, Schulen mit besonderem Profil), durch die sich Konzepte einer Schule für alle unterlaufen lassen. Wichtig ist uns der abschließende Hinweis, dass für Argumente bezüglich der Vor- und Nachteile der Strukturtypen unterschiedliche Ziele (und unterschiedliche Schülergruppen) in Anschlag gebracht werden können und müssen:

(1) Für bestimmte Schülergruppen, vereinfacht: für die Leistungsstarken (und für die LehrerInnen, die sie unterrichten!) mögen aus früher Übergangsauslese und getrennten Schulformen keine Nachteile (bzw. sogar Vorteile, vgl. z.B. Baumert/Köller 1998) erwachsen. Probleme werden aber dann sichtbar, wenn man das gesamte Spektrum von Effekten und von Schülerschaften, also die Nachteile etwa für Leistungsschwächere, einbezieht.

(2) Die Frage der optimalen Leistungsförderung für alle ist nur *ein* mögliches Ziel für Differenzierung (und schulische Förderung), das durchaus in Konflikt mit dem Ziel des Leistungsausgleichs geraten kann. Man könnte gesellschaftlich in Kauf nehmen wollen, dass die Stärkeren weniger gut gefördert werden, wenn die Schwächeren und Benachteiligten von der gewählten Schulstrukturkonstellation einen Vorteil haben und ihre (geringeren) Chancen dadurch verbessern können.

Wer der Meinung ist, dass besonders die Leistungsstärksten die Gesellschaft voranbringen (und dann auch die Schwächeren stützen können), der wird weiterhin für eine möglichst frühe Trennung votieren, allenfalls das Selektionsverfahren zugunsten einer wirklichen Auswahl nach Verdienst (*merit*) optimieren wollen. Wer diese Überzeugung nicht teilt und dagegen glaubt, dass Chancengleichheit das höherwertige Ziel ist oder sich für eine egalitäre Gesellschaft ausspricht, wird sich für das längere gemeinsame Lernen aussprechen. Man sieht auch hier: Bei der Differenzierungs- und Heterogenitätsthematik geht es ganz zentral um Zielfragen und Wertentscheidungen, die den gesellschaftlichen Umgang mit Unterschieden betreffen.

3.3 Schule im gesellschaftlichen Funktionszusammenhang

Soziologisch motivierte Analysen der Schule – dies soll uns nun im Weiteren beschäftigen – kommen gegenüber pädagogischen Reflexionen zu einem durchaus anderen Ergebnis, was die Aufgaben bzw. genauer: die Funktionen der Schule in der modernen Gesellschaft betrifft. Zwar gibt es im Detail unterschiedliche Konturierungen solcher gesellschaftlichen Funktionen. Als unstrittig gilt aber, dass das Bildungssystem resp. die Schule eine Institution ist und als solche auch auf die dauerhafte Bewältigung von Kernaufgaben einer Gesellschaft ausgerichtet ist. Klassisch – und schon in der ersten Fendschen Theorie der Schule konzeptionalisiert – werden drei gesellschaftliche Funktionen herausgearbeitet:

- Die *Qualifikationsfunktion* dient der Reproduktion kultureller Systeme. Hier geht es darum, die heranwachsende Generation durch die Vermittlung von Grundkompetenzen ,gesellschaftsfähig' zu machen und auch für die notwendigen Qualifikationen für das Beschäftigungssystem zu sorgen.
- Die *Selektions*- oder auch *Allokationsfunktion* dient der Reproduktion der Sozialstruktur über die Verteilung der heranwachsenden Generation auf die Positionen in der Gesellschaft.
- Die *Legitimations*- oder auch *Integrationsfunktion* zielt auf die Reproduktion von Normen, Werten und Deutungen, die zur Sicherung des politischen Systems – kritisch gewendet: zur Sicherung der Herrschaftsverhältnisse – erforderlich sind.

Für die Frage des Umgangs mit Heterogenität ergeben sich aus diesem Funktionsmodell eine Reihe von Implikationen, die in unseren bisherigen Darstellungen im Prinzip schon immer als Problemhorizont aufgespannt waren. So hatten wir für die Frage nach den Referenzen für Differenzierung darauf aufmerksam gemacht, dass hier neben eine pädagogische Zielstellung auch Qualifikationsansprüche der Gesellschaft bzw. des Arbeitsmarktes in Anschlag gebracht werden können, was sich nun in Kenntnis der gesellschaftlichen Funktionen noch einmal genauer konkretisieren lässt: Die Frage, was die Individuen lernen müssen, um autonom und handlungsfähig zu sein, und wie Schule zu organisieren ist, damit dies für die heterogenen Subjekte optimal zu erreichen ist, lässt sich auch anders stellen: Welche Qualifikationen werden auf dem Arbeitmarkt benötigt? Oder wie können Schülerströme so in unterschiedliche Berufslaufbahnen kanalisiert werden, dass genügend Arbeitskräfte zur Verfügung stehen?

Um an dieser Stelle einem möglichen Missverständnis vorzubeugen: Wenn wir uns mit derartigen Implikationen des gesellschaftlichen Funktionszusammenhangs auseinandersetzen, heißt dies nicht, diese Erfordernisse absolut zu setzen bzw. ihnen eine Vorrangstellung gegenüber den pädagogischen Aufgaben einzuräumen. Auch in der Schultheorie von Fend (1980/2006a) wird explizit mitgedacht, dass Schule eine gesellschaftliche *und* eine pädagogische Institution ist. Uns kommt es im Weiteren darauf an, genauer auszuloten, welche Perspektiven auf Schule man gewinnt, wenn man sie unter dem Blickwinkel ihrer Einbindung in die oben genannten Reproduktionsansprüche betrachtet. Dabei gilt ähnlich wie für die Differenzierungsthematik, dass sich mit dieser Perspektive ein Feld eröffnet, das hier nur ausschnitthaft beleuchtet werden kann. Da uns überdies die mit den gesellschaftlichen Funktionen verbundenen Implikationen speziell für das Lehrerhandeln noch im nächsten Kapitel beschäftigen werden, möchten wir Ihre Aufmerksamkeit zunächst auf eher grundsätzliche Überlegungen richten.

Wir konzentrieren uns dazu im Folgenden auf die Selektions- bzw. Allokationsfunktion, die – so unsere These – für die Heterogenitätsthematik die gewichtigeren Probleme entfaltet. Zwei Aspekte gilt es dabei zu unterscheiden:

- Unter dem Aspekt des gesellschaftlichen Funktionszusammenhangs geht es um eine Zuteilung (=Allokation), die für die Umwelt – konkret die Gesellschaft – erbracht werden muss: die Voraussetzung für eine Platzierung der nachwachsende Generation auf (ungleichwertige) soziale Positionen. Und dabei gilt, wie wir noch sehen werden: Für die Umwelt ist nicht entscheidend, *wie* innerhalb des Schulsystems zugeteilt wird; entscheidend ist, *dass* am Ende der Schulzeit unterschiedliche Berechtigungen für weitere Laufbahnen zugeteilt worden sind.
- Selektion bezieht sich auf systeminterne Operationen der Unterscheidung und Auswahl von SchülerInnen nach dem Modus besser/schlechter bzw. geeignet/ungeeignet innerhalb des Bildungssystems. Hierzu stehen vielfältige Verfahren und Instrumente innerhalb und außerhalb des Unterrichts zur

Verfügung: Lob/Tadel, alle Arten von Leistungsdiagnosen und -zertifikaten, Auswahlgespräche, Prüfungen usw. In Deutschland steht insbesondere die Selektion am Ende der Grundschulzeit als Verfahren in der Kritik.

Ausgehend von dieser Unterscheidung stellen sich nun eine ganze Reihe von Fragen, die wir nachfolgend ein wenig genauer in den Blick nehmen wollen: Welche Rolle spielt die Allokation für die Gestaltung schulischer Bildungsgänge? Ist Selektion ein notwendiges Element von Schule? Welche Wirkungen und Nebenwirkungen entfalten die konkreten Selektionsverfahren?

3.3.1 Allokation und Heterogenität

Ausgangspunkt für die hier thematisierte gesellschaftliche Funktion ist der Umstand, dass begehrte Güter und Positionen (wie Status und Einkommen) nur begrenzt (nicht für alle und jederzeit in gleicher Höhe) zur Verfügung stehen. Es muss deshalb ein Modus gefunden werden, diese auf Personen und umgekehrt zuzuteilen. Daraus erwachsen Verteilungsfragen:

„Moderne Gesellschaften sind [...] hochgradig *funktionsteilige* Gesellschaften. Aber die verschiedenen Funktionen bilden *kein* Gefüge von Aufgaben, Tätigkeiten und Möglichkeiten auf gleicher Ebene, sondern sie sind in allen real existierenden modernen Gesellschaften weitgehend *hierarchisch abgestuft*, bilden ein System von Über- und Unterordnungen, von sehr verschiedenen Möglichkeiten, zu Besitz und Wohlstand, zu Einfluss, Entscheidungs- und Machtausübungsmöglichkeiten zu kommen" (Klafki 2002: 48; Herv. i. Original – M.T./B.W.).

Da Herkunft und Abstammung als Verteilungsprinzip in sozial und marktwirtschaftlich organisierten Demokratien nicht mehr als legitim gelten – gleichwohl sie faktisch durchaus immer noch eine wichtige Rolle spielen –, ist der Schule die Aufgabe zugewachsen, diese Verteilung qua Leistungsauslese mitzugestalten. Weithin anerkannte Norm ist hier das sog. meritokratische Prinzip, d.h. die Idee, dass die besten Plätze in der Gesellschaft denjenigen zustehen, die die Besten im Sinne der verdientermaßen Leistungsfähigsten sind; die anderen müssen sich mit weniger guten Plätzen begnügen.[12]
Die Schule, so könnte man auch sagen, wird so in modernen Gesellschaften zur zentralen „sozialen Dirigierungsstelle und bürokratischen Zuteilungsappara-

---

[12] Dass diese Norm selbst alles andere als eindeutig und unproblematisch ist sowie in der Praxis vielfältig unterlaufen wird, wird bei näherer Überlegung schnell ersichtlich. Kritiken hinsichtlich Diskriminierung und einer sozialen, nicht leistungsabhängigen Selektion setzen sie jedoch voraus.

tur von Lebenschancen" (Schelsky 1957: 17), indem sie wie auch immer definierte Leistungsdifferenzen für gesellschaftliche Anschlussunterscheidungen (z.B. Wer darf studieren?) sichtbar macht bzw. sichtbar machen muss: Es müssen Verfahren gefunden werden, mit denen sich Leistungsfähigkeiten bzw. -differenzen feststellen und attestieren lassen; Prüfungen, Tests, Zensuren u.Ä.m. sind hier die aus dem Schulalltag hinlänglich bekannten Instrumente, mit denen diese Anforderung auf operativer Ebene zum Ausdruck kommt. Die funktionalen Erfordernisse sind aber noch weiter reichend. Denn entscheidend ist auch, dass das leistungsorientierte Allokationssystem als rechtmäßig erachtet wird. Es ist dies ein Aspekt, der im engen Zusammenhang zur Legitimationsfunktion steht: Es gilt im Grunde zu legitimieren, dass knappe Güter überhaupt ungleich verteilt werden, dabei das Leistungsprinzip als regulative Idee fungiert und die Schule diese Leistungen auch richtig feststellen kann.

Es liegt auf der Hand, dass man über diese Anforderungen eine Perspektive auf die Funktionsweisen, aber auch auf die Strukturprinzipien der Schule gewinnt, die für unser Thema folgenreich sind. Wir gehen auf zwei Aspekte eher schlaglichtartig als systematisch ein.

(1) Ungleichheit als Ziel und Strukturprinzip
Konsequenzen ergeben sich einmal für die Kernfrage nach dem Spannungsfeld von Gleichheit und Differenz, die ja im Reformdiskurs einen prominenten Stellenwert besitzt. Unterschiede – so die Prämisse – sollen in der Schule nicht als besser oder schlechter bewertet, sondern anerkannt und konstruktiv bearbeitet werden. Diese geforderte Anerkennung von Differenz gerät aber unübersehbar mit Ansprüchen in Konflikt, die aus der Allokationsfunktion resultieren. Sowohl auf der Interaktionsebene (der Schüler-Lehrer-Beziehung, s. Kap. 4) wie auch auf struktureller Ebene liegt nämlich als funktionales Prinzip nahe, dass Ungleichheiten im Sinne von Ungleichwertigkeiten quasi immer schon eingebaut sind bzw. eingebaut sein müssen: Unterschiede zwischen SchülerInnen (zumindest sofern sie sich in unterschiedlichen Leistungen manifestieren) können unter allokativen Gesichtspunkten nur schwerlich als gleichwertig anerkannt und eingestuft werden, sind sie doch die Grundlage für die Zuweisung ungleichwertiger Berechtigungen. Man könnte auch sagen: Besser-Schlechter-Klassifikationen von Schülerleistungen sind einerseits das Ziel, gleichzeitig aber auch funktionale Systemelemente, die sich nicht umstandslos außer Kraft setzen lassen. Dies führt zu unterschiedlichen Problemlagen, die man im Hinblick auf die im Reformdiskurs geäußerte Schulkritik und -programmatik im Hinterkopf haben sollte:

- Für Lehrkräfte folgt daraus eine doppelte bzw. eine äußerst ambivalente Aufgabenstruktur, denn sie sind gewissermaßen Anwalt und Richter zugleich: Sie müssen (und wollen) den Einzelnen bestmöglich fördern; sie müssen aber auch (ob sie das nun wollen oder nicht!) die erbrachten Leistungen vergleichend bewerten, d.h. an einem einheitlichen Maßstab messen und immer wieder abschließend in eine Rangfolge bringen. Dies macht nicht nur ein kompliziertes Ausbalancieren von an sich kaum miteinander zu vereinbarenden Aufgaben notwendig, sondern erschwert zweifellos eine Anerkennung von Differenz ganz erheblich.

▪ Schärfen lassen sich aber auch die bereits diskutierten Differenzierungsdilemmata, macht der Allokationsaspekt doch aufmerksam auf den engen Zusammenhang zwischen schulisch erworbenen Qualifikationen und Berechtigungen auf der einen Seite, und der Zuordnung zu beruflichen Laufbahnen und damit verknüpften sozialen Positionen auf der anderen Seite. Denn werden Qualifikationen auf der Leistungsebene in einen gesellschaftlichen Tauschwert überführt, dann stellt sich für jede Differenzierungsmaßnahme die Frage, welche Anschlüsse bzw. Ausschlussmöglichkeiten damit einhergehen. Englischsprachiger Sachfachunterricht und Sprachfördermaßnahmen für Migranten, oder theoretisches und praktisches Lernen sind etwa gesellschaftlich und mithin auch schulisch nicht gleichwertig! Es ist dies ein Dilemma zwischen Durchlässigkeit und spezieller Förderung bzw. Spezialisierung, mit dem sowohl integrative wie auch differenzierte Systeme zu kämpfen haben (vgl. Diederich/Tenorth 1997: 110 ff.).

(2) Absicherung und Verinnerlichung des Leistungsprinzips
Interessante Perspektiven eröffnen sich auch, wenn man die gleichfalls erforderliche Legitimation des Allokationssystems einbezieht: Die letztlich festgestellten Unterschiede dürfen nicht als diskriminierend oder privilegierend, sondern müssen als Ergebnis selbstverantworteter ungleicher Leistungen bzw. ungleicher Leistungsfähigkeit erscheinen. Zudem geht es noch grundsätzlicher, wie mit der Legitimationsfunktion angedeutet, um die Erzeugung von solchen Einstellungen und Orientierungen, die die dahinter stehende Leistungsideologie stützen. Die Spielregeln des Verteilungsprinzips müssen mitgelernt und es muss die Überzeugung angebahnt werden, dass ‚jeder seines Glückes Schmied ist' bzw. dass jeder, der es nicht schafft, selbst die Verantwortung dafür trägt.

Hier haben nun vor allem soziologisch orientierte Analysen der Schule darauf aufmerksam machen können, dass es im Hinblick auf solche Anforderungen – wie Absicherung und Verinnerlichung des Leistungsprinzips – aufschlussreich ist, schulische Strukturen auch in einen Zusammenhang mit ihrer Funktion zu stellen. Die Grundidee besteht vereinfacht darin, dass nicht etwa die von Lehrkräften im Unterricht intendierten und initiierten Lernprozesse die Erziehungswirklichkeit der Schule prägen, sondern die strukturellen Bedingungen der Schule selbst eine zentrale Einflussgröße für soziales Lernen, d.h. für die Einübung und Verinnerlichung von Werten und Normen, sind (s. Kasten 3.3).

Strukturelle Bedingungen der Schule als zentrale Größe für Sozialisationswirkungen wurden in der deutschen Schulforschung in den 1970er Jahren als ein zentraler Forschungsschwerpunkt entdeckt. Die Idee geht zurück auf den amerikanischen Strukturfunktionalismus, dessen Vertreter – vor allem Talcott Parsons (1968) und Robert Dreeben (1968) – die Schule als ein gesellschaftliches Subsystem interpretierten, dessen spezifische Strukturen und Anforderungen die SchülerInnen auf ihr zukünftiges Rollenhandeln als Erwachsene vorbereiten. Während Analysen dieses Typs den Erwerb von leistungs- und konkurrenzorientierten Verhaltensmustern als notwendig betrachteten, waren andere Ansätze dezidiert schul- und gesellschaftskritisch angelegt (z.B. Tillmann 1976): Schule wurde hier zwar gleichfalls als Erfahrungsfeld rekonstruiert, das durch die institutionalisierten Abläufe und Beziehungsstrukturen zur Einschleifung von Verhaltensorientierungen (wie Konkurrenz, Leistungsorientierung) führt; man stand diesem ‚heimlichen Lehrplan‘ aber ablehnend gegenüber.

Kasten 3.3: Heimlicher Lehrplan der Schule

Folgt man dieser Perspektive, dann erscheinen einige der im Heterogenitätsdiskurs kritisierten Strukturprinzipien in einem etwas anderen Licht: Gerade die auf unterschiedlichen Ebenen anzutreffenden Formen der Normierung – sei es die Homogenisierung von Lerngruppen, sei es die formale Gleichbehandlung von SchülerInnen – besitzen so gesehen durchaus eine wichtige Funktion, wie dies etwa Fend (1980: 46) veranschaulicht:

„Im Schulsystem ist in der Form unterschiedlich hoher Schulabschlüsse [...] Ungleichheit eingebaut. Im Verlauf seiner Schulzeit lernt der Schüler, diese Ungleichheit zu akzeptieren, indem er das Regelsystem der Zuordnung zu unterschiedlichen Leistungspositionen und deren Verfahren (Prüfungen) zu akzeptieren lernt. Ihm wird tagtäglich vorgeführt, daß Unterschiede in der formellen Belohnung auf Unterschiede in der Leistung zurückzuführen sind. Mit dieser Erzeugung von Ungleichheit wird das entsprechende Erklärungsmuster mitgeliefert: es ist auf die jeweilige Anstrengung und Begabung des Schülers zurückzuführen, welche Positionen er erreicht. Wer begabt ist und sich anstrengt, der steigt auf, wer unbegabt ist und sich wenig anstrengt, der bleibt unten. Dem Prozeß der Internalisierung solcher Interpretationsmuster auf der Basis der strukturellen Gestaltung des Schulwesens entspricht der Aufbau eines entsprechenden Selbstbildes: selbst der degradierte Schüler fühlt sich schließlich gerecht behandelt, da er sich als wenig begabt, als wenig fleißig und an Höherem uninteressiert einschätzt."

Aus diesen Überlegungen möchten wir im Hinblick auf die Reformvorstellungen zur Heterogenitätsthematik zweierlei festhalten:

(1) Es sollte deutlich geworden sein, dass eine Betrachtung der gesellschaftlichen Funktionen – hier gezeigt für die Allokationsfunktion – zu einem erweiterten Verständnis schulischer Organisationsaktivitäten führen kann: Zentrale Aspekte der Schulkritik auch im Heterogenitätsdiskurs, wie Schülerklassifizierungen oder Prinzipien der Normierung und formalen Gleichbehandlung, sind aus schultheoretischer Perspektive nunmehr nicht als ein Betriebsunfall bzw. als ein überflüssiges Übel zu betrachten. Vielmehr sind sie als strukturelle Elemente rekonstruierbar, die mit dem gesellschaftlichen Funktionszusammenhang der Schule verknüpft sind. Dies bedeutet nicht, dass damit eine pädagogische Kritik an diesen Funktionsprinzipien unbegründet oder gar unzulässig wäre. Es gibt nicht nur zahlreiche unerwünschte Nebenwirkungen, die sich mit guten Gründen kritisieren lassen, sondern es gehört ja zum legitimen Anspruch der Pädagogik, die Interessen von Kindern und Jugendlichen im Blick zu haben und sie gegen schulisch-gesellschaftliche Vereinnahmungen zu verteidigen.

(2) Dennoch bleiben wichtige Rückfragen an die Reformempfehlungen bestehen. Denn da es sich bei der Allokationsfunktion einschließlich der damit verbundenen Verfahren um strukturelle Elemente handelt, können sie nicht einfach verschwinden bzw. außer Kraft gesetzt werden. Es bedarf zumindest funktionaler Äquivalente: „Die Zuweisung von Personen zu Positionen" – so dazu Terhart (2001: 107) – „ist für jede Gesellschaft ein Problem; moderne Gesellschaften bearbeiten dieses Problem u.a. (!) anhand des Bildungswesens bzw. des hierin eingeschlossenen Berechtigungssystems. Verliert dies an Bedeutung oder wird es dysfunktional, so stellt sich die Frage [...], wie denn das Selektionsproblem gelöst wird".

Welche Alternativen und auch Gestaltungsspielräume hinsichtlich der auf Allokation zielenden Selektionsverfahren – also der Unterscheidungsprozesse innerhalb des Schulsystems – denkbar sind, soll uns abschließend beschäftigen.

3.3.2 Alternativen und Gestaltungsoptionen hinsichtlich der Selektion

In Anlehnung an die Differenzierungsthematik könnte man sagen: Dass gesellschaftliche Positionen (und knappe Güter) irgendwie auf die nachwachsende Generation zugeteilt werden müssen, ist unstrittig. Strittig und durchaus variabel sind indes die Verfahren und Strategien, mit denen die Zu- und Verteilung vorgenommen wird. Veränderbar ist einmal die Rolle, die das Schulsystem bei dieser Verteilung grundsätzlich besitzt bzw. besitzen soll. Daneben gibt es Gestaltungsalternativen, was das Vorgehen innerhalb des Schulsystems selbst betrifft.

(1) Auslagerung der Alloktionsfunktion – Selektion wird überflüssig
Uns soll zuerst die Frage beschäftigen, ob und inwieweit sich das Schulsystem nicht von seiner Beteiligung an der Allokation gänzlich verabschieden könnte. Diese Frage ist nahe liegend, wenn man die problematischen, und gerade im Heterogenitätsdiskurs so scharf kritisierten Folgewirkungen bedenkt. Ähnlich wie für den Modus schulischer Differenzierung ist dazu ein Blick auf andere Bildungssysteme hilfreich, weil es tatsächlich unterschiedliche Varianten hinsichtlich des Stellenwerts der Schule im gesellschaftlichen Allokationsprozess wie auch der dabei eingesetzten Verfahren gibt.

Fend (2008: 96ff.) unterscheidet bei einer international vergleichenden Betrachtung diesbezüglich zwei Typen von Prüfungssystemen (s. Kasten 3.4): „berechtigungsorientierte (terminale) und auswählende (elektive) Systeme. In terminalen Systemen, zu denen Fend auch das deutsche Prüfungssystem zählt, „vermittelt die abgebende Schule das Recht, in nachfolgende Bildungsgänge einzutreten" (ebd.: 96). Ein klassisches Beispiel ist das deutsche Abitur, mit dem das Recht zugesprochen wird, im Prinzip irgendetwas und irgendwo zu studieren. In elektiven Systemen sind es hingegen die nachfolgenden Institutionen, die ihre Klienten auswählen. Der Schulabschluss gilt nur als eine Voraussetzung, sich bei nachfolgenden Einrichtungen zu bewerben, die dann ihrerseits über Aufnahmeprüfungen entscheiden, wer aufgenommen wird und weitermachen darf.

Für unsere Frage nach Alternativen zur Allokationsfunktion der Schule ist nun bedeutsam, dass diese Systemunterschiede Spielregeln für das ‚Schulehalten' nach sich ziehen, die auch für den Umgang mit Heterogenität folgenreich sind. So bestätigen die Ausführungen von Fend die besonderen Problemlagen terminaler Systeme, gerade was Formen der Normierungen betrifft:

> „Baut ein Bildungswesen auf terminalen Prüfungsregelelementen auf, dann muss eine inhaltliche Planung realisiert werden, die streng darauf achtet, dass den gleichen Berechtigungen [...] auch gleiche inhaltliche Anforderungen und Leistungen entsprechen. Willkürliche oder individuelle Anspruchsniveaus in der Schulklasse und Schule geraten in eine problematische Zone, da sie dem Gerechtigkeitsprinzip widersprechen. [...] Es erfordert einen detaillierten Bildungsplan, darauf abgestimmte Lehrwerke und glaubwürdige Verfahren, dass in Prüfungen an verschiedenen Standorten etwa gleich viel verlangt wird" (ebd.: 96f.).

In elektiven Systemen kann man diesbezüglich deutlich gelassener sein, da die aufnehmende Institution die Anforderungen festlegt und noch einmal prüft: Lehrer können etwa – wie im Reformdiskurs für Konzepte heterogenitätssensibler Lernkultur gefordert (s. Kap. 4) – eher als Coach und Lernbegleiter agieren, sind sie doch anders als im deutschen Schulsystem nicht Anwalt und Richter zugleich. Und auch eine förderorientierte Haltung ist hier insofern sogar besonders nahe liegend, weil Leistungserfolge so leichter auch als eigener Erfolg betrachtet werden können: Der Stolz einer Lehrperson oder einer Schule kann darin liegen, „möglichst viele Schüler so weit gebracht zu haben, dass sie hohen externen Ansprüchen genügen" (ebd.: 356). Allerdings haben elektive Systeme, hätte also auch die zunehmende Entbindung der Schule von ihrer Beteiligung an sozialer Allokation, ihren Preis. So resümiert Fend:

> „In Bildungssystemen mit rein elektiven Prüfungsregelungen ist allerdings auch zu beobachten, dass die Schule an Bedeutung verliert und Lehrpersonen weniger wichtig werden. Zweitschulen (s. Japan, Korea, Taiwan, Schweiz) als ‚paukende Ergänzungsschulen' bekommen einen hohen Stellenwert. Wird es gleichzeitig möglich, die Schulen frei zu wählen, dann kristallisieren sich Eliteschulen heraus, die von den Ressourcen her die Lernbedingungen optimieren können. Daneben leiden eher schwache Schulen vor sich hin" (ebd.: 356f.).

Man kann sich auch auf folgendes Gedankenexperiment einlassen: Stellen Sie sich vor, Noten würden für die gesamte Schulzeit nicht zugelassen; jeder bekäme bei hinreichender zeitlicher Teilnahme den gleichen Schulabschluss, unabhängig von den besuchten Kursen – ‚bestanden', ohne weitere Spezifizierung oder Prüfung. Dies wäre ein Schulsystem, das fast keine allokativen Hinweise kennt, allerdings mit Folgen, die ebenfalls zu bedenken wären: Allokation und Selektion würden völlig den nachfolgenden Betrieben und Universitäten überlassen und die Frage ist, ob man das will. Zu bedenken wäre mindestens dreierlei: Es würde sich einmal ein starker Einfluss der betrieblichen und universitären Zugangsprüfungen auf das schulische Curriculum einstellen. Die Selektion würde im Prinzip pädagogisch nicht geschultem Personal überlassen und im Effekt dann u.U. schlechter ausgeführt als bisher. Und schließlich würde das Schulsystem gesellschaftlich unwichtiger, da es für die Grundfunktion der Allokation seine Bedeutung verlieren würde (vgl. auch Terhart 2001).

Terminale (abgebende) Systeme	Elektive (aufnehmende) Systeme
schulinterne Prüfungen mit Berechtigungsfolgen	externe Prüfungen als Zulassungsentscheide der nachfolgenden Bildungsinstitutionen (Schulen, Firmen, Universitäten)
strenge Standardisierung notwendig (zentrale Steuerung, Vergleichbarkeit, ähnliche inhaltliche Anforderungen)	Anforderungen werden von außen – als zu erwartende Aufnahmeprüfungen – definiert
Platzierungsfrage wird stärker innerhalb der Schule entschieden	Platzierungsfrage wird stärker außerhalb der Schule entschieden

Kasten 3.4: Idealtypische Unterscheidung unterschiedlicher Prüfungssysteme nach Fend 2008: 95ff.

(2) Alternativen innerhalb des Systems – Verzögerung der Selektion
Während sich elektive Prüfungssysteme als eine Variante darstellen, bei der die Allokationsfunktion aus dem Schulsystem weitgehend ausgelagert ist, gibt es auch Gestaltungsspielräume, wenn man es bei der Allokationsfunktion der Schule grundsätzlich beläßt. Darauf verweist nicht zuletzt die seit Jahrzehnten intensiv geführte Auseinandersetzung um Reformen in der Leistungsbeurteilung, für die Lernberichte als Alternative zur Leistungsbeurteilung durch Ziffernnoten das prominente Beispiel sind (z.B. Beutel 2008). Programmatisch zielen Lernberichte auf eine Vermeidung der negativen Folgen traditioneller Leistungsbewertung (soziale Vergleiche, eindimensionaler Leistungsbegriff, Entmutigung und Selbstwertbeeinträchtigung bei schlechten Noten). Im Gegenzug werden Förderaspekte besonders akzentuiert: Die für jede/n SchülerIn individuell verfassten Berichte gelten als besonders geeignet, um Lernfortschritte differenziert und ermutigend rückmelden zu können. Kurz: Verbalbeurteilungen werden gewissermaßen vom Selektions- zum Förderinstrument. Was ist davon zu halten?

Zunächst einmal findet man nicht nur im Ausland, sondern auch in Deutschland eine solche Praxis der Lernberichte durchaus vor. Zwischenzeitlich etabliert haben sich etwa Verbalbeurteilungen in den Schuleingangsjahren, aber auch in der Sekundarstufe gibt es einen Einsatz solcher Verfahren (s. Kap. 5), auch wenn dies nicht die Regel ist. Die Vorzüge, aber auch Probleme wollen wir kurz an einem Beispiel – der Bielefelder Laborschule – konkretisieren.

Es handelt sich hier um eine Versuchsschule des Landes NRW, in der – vereinfacht gesagt – ein pädagogisches Konzept realisiert ist, das dem im aktuellen Reformdiskurs gezeichneten Bild der Schule schon ideal entspricht (z.B. Thurn/Tillmann 1997): Die Laborschule nimmt Kinder und Jugendliche unabhängig von ihrer Leistungsfähigkeit auf, verzichtet auf äußere (Leistungs-)Differenzierung und setzt mit ihren pädagogischen Prinzipien ganz auf das einzelne Kind und seine individuellen Besonderheiten. Zentrales Element sind die Lernberichte, die Zensuren und Notenzeugnisse ersetzen, denn – so heißt es bei von der Groeben/Rieger (1991: 262): „Unterschiede anerkennen: Das kann nur gelingen, wenn Leistungen nicht an normierten Maßstäben gemessen werden. Darum hat die Laborschule [...] ein eigenes Beurteilungssystem und damit zugleich ein besonderes pädagogisches Mittel, vielleicht das wichtigste, der Individualisierung".

Wie nun eine eigene Evaluationsstudie zeigen kann (vgl. Wischer 2003), lassen sich diese mit den Lernberichten verknüpften Hoffnungen zunächst weitgehend bestätigen: Die befragten LaborschülerInnen der Jahrgänge sechs und acht attestieren ihren LehrerInnen eine im Vergleich zu den ebenfalls in die Untersuchung einbezogenen SchülerInnen von Gymnasien und Gesamtschulen eine deutlich höhere, auf den Einzelnen ausgerichtete Förderorientierung, bewerten die Lernkultur mithin als deutlich heterogenitätssensibler. Kurz: Die Ergebnisse sprechen dafür, dass der Verzicht auf Selektionsmodi gewissermaßen für Veränderungen im Umgang mit Heterogenität förderlich, wenn nicht gar zentrale Voraussetzung wäre. Gleichzeitig lässt sich hier aber auch eine zentrale Grundproblematik aufzeigen: Die Laborschule kann zwar sehr lange auf eine vergleichende Leistungsbeurteilung verzichten, nicht außer Kraft gesetzt werden kann aber die Allokationsfunktion selbst. Die Schule ist – wie andere Schulen in Deutschland – in ein terminales System eingebunden und muss am Ende des 10. Schuljahres ihre Schüler mit unterschiedlichen resp. ungleichwertigen Abschlüssen entlassen. Dies führt dazu, dass ab Jahrgang neun auch an der Laborschule vergleichende Bewertungsverfahren und Zensurenzeugnisse zum Einsatz kommen. Und dies erklärt möglicherweise auch, dass man dann für die Einschätzungen der LaborschülerInnen des 10. Jahrgangs auf aus der Forschung zum Regelschulsystem bekannte Effekte (wie leistungsabhängiges Selbstvertrauen oder Schülerkonkurrenz) stößt (ebd.: 259ff.).

Das Beispiel sollte deutlich machen: Es gibt mit Blick auf die Allokationsfunktion durchaus einen Gestaltungsspielraum für eine – ganz im Sinne des Reformdiskurses – bessere pädagogische Praxis. Analytisch betrachtet läuft dieser Gestaltungsspielraum aber in erster Linie darauf hinaus, dass berechtigungsrelevante Situationen, Klassifikationen und Dokumentationen entschärft bzw. Selektionen möglichst lange hinausgezögert werden. Das spricht zwar nicht gegen Forderungen nach alternativen Varianten[13], gleichwohl sollte man im Hinterkopf haben, dass man sich damit immer (noch) – zumindest in Deutschland – in einem System bewegt, das nach wie vor allokative Funktionen besitzt.

---

[13] Natürlich ist zu berücksichtigen, dass auch Lernberichte von sehr unterschiedlicher Qualität sein können bzw. auch hier mit Problemen (stigmatisierende Beschreibungen, ‚verklausulierte' Noten, standardisierte Bausteine etc.) zu rechnen ist.

3.4 Fazit und Diskussion ausgewählter Probleme

Wir haben in diesem Kapitel herausgearbeitet, dass man zu einer durchaus anderen Problembeschreibung kommt, wenn man die Fragen des Umgangs mit Heterogenität nicht aus einem pädagogischen Blickwinkel, sondern aus einer schul- und organisationstheoretischen Perspektive betrachtet. Der Blick sollte dafür geweitet sein, dass

- schulisches Lernen institutionalisiertes Lernen ist, also in eine institutionelle Struktur – einen Organisationsapparat – eingebunden ist, der Massenlernprozesse überhaupt erst möglich macht, gleichzeitig aber eine spezifische Logik des Handelns entfaltet;
- die Schule als gesellschaftliche Institution keineswegs allein nur pädagogischen Interessen und Absichten folgt, also nur pädagogische Aufgaben wahrzunehmen hat, sondern auch in einen gesellschaftlichen Funktionszusammenhang eingebunden ist.

Beide Merkmale schulischen Lernens führen – so haben wir an einigen Beispielen gezeigt – einerseits zu Folgeproblemen[14], an denen man sich auch im Heterogenitätsdiskurs abarbeitet. Andererseits handelt es sich aber in beiden Fällen um strukturelle Probleme, für die zumindest äquivalente Lösungen gefunden werden müssen. Welche Probleme bzw. kritischen Rückfragen man hier bezüglich der Reformempfehlungen zum Umgang mit Heterogenität im Blick haben sollte, möchten wir noch einmal zusammenfassend diskutieren.

(1) Differenzierung als Notwendigkeit und Problem
Betrachten wir zuerst die Differenzierungsthematik, die uns vor allem in Bezug auf die Makroebene, also im Hinblick auf die Organisation des Schulsystems beschäftigt hat. Grundsätzlich bedarf es einer bestimmten Form (eines Organisationsapparates), um Massenlernprozesse organisieren zu können. Dies ist mit Erfordernissen wie Normierung und Vereinheitlichung verknüpft, die von den Interessen des einzelnen Subjekts abstrahieren bzw. damit in Konflikt geraten können. Das bedeutet: Die optimale Form der Schulorganisation lässt sich nicht allein an den Bedürfnissen der lernenden Subjekte bemessen, sondern ist immer auch als eine Kompromisslösung, d.h. als ein Resultat von Abwägungsprozessen unterschiedlicher Aspekte zu denken.

---

[14] Sie führen auch zu Vorteilen bzw. lassen sich als Errungenschaften interpretieren, worauf wir hier aber nicht weiter eingehen können (z.B. Herrlitz 1994; Diederich/Tenorth 1997).

Unstrittig ist, dass die konkrete Organisationsform variabel ist und das deutsche Schulsystem mit seiner Bevorzugung des Differenzierungsprinzips in internationaler Perspektive nicht der Regel, sondern eher einer Ausnahme entspricht. Wie mithilfe empirischer Forschung knapp dargestellt, greift es zwar zu kurz, pauschal von einer Überlegenheit des integrativen Strukturtyps zu sprechen. Gleichwohl sind mit dem Differenzierungsmodus nach Schulformen substanzielle Probleme verbunden, die diesen begründet in Frage stellen können. Darauf haben nicht nur die PISA-Ergebnisse bzw. die dadurch hervorgerufenen Debatten aufmerksam machen können. Hier sehen wir auch einen wichtigen Verdienst des Reformdiskurses um Heterogenität, der diese Problematik aufgegriffen und damit (wieder) zum Thema gemacht hat. Es bleiben aber Probleme:

- Gerade anhand der Schulstrukturfrage lässt sich gut aufzeigen, dass auch im Detail noch so gut begründete Argumente für Veränderungen nicht unmittelbar überzeugend oder anschlussfähig sein müssen für die Ebenen, auf denen solche Reformen dann beschlossen werden können (und müssen). Die Schulstrukturfrage obliegt der Bildungspolitik, und damit einer anderen Entscheidungs- und Handlungslogik. Nicht nur auf die besseren pädagogischen Argumente kommt es an, sondern es geht um Wählerstimmen, was eine Akzeptanz bei unterschiedlichen Bevölkerungsgruppen voraussetzt. Ob es hier ‚nur' an einer Aufklärung im Hinblick auf die Vorteile gemeinsamen Lernens fehlt oder man es doch eher mit Privilegiensicherung der Mittelschicht zu tun hat: Mit einer Umstellung auf ein für alle verbindliches, integratives System lassen sich offenbar – so legt es nicht nur das Beispiel Hamburg nahe – trotz langjähriger Debatten und guter Argumente nach wie vor kaum Wählerstimmen gewinnen.
- Daneben gilt es auch die Alternativen – hier konkret den integrativen Strukturtyp – auf den Prüfstand zu stellen. Folgt man unserer Argumentation, dass Bildungssysteme komplex sind, Organisationen eine eigene Dynamik entfalten und zahlreiche Varianten von latenter Differenzierung existieren, dann ist auch hier mit Problemen zu rechnen: Als Vorgriff auf das nächste Kapitel sollte man etwa im Blick haben, dass durch einen Verzicht auf äußere Differenzierung die auch dahinter stehende Komplexitätsproblematik nicht gelöst, sondern nur auf eine andere Ebene – den Unterricht – verlagert, und dabei sogar noch gesteigert wird. Daraus erwachsen Anforderungen an das Lehrerhandeln, deren Einlösbarkeit durchaus mit einiger Skepsis zu betrachten ist. Kurz: Alternativen – dies zeigen auch die internationalen Erfahrungen – sind möglich, sie haben aber auch ihren Preis.

(2) Selektion als Notwendigkeit und Problem
Hinsichtlich der gesellschaftlichen Funktionen der Schule haben wir die Selektions- bzw. Allokationsfunktion exemplarisch genauer betrachtet. Hier gilt einmal ähnlich wie für die Differenzierung, dass Allokationsprozesse unterschiedlich gestaltet werden können: Auswahlentscheidungen können stärker an die abnehmenden Institutionen delegiert und berechtigungsrelevante Entscheidungen können intern möglichst lange hinausgeschoben werden. Dabei bleibt es durchaus notwendig, und ist mit Blick speziell auf die Heterogenitätsthematik auch folgerichtig, die Selektionsverfahren innerhalb der Schule zu kritisieren. Wir denken jedoch weniger an das Argument, dass diese Verfahren ‚unpädagogisch' wären. Entscheidender ist, dass das dahinter stehende meritokratische Prinzip voraussetzt, dass Berechtigungen nach Verdienst und Leistung zu verteilen sind. Genau dies ist aber im deutschen Schulsystem in besonderer Weise ja eben *nicht* der Fall: Schulische Leistungen und zertifizierte Leistungserfolge werden keineswegs nur nach selbst zu verantwortendem Verdienst vergeben, sondern hängen in hohem Maße von solchen Faktoren ab, die der Einzelne nicht zu verantworten hat (vgl. ausf. Kroning 2007). Es stellen sich aber folgende Rückfragen:

- Wir haben keinen Zweifel, dass die Reformdebatte hervorragend geeignet ist, auf diskriminierende bzw. privilegierende Mechanismen der schulischen Zuteilung von Berechtigungen aufmerksam zu machen. Hinweise darauf gehören schließlich zum argumentativen Kern, auf dem die Reformforderungen aufruhen. Skeptisch sind wir allerdings, ob die im aktuellen Reformdiskurs eingenommenen Reflexionsperspektiven tatsächlich geeignet sind, diese Problematik auch angemessen einzufangen bzw. bearbeitbar zu machen. Hier ist an eine Problematik zu erinnern, die wir bereits im zweiten Kapitel diskutiert haben: Zwar wird mit Chancenungleichheit, und dies auch mittels soziologischer Kategorisierungen argumentiert; durch den am einzelnen Kind orientierten Förderblick lösen sich die mit Chancengleichheit verknüpften Fragen und Probleme aber weitgehend auf. So ist auffällig, dass man (anders als in der Debatte der 1970er Jahre) kaum noch Hinweise auf kompensatorische Maßnahmen findet.
- Dies führt zu einem grundsätzlichen Problem: In der aktuellen Debatte werden vorrangig die systeminternen Selektionsprozesse, nicht aber deren Funktionen für umweltrelevante Allokation reflektiert. Man könnte auch sagen: Die Kritik an Selektion wird zwar oft an dem ‚Wie' festgemacht, wir haben aber den Eindruck, dass man sich viel mehr daran abarbeitet, dass in der Schule *überhaupt* selektiert wird. Wir wagen deshalb die These, dass die massive Kritik in einem deutlich tiefer gehenden Unbehagen der Pädagogik begründet ist. Luhmann/Schorr (1988: 275 ff.) als soziologische Außenbe-

obachter haben sich mit dem Problem dieses Unbehagens der Pädagogik an der Selektionsfunktion ausführlich beschäftigt. Die Mitwirkung des Erziehungssystems an gesellschaftlicher Allokation führe die Pädagogik – so im Kern ihre These – zu erheblichen Problemen, weil man so eben nicht nur Gewinner, sondern auch Verlierer produziert. Anstatt sich diesem Problem aber zu stellen, versuche man die eigene Beteiligung durch diverse „Selektionsvermeidungsideologien" (ebd.: 275) zu vernebeln, um sich dann nicht mehr damit beschäftigen zu müssen.

Es liegt auf der Hand, dass sich daraus spannende Fragen hinsichtlich der vorgeschlagenen Alternativen ergeben, reichen doch guter Wille oder Nichtthematisierung keineswegs aus, den Funktionsmodus der Schule einfach außer Kraft zu setzen. So weisen Luhmann/Schorr (1988) z.B. darauf hin:

> „Ein heute viel diskutierter Ausweg besteht darin, die unumgängliche Differenzierung aus der Ebene des Organisationssystems in die des Interaktionssystems Unterricht zu verlegen. Man spricht dann von Ersetzung äußerer durch innere Differenzierung [...]. Die Frage bleibt indes ungeklärt, ob nicht diese interaktionsinterne Differenzierung mit in den Dienst der Vorbereitung von Selektion tritt, wo immer dem Unterricht auch Selektionsentscheidungen abverlangt werden; denn es ist schwer vorstellbar, daß Unterricht bis zur letzten Stunde nur auf individuelle Förderung aus ist und dann plötzlich unvorbereitet entschieden werden muß, daß einige Schüler nicht weiter gefördert und andere an anforderungsreichere Schulformen abgegeben werden können" (ebd.: 261f.)

Mit anderen Worten: Auch innere Differenzierung ist eine Form der Differenzierung, der Selektionsentscheidungen abverlangt werden. Sie steht wie alle anderen Differenzierungsformen ‚im Dienst' der schulischen Funktionen, die ja nicht dadurch verschwinden, dass man den Modus der Differenzierung wechselt. Mit diesem Blick gehen wir nun in das nächste Kapitel, das sich mit der Mikroebene des Lehrerhandelns im Unterricht beschäftigt.

4 Heterogenität als Herausforderung für das Lehrerhandeln im Unterricht

Im vorigen Kapitel hatten wir uns ganz grundsätzlich mit dem Problem der Bildung und Zusammensetzung von Lerngruppen beschäftigt. Diese primär bildungspolitisch und -administrativ zu verantwortende Makroebene wurde vorangestellt, um zu zeigen, dass eine ausschließlich pädagogische, von der organisationalen und institutionellen Verfasstheit der Schule absehende Perspektive auf Fragen des Umgangs mit Heterogenität zu kurz greift.

In diesem Kapitel führen wir diese Überlegungen fort, indem wir uns der Mikroebene – im Schwerpunkt dem Unterricht als dem Kerngeschäft des Lehrerhandelns – zuwenden. Wie mit der Unterschiedlichkeit von SchülerInnen einer Lerngruppe umgegangen werden kann und soll, ist schließlich einmal ein Schlüsselproblem der beruflichen Tätigkeit von Lehrkräften. Gleichzeitig steht die Mikroebene auch in weiten Teilen im Zentrum der reformerischen Kritik und Programmatik. Für die Analyse wird erneut ein Blickwechsel vorgenommen: In Ergänzung zur bereits angelegten schultheoretischen Perspektive beobachten wir nun im Schwerpunkt aus einem *didaktischen* und *professionstheoretischen* Blickwinkel, welche Forderungen und Empfehlungen der Reformdiskurs für das Lehrerhandeln bereitstellt und welche Probleme damit verbunden sein können.

Sie erinnern sich: Jede Lerngruppe, ob nach Leistung oder irgendeinem anderen Kriterium homogenisiert, bleibt immer hinsichtlich vieler anderer Aspekte heterogen. Lehrkräfte sind also auch jetzt schon mit Heterogenität konfrontiert; es geht nicht um grundsätzlich neue Herausforderungen, muss doch auch heute schon in den Klassen mit unterschiedlichen Interessen, Erfahrungen und Leistungsfähigkeiten usw. umgegangen werden. Der aktuelle Reformdiskurs setzt hier auch unmittelbar an, es werden aber folgende ‚Neuerungen‘ produziert:

(1) Die bisherigen Strategien im Umgang mit Verschiedenheit werden als unzureichend bzw. als problematisch markiert: LehrerInnen – so die unisono vorgetragene Kritik – würden Vielfalt nicht als Bereicherung, sondern als Problem wahrnehmen, sich bei der Unterrichtsgestaltung nach wie vor am ‚imaginären Durchschnittsschüler‘ orientieren und gleichschrittiges, also vereinheitlichtes Lernen im Frontalunterricht favorisieren. Man könnte auch

sagen: LehrerInnen geraten als ein zentrales Reformhemmnis bzw. als Problem(mit)verursacher in den Blick.

(2) Das Lehrerhandeln wird nicht nur kritisiert, sondern LehrerInnen werden – gleichsam im Umkehrschluss – auch als zentraler Reformmotor betrachtet: An sie sind viele Beiträge adressiert und sie versucht man zu überzeugen, Vielfalt doch als Bereicherung zu sehen, Unterschiede sensibel wahrzunehmen und durch veränderte Lernarrangements produktiv zu nutzen.

Mit dieser starken Bezugnahme auf das Lehrerhandeln geht – so unsere These – eine Tendenz zur Verlagerung vieler Probleme von der Schulsystemebene hin zur Unterrichtsebene einher, was nicht nur den Reformdruck auf LehrerInnen, sondern auch die Anforderungen an sie erheblich ansteigen lässt. Unhinterfragt bleibt indes weitgehend, ob die notwendigen Voraussetzungen vorhanden sind bzw. die Rahmenbedingungen dies überhaupt zulassen. Wir sehen also einige Problemlagen, die wir mit verschiedenen Zielsetzungen verhandeln wollen:

▪ Es soll einmal gefragt werden, welche Anforderungen überhaupt an LehrerInnen gestellt werden: Welche Maßnahmen sollen und können im Unterricht ergriffen werden, um die Heterogenität der Schülerschaft produktiv zu nutzen? Und welches Wissen, welche Kompetenzen und welche Einstellungsmuster werden dazu auf Seiten der Lehrkräfte benötigt?

Gleichzeitig geht es uns nicht vorrangig darum, Praxisempfehlungen zu geben oder Handlungsoptionen aufzuzeigen. Vielmehr wollen wir die bereits so zahlreich vorhandenen Konzepte und Handlungsvorschläge auf den Prüfstand stellen. Es sollen auf einer Metaebene und im Anschluss an die in den letzten Kapiteln angestellten Überlegungen programmatische Fallen herausgearbeitet werden, die mit dem Modus reformerischer Reflexion verbunden sind, und die sich auf der Ebene der Praxisempfehlungen besonders gut aufzeigen lassen:

▪ Kann überhaupt – so hier die Kernfrage – geleistet werden, was geleistet werden soll? Und stärker analytisch gewendet: Welche Problemsicht auf die Funktionsweisen und Handlungsbedingungen institutionell organisierter Bildungsprozesse trifft man in den Reformempfehlungen an? Welche möglichen Probleme – Verkürzungen, Ausblendungen und Idealisierungen – gehen damit einher?

Zur Auseinandersetzung mit diesen Fragen arbeiten wir uns systematisch an drei Bedingungen ab, die im Reformdiskurs für einen erfolgreichen Umgang mit

Heterogenität – und so auch als Anforderungen an professionelles Lehrerhandeln – immer wieder hervorgehoben werden:

(1) Als Grundvoraussetzung wird eine *Einstellung der Lehrkräfte* genannt, in der Heterogenität nicht als Belastung, sondern als Bereicherung und Chance betrachtet und dann auch produktiv genutzt wird.

(2) Als weiteres Charakteristikum erfolgreichen Lehrerhandelns gilt, dass Lehrende die Vielfalt in ihren Gruppen sensibel wahrnehmen und – bezogen auf die Unterrichtsgestaltung – möglichst genau über die jeweiligen Lernervoraussetzungen informiert sein müssen. Hierzu benötigen sie hohe *diagnostische Fähigkeiten*, um die individuellen Kompetenz- und Bedürfnisprofile als Voraussetzung für Förderentscheidungen einschätzen zu können.

(3) Die letzte Bedingung betrifft den Bereich *didaktisch-methodischer Kompetenzen*: Da der Unterricht nicht mehr am Durchschnitt orientiert sein, sondern differenziert an die heterogenen Lernerbedürfnisse angepasst werden soll, müssen LehrerInnen über ein breites Repertoire an Unterrichtsstrategien verfügen, die unterschiedlichen Maßnahmen in ihren jeweiligen Vor- und Nachteilen kennen und zielgerichtet, d.h. an den jeweiligen Lernstand adaptiert, einsetzen können.

Wir geben für diese drei Anforderungsbereiche Einstellungen (4.1), Diagnosekompetenzen (4.2) und didaktisch-methodische Kompetenzen (4.3) im Folgenden jeweils eine Übersicht zu den Forderungen des Reformdiskurses, präsentieren empirische Befunde und zeigen exemplarisch auf, welche Schwierigkeiten und Probleme in den vorgeschlagenen Lösungen stecken. Die Zielrichtung unserer Kritik liegt gewissermaßen in einer Problematisierung der verführerisch einfachen Botschaften des Reformdiskurses. Im Anschluss vertiefen wir einige Rückfragen aus einer professionstheoretischen Perspektive (4.4) und enden mit einer zusammenfassenden Diskussion ausgewählter Probleme (4.5).

4.1 Lehrereinstellungen zu Heterogenität

Der Frage der richtigen Einstellung oder Haltung von Lehrkräften zur Heterogenität ihrer SchülerInnen wird in der reformerischen Literatur allgemein eine außerordentlich hohe Bedeutung beigemessen: Heterogenität – so die Forderungen, aber auch die unmittelbaren Appelle – soll als pädagogische Chance und als bereichernd begriffen werden. Häufig wird auch von ‚Wertschätzung‘ und ‚Anerkennung‘ beim Umgang mit Unterschieden gesprochen, also eine ethische Nuance hervorgehoben. Niemand – diesen normativen Imperativ haben wir im ersten Kapitel ausführlich skizziert – soll benachteiligt oder bevorteilt werden, es sollen keine Abwertungen erfolgen, und statt Defiziten gilt es die Stärken einer Person hervorzuheben. Der hohe, mitunter zentrale Stellenwert dieser Dimension des Lehrerhandelns wird z.B. von Graumann (2002: 228) unterstrichen, wenn sie betont, dass die von ihr formulierten Ansprüche an einen Unterricht in heterogenen Gruppen sich weniger auf „Forderungen nach bestimmten Unterrichtskonzeptionen und pädagogischen Handlungsweisen" bezögen, sondern in der Aufforderung bestünden, „Denkweisen und Einstellungen zu überprüfen und zu hinterfragen". Ähnlich argumentiert Tillmann (2008), indem er die „Sehnsucht nach der homogenen Lerngruppe" als das zentrale Problem der deutschen Schule benennt: Eine Vermeidung der problematischen Selektionsmechanismen erfordere – so seine These – „zuallererst eine Veränderung der pädagogischen Mentalitäten, einen Wandel in den Köpfen" (ebd.: 77). Schäfers (2009: 55) fasst das Ergebnis eines Forschungsprojektes, das Unterricht in NRW und einigen nordischen Ländern auf der Suche nach guten Beispielen für einen individualisierenden Unterricht verglich, so zusammen:

> „In der Rückschau zeigt sich, dass die Suche nach ‚Perlen' und gelungenen Praxisbeispielen individualisierender Lernkultur nur begrenzte Resultate brachte. Das erhoffte Geheimrezept wurde nicht entdeckt! Dafür ist allen Mitgliedern der deutschen Projektgruppe sehr eindrücklich klar geworden, dass individualisierende Förderung zuallererst und zutiefst mit einer Idee, einem Menschenbild und pädagogischen Zielvorstellungen zu tun hat."

Es geht also um Mentalitäten, Einstellungen, Menschenbilder und das Verständnis der eigenen Lehrerrolle und so um eine Hervorhebung berufsethischer Dimensionen. Analytisch ließe sich auch zuspitzen, dass hier der Umgang mit Heterogenität weniger als ein technisches oder organisatorisches Problem, sondern zuallererst als ein normatives Problem markiert wird: Solange sich an der Einstellung der LehrerInnen nichts ändere – so im Prinzip die zentrale Botschaft – werde sich auch im Unterricht, werde sich in der Schule nur wenig ändern.

Wie sind diese Forderungen einzuschätzen? Die Bedeutung von Werthaltungen und professionellen Orientierungen ist in der erziehungswissenschaftlichen Theoriebildung (z.B. Oser 1998: Fend 2008) unstrittig. Wenngleich wenig Übereinstimmung in der Terminologie herrscht – gesprochen wird von Überzeugungen, Ethos, Mentalitäten, Lehrerbildern, Deutungsmustern, Leitbildern, subjektiven Theorien usw. – besteht doch weitgehend Konsens, dass derartige Orientierungen das Lehrerhandeln prinzipiell nicht unerheblich steuern. Dies steht ja durchaus auch in Überstimmung mit unseren bisherigen schultheoretischen Überlegungen: Schulisches Handeln wurde einerseits als normiertes und regelgeleitetes Auftragshandeln beschrieben. Gleichzeitig wurde darauf aufmerksam gemacht, dass die Vorgaben von den Akteuren vor Ort interpretiert und an die jeweiligen Handlungsbedingungen adaptiert werden müssen. Und wie diese ‚Rekontextualisierung' des Bildungsauftrags vor Ort erfolgt, hängt erheblich – so Fend (2008: 196) – „von den pädagogischen Imaginationen, von den pädagogischen Wertvorstellungen und den pädagogischen Konzepten der Akteure auf der Schulebene ab".

Allerdings: So überzeugend es ist, diese Dimension des Lehrerhandelns in den Blick zu nehmen, so überrascht doch – dies als erste kritische Anmerkung – , dass die diesbezüglichen Beschreibungen innerhalb des Heterogenitätsdiskurses recht allgemein bleiben. Sie kommen in der Regel nicht über das Betonen der richtigen Einstellung mithilfe von Schlagwörtern hinaus. Daneben ist auch die empirische Befundlage noch außerordentlich dünn und nicht einfach zu interpretieren, wenn es um die Frage geht, welche Einstellungen Lehrkräfte zu Schülerheterogenität denn tatsächlich haben.

Ausgewählte Forschungsbefunde zu Lehrereinstellungen

Zwar gibt es eine breite Forschung zu Lehrereinstellungen und -wertorientierungen (z.b. Sembill/Seifried 2009). Für den Bereich speziell der Einstellungen zu Heterogenität steht die Wissenschaft aber noch eher am Anfang, wobei im Blick zu haben ist, dass eine solche Untersuchungsrichtung auch mit etlichen Schwierigkeiten verbunden ist. Wir erinnern an die vielfältigen Facetten des Heterogenitätsbegriffs, der zahlreiche Differenzlinien und Merkmale einschließt, auf die man sich auch isoliert beziehen kann (z.B. Edelmann 2007). Überdies ist ein großer Überschneidungsbereich zu Fragen der Wahrnehmung von Differenz, also nach vorfindbaren Normalitätskonstrukten oder Denkmustern, zu berücksichtigen (s. die Studie von Weber 2003 in Kap. 2). Wir konzentrieren uns im Weiteren auf den Einstellungsbereich und präsentieren zwei Befunde, die allerdings nicht direkt Einstellungen zu Heterogenität erhoben haben:

Der *erste* Befund, auf den in der Debatte immer wieder rekurriert wird und der daher kurz erwähnt werden soll, stammt aus der TIMS-Studie[15]. Dort nahmen „Begabungsunterschiede zwischen Schüler/innen" eine Spitzenposition in der Liste der Berufserschwernisse ein, wie sie Lehrkräfte der Sekundarstufe I zu Protokoll gaben: In Japan bezeichneten dies 63%, in Deutschland 55% und in den USA 44% der Befragten als ‚starke' Berufserschwernis (Baumert et al. 1997: 211). Dieses Ergebnis wird so ausgelegt, dass deutsche Lehrkräfte trotz

---

[15] TIMSS steht für Third International Mathematics and Science Study. Dabei wurden Leistungen von SekundarstufenschülerInnen in Mathematik und den Naturwissenschaften untersucht (vgl. weiterführend http://www.timss.mpg.de).

der schon vergleichsweise homogenisierten Lerngruppen immer noch mehrheitlich Unterschiede und Unterschiedlichkeit ihrer SchülerInnen beklagen. Das Item gibt dazu leider nicht mehr her; unklar bleibt etwa, was diese Einstellung der Lehrkräfte im Einzelnen motiviert: tief sitzende Vorurteile, persönliche Vorlieben oder die Befürchtung von Überforderung?

Die Ergebnisse unseres *zweiten* Beispiels, einer standardisierten Lehrerbefragung in der Sekundarstufe I, die Kunze/Solzbacher (2008) an nordrheinwestfälischen und niedersächsischen Schulen durchgeführt haben, weisen zunächst in die letztere Richtung. Die überwiegende Mehrheit der Befragten (98%) bezeichnet ‚individuelle Förderung' als wichtiges und anzustrebendes Ziel, es werden aber große Probleme bei der Umsetzung gesehen: 90% der Befragten halten eine individuelle Förderung aller SchülerInnen für nicht möglich – wegen als ungünstig eingeschätzter Rahmenbedingungen, und weil man sich den damit verknüpften Anforderungen nicht gewachsen fühlt. Es sieht also zunächst so aus, als hätten die Lehrkräfte die geforderte Mentalität, würden aber durch die Realität des Schulehaltens an der Umsetzung gehindert. Bemerkenswert ist aber, dass die Autorinnen schließlich doch auf die hohe Relevanz von Einstellungen zurückkommen: Auf der Grundlage der in die Befragung einbezogenen Interviews werden drei Lehrertypen identifiziert, die sich in ihren Präferenzen unterscheiden: der Leistungstyp, der Persönlichkeitstyp und der Mischtyp (s. Kasten 4.1).

Über die prozentuale oder schulform-, alters- und genderspezifische Verteilung dieser Typen ist leider nichts bekannt. Für unsere weiteren Überlegungen interessanter ist das Fazit, das Solzbacher (2008: 41) aus dieser Rekonstruktion zieht. Denn es erinnert an die weiter vorn von Schäfers geäußerte Einschätzung:

„Individuelle Förderung [...] setzt beim einzelnen Lehrer/bei der einzelnen Lehrerin also eine bestimmte Haltung voraus. Individualisierung ist eine Einstellung, Respekt und Vertrauen gegenüber dem Einzelnen, Glauben an seine Stärken und positive Leistungserwartungen sind Fundament für individuelle Förderung".

Kurz: Auch hier wird die individuelle Einstellung der Lehrkräfte letztlich wieder zum zentralen Bezugspunkt von Veränderungen im Schulsystem erklärt. Welche möglichen Probleme dieses immer wiederkehrende ‚Einstellungsargument' aufwirft, soll uns im folgenden Abschnitt beschäftigen.

Der *Leistungstyp* charakterisiere sich durch eine starke Fokussierung auf das Kriterium der Leistungsheterogenität bei weitgehender Ausblendung sozialer oder emotionaler Dimensionen. Fördern bedeute eine differenzierte Unterrichtsgestaltung in Anlehnung an die unterschiedlichen Leistungsniveaus mit dem Ziel, Leistungsstarke zusätzlich zu fordern und die Leistungsschwachen zu fördern. Zugleich werde aber betont, dass das Leistungsniveau, d.h. der Wissensstand nicht zu weit auseinander gehen darf und in der Klasse ein gemeinsames Lernniveau erreicht werden müsse.

Der *Persönlichkeitstyp* setze bei seiner Einschätzung primär bei der Persönlichkeit der SchülerInnen an und gehe hier von einem spezifischen Menschenbild aus: „Die Würde der Person oder die Menschenwürde bedeuten für sie, jeden einzelnen Schüler in seiner Individualität und seiner Persönlichkeit wahrzunehmen, anzuerkennen und ihm gerecht zu werden. Hierbei sollen auch die je individuellen Stärken und Schwächen der einzelnen Schüler beachtet und wahrgenommen werden" (ebd.: 40). Förderung werde folglich am Einzelnen orientiert und nicht an Gruppen, wobei das Ziel nicht in einer Förderung von Leistung bzw. der Kompensation von Lernschwierigkeiten bestehe, sondern im Vordergrund stehe die Stärkung der Persönlichkeit der SchülerInnen.

Der *Mischtyp* ist in seinen Aussagen – wie es die Bezeichnung nahe legt – offenbar wechselhaft; es wird teilweise auf den Leistungsgedanken, teilweise eher auf den Persönlichkeitsaspekt fokussiert. Als Zielgruppe gelten besonders Schüler mit größeren Lernschwierigkeiten und sonstigen Problemen, wobei das Förderziel sowohl auf Leistung als auch auf die Persönlichkeitsentwicklung gelegt werde.

Kasten 4.1: Typen von Lehrkräften bezüglich individueller Förderung (Solzbacher 2008: 39f.)

Kritische Rückfragen zum ‚Einstellungsargument'

Selbst wenn man konzediert, die ‚richtige' Einstellung und Überzeugung ließen sich bestimmen, und man auch davon ausgeht, dass nicht alle Lehrkräfte diese schon besitzen, handelt man sich damit doch eine ganze Reihe von Schwierigkeiten ein. So betont etwa Fend (2008: 197), der in seiner Schultheorie den Einstellungsfaktor prinzipiell hoch gewichtet: „Auf die subjektiven Komponenten als Rekontextualisierungskräfte zu setzen, ist allerdings eine sehr riskante These. Wir haben es dabei mit einem schwer fassbaren und sich leicht verflüchtigenden ‚Stoff' zu tun." Wir sprechen drei konkrete Problembereiche an, um in unserer abschließenden Reflexion auf die mit der ‚Einstellungsargumentation' grundsätzlicher verbundenen programmatischen Fallen aufmerksam zu machen.

(1) Veränderbarkeit von Einstellungen als Persönlichkeitsvariable
Ein Einstellungswandel ist leicht zu fordern, tatsächlich aber sehr voraussetzungsreich, verbirgt sich dahinter doch die Notwendigkeit einer grundsätzlichen

Revision bisheriger Denk- und Sichtweisen, die das Menschen- und Gesell-schaftsbild, Vorstellungen vom Lehren und Lernen, von Gleichheit und Diffe-renz, das eigene Rollenverständnis – mithin die ganze Persönlichkeit – betreffen. So ist die doch komplizierte Frage aufzuwerfen, ob und wie solche Leitbilder in der Lehreraus- und -weiterbildung erlernbar gemacht werden können oder sich gar als ethische Standards der Profession verankern lassen. Zwar gibt es erste, über die Appellebene hinausgehende, konzeptionelle Vorschläge – wie etwa ein Kompetenztraining „Pädagogik der Vielfalt" (Sielert et al. 2009), das Methoden und Materialien zur Reflexion eigener Sichtweisen offeriert. Gegen zuviel Opti-mismus steht aber die aus vielen Studien (z.B. Zutavern 2001: 248 ff.) berichtete hochgradige Resistenz subjektiver Lehrertheorien. Gerade persönliche Einstel-lungen scheinen eben nicht – wie wir Fend zitiert haben – ein ‚flüchtiger Stoff' zu sein, sondern sind nur schwer veränderbar, und bilden eine Art Filter dafür, ob und wie neue Informationen angenommen werden. Ob die Ausbildung da hinein tätig werden kann, aber auch darf, oder etwa die Selektion der passenden Kandidaten mit der günstigen bzw. gewünschten pädagogischen Haltung eine Alternative wäre, sind überaus heikle Fragen, auf die wir nur hinweisen können.

(2) *Einstellungen als Ausdruck professionsbezogener Anforderungen*
Einstellungen zu Heterogenität mögen zwar eng mit der Lehrerpersönlichkeit, d.h. den biografischen Erfahrungen, Sichtweisen und pädagogischen Haltungen, verknüpft sein. Es wäre aber schul- und professionstheoretisch zu kurz gegriffen, solche Einstellungen auf Persönlichkeitsvariablen von Lehrkräften zu reduzieren bzw. hier unmittelbar auf generelle Einstellungen und Vorlieben zu schließen. Unberücksichtigt bliebe so der spezifische Kontext, in dem die Einstellungen gebildet und geäußert werden. Wir haben aus schultheoretischer Perspektive darauf hingewiesen: LehrerInnen agieren in der Schule nicht als Privatpersonen, sondern ihr Handeln ist Auftragshandeln, d.h. es ist regelgeleitet und normiert. Subjektive Überzeugungen und Einstellungen sind demnach auch vor dem Hori-zont der professionsbezogenen Anforderungen zu sehen; sie lassen sich deuten als „Ausdruck struktureller Gegebenheiten des Schulwesens und seiner spezifi-schen Geschichte" (Reh 2005: 84). Kurz: Wenn man feststellt, dass Heterogeni-tät von vielen LehrerInnen als Belastung und nicht als Chance begriffen wird, dann wäre aus professionstheoretischer Perspektive zu fragen, ob Heterogenität überhaupt als Chance und Bereicherung betrachtet werden kann bzw. welche strukturellen Bedingungen des Lehrerberufs dem entgegen stehen. Wir gehen darauf später noch ein (s. Abschnitt 4.4), rufen hier aber die institutionellen Be-dingungen (wie Unterricht in großen und wechselnden Schülergruppen) und die Funktionslogik von Schule (wie Selektionsprinzip und Lehrplanvorgaben) als

zentrale ‚Rekontextualisierungsvorgaben' in Erinnerung, die eine positive Wahrnehmung von Heterogenität zweifelsohne erschweren.

(3) Geringe praktische Relevanz von Einstellungen

Aus organisationstheoretischer Perspektive lässt sich die Problematisierung einer Fokussierung auf die Intentionen der Akteure noch ein Stück weiter treiben: Persönliche Einstellungen könnten auch nebensächlich sein! So haben es zumindest Gomolla und Radtke (2003) in der bereits im letzten Kapitel zitierten Studie zu Mechanismen *institutioneller* Diskriminierung rekonstruiert. Dabei standen nicht Haltungen und Überzeugungen der Lehrkräfte im Zentrum, wenngleich die AutorInnen auch Handlungsbedarf hinsichtlich von Vorurteilen und offenem Rassissmus sehen. Ihre Grundidee übertragen auf den Umgang mit Heterogenität lautet, dass dieser stark von den Möglichkeiten der *Organisation* abhängt: Wenn etwa Förderstunden vorhanden sind, Sozialpädagogen sich einschalten könnten, Sprachförderung kapazitär und institutionell verankert ist, wird gefördert; wenn Sitzenbleiben möglich ist, es Sonderschulen gibt oder kaum Ressourcen für Förderung vorhanden sind, wird ignoriert, delegiert oder selektiert:

> „Man kann daraus schließen, daß sich die bisher fast durchgängig verfolgte Strategie erschöpft hat, die Bildungsungleichheit (der MigrantInnen, M.T./B.W.) entweder bei den benachteiligten Schülern selbst durch Förderung zu kurieren, oder zur Vermeidung von Diskriminierung beim Bewußtsein ihrer Lehrerinnen durch Aus- und Fortbildung anzusetzen. Sie übersieht die Kräfteverhältnisse in der Rationalität und Eigenlogik der Entscheidungspraxis. [...] Die Praxis des Erziehens in Organisationen wird bestimmt von Organisationsstrukturen, materiellen und institutionellen Vorgaben, mit denen das jeweilige Personal umgehen muß. [...] Erst wenn sich die Mitgliedschaftsbedingungen der Organisation ändern, wird sich auch sein Denken und Begründen umstellen können" (ebd.: 292).

Übertragen auf das Rekontextualisierungskonzept von Fend könnte man sagen: Die individuellen Gestaltungsspielräume werden niedrig veranschlagt; dagegen gestellt wird die Wirkmächtigkeit der Struktur und Logik der Institution: Wenn Schule eine ‚Normalbiographie' unterstellt bzw. aufgrund ihrer Ausstattung sogar unterstellen muss, dass Schüler bestimmte Fähigkeiten und Kenntnisse ‚mitbringen', genau dies aber nicht mehr vorausgesetzt werden kann, dann muss mehr passieren als auf (erhöhtes) Engagement und eine bejahende Haltung der Lehrkräfte zu diesen Veränderungen ihres Berufs zu setzen und ansonsten alles beim Alten zu lassen. Es handelt sich schließlich, so abstrakt dies zunächst klingen mag, nicht (nur) um Erwartungen der Lehrkräfte, ihre persönlichen Entscheidungen und (Vor)-Urteile, sondern vor allem um Erwartungen der Organisation Schule, die als Verfahrensregeln, institutionelle Programme oder eingespielte Problemlösemechanismen wirken, ganz gleich ob man Heterogenität als einzelne Lehrkraft nun wertschätzt oder nicht.

4.2 Wahrnehmung von Heterogenität – diagnostische Kompetenzen

Die zweite Voraussetzung für einen erfolgreichen Umgang mit Vielfalt betrifft die Wahrnehmung von Heterogenität bzw. die Diagnose relevanter Lernvoraussetzungen. LehrerInnen sollen und müssen – dies die Forderung – die Heterogenität ihrer Schülerschaft sensibel wahrnehmen, um Benachteiligungen und Diskriminierungen zu vermeiden. Und sie müssen in der Lage sein, die Lernvoraussetzungen, Interessen und Bedürfnisse ihrer SchülerInnen schnell, sicher und zuverlässig einschätzen zu können, um auf dieser Basis notwendige Unterstützungsmaßnahmen zu konzipieren: „Fördern" – so der programmatische Titel eines Beitrags von Horstkemper (2006) – „heißt diagnostizieren".

Mit Blick auf die im letzten Kapitel angelegte Argumentation gerät man hier jedoch geradewegs in eine erste Schwierigkeit, was Empfehlungen zum besseren Umgang mit Heterogenität betrifft: Wahrnehmungen, Beobachtungen und Diagnosen werden im schulischen Kontext bekanntlich nicht nur zur Förderung, sondern auch zur Konstruktion und Bewertung von Tests, Klassenarbeiten oder Schullaufbahnempfehlungen benutzt bzw. sind hier entscheidungsrelevant. Bezogen auf diese Doppelfunktion des Diagnostizierens – Fördern *und* Auslesen, die aus dem gesellschaftlichen Funktionsmodus der Schule resultiert (s. Kap. 3.3) – findet man deshalb, ähnlich wie bei der Leistungsbewertung, Versuche, beide Funktionen voneinander zu trennen. Dazu wird eine Unterscheidung und Gegenüberstellung von ‚guter' Förderdiagnostik auf der einen Seite, und einer ‚schlechten' Selektionsdiagnostik auf der anderen Seite vorgenommen (z.B. Hanke 2005; Buholzer 2010), um sich im Anschluss in den Empfehlungen und Forderungen dann primär mit Verfahren der Förderdiagnostik zu beschäftigen. Anders formuliert, und schon ein zentrales Problem vorwegnehmend: Die Selektions- bzw. Allokationsaspekte werden durch einen Austausch der Semantik außer Kraft gesetzt, indem man die Diagnostik von ihrer Funktion der Zuweisung von SchülerInnen auf unterschiedliche (de facto ungleichwertige) Positionen befreit und stattdessen – dann als Förderdiagnostik resp. pädagogische Diagnostik – in den Dienst einer besseren Förderung stellt.

Es ist an dieser Stelle nicht möglich, Grundlagen der pädagogischen Diagnostik auszubreiten (z.B. Hesse/Latzko 2009; Helmke 2009) oder auf die Problematik einer Förderdiagnostik genauer einzugehen (z.B. Schlee 1985). Hier muss als Hinweis genügen, dass man für eine unter dem Primat der Förderung stehende Diagnostik in der Literatur einen kaum noch überschaubaren Fundus an

Empfehlungen, Verfahren und Hinweisen dazu findet, welche Aspekte und Bedingungen zu berücksichtigen sind und wie Diagnose vonstatten gehen kann. Gemeinsam ist den Empfehlungen die Betonung, dass die Diagnose prozessorientiert, also kontinuierlich zu erfolgen habe und nicht klassifizierend oder kategorisierend sein dürfe – dies wären gewissermaßen Merkmale von Selektionsdiagnostik. Hanke (2005: 119) fasst dies gut zusammen:

> „Der pädagogischen Diagnostik liegt insbesondere eine mehrperspektivische Betrachtung zugrunde. Das Individuum gerät – einer systemischen Perspektive folgend – im sozialen Gefüge nicht punktuell, sondern langfristig in den Blick [...]. Pädagogische Diagnostik zielt darauf ab, Lernprozesse im Kontext der bisherigen Lernentwicklung sowie der vorhandenen außerschulischen und schulischen Lernbedingungen qualitativ zu erfassen und zu verstehen [...]. Der Einsatz von Testverfahren wird daher ergänzt durch Verhaltens- und Lernprozessbeobachtungen, Tagebuchaufzeichnungen, Gespräche mit dem Kind, den Eltern, der Erzieherin, den Kolleginnen und Kollegen, der Sonderpädagogin, formelle und lernzielorientierte Verfahren sowie um Beobachtungen der Lernumgebung [...]."

Für unsere Überlegungen ist daraus festzuhalten: Einmal dürfte schnell erkennbar werden, dass die (gut begründbaren) Forderungen nach einer solchen Diagnose im Ergebnis zu bemerkenswert hohen Ansprüchen bezüglich der Kompetenzen und Handlungsspielräume von LehrerInnen führen. Gleichzeitig wird indirekt ein Problem angesprochen, das uns schon im zweiten Kapitel beschäftigt hat: Aus psychologisch-lerntheoretischer Sicht wären Lernermerkmale wie Vorwissen oder kognitive Grundfähigkeiten durchaus mit Hilfe von Tests und standardisierten Verfahren zu diagnostizieren. Dagegen gibt es aus pädagogischer Perspektive, wie sie durch die Reformpädagogik oder die ‚Pädagogik der Vielfalt' angelegt ist, klare ‚Gegenstimmen': Durch Tests oder sonst wie vollzogene Feststellungen von Lernermerkmalen gelten als problematisch, weil damit die Gefahr einer reduzierten Sicht auf Leistungsvielfalt einhergeht und SchülerInnen klassifiziert und stigmatisiert werden können (z.B. Carle 2005). Empfohlen wird stattdessen die einfühlende Begleitung von SchülerInnen, eine Einbeziehung des individuellen und sozialen Umfeldes sowie vorsichtige und stärkenorientierte Beurteilung angesichts immer wieder zu revidierender Beobachtungen und vorläufiger Einschätzungen.

Forschungsbefunde und kritische Rückfragen

Zunächst sei auf eine schon etwas ältere, aber immer noch aufschlussreiche Studie im Oberstufen-Kolleg Bielefeld hingewiesen, die mit einer Kombination von

Lehrerinterviews, Schülerbefragungen und Unterrichtsbeobachtungen Wahrnehmungen, Bewertungen und Handlungsweisen schulischer Akteure bezüglich Heterogenität untersucht hat (Huber/Wenzel 1996). In den Ergebnissen zeigt sich eine enge Verbindung von Einstellungen und Wahrnehmungen unter einer berufsbiographischen Perspektive, wie die folgenden Thesen (Böing 1996: 70f.) andeuten:

> „1. These: Lehrende nehmen nur bestimmte Dimensionen von Heterogenität eines Kurses bewußt wahr, andere nehmen sie unbewußt wahr.
> 2. These: Heterogenitätsmerkmale, die Lehrende wahrnehmen, sind oft mit bestimmten persönlichen Wertungen und Verhaltensweisen verbunden.
> 3. These: Die Lehrenden fokussieren, bewußt und unbewußt, auf bestimmte Heterogenitätsmerkmale, die für sie persönlich wichtig sind. Diese Wahrnehmung wirkt wie ein ‚individueller Filter‘, der die soziale Realität des Kurses so strukturiert, daß die Lehrenden arbeitsfähig werden."

Auf Einzelheiten soll hier nicht weiter eingegangen werden. Wir halten daraus aber fest: Lehrkräfte nehmen Heterogenität in unterschiedlichen Dimensionen wahr, typisieren SchülerInnen nach diversen Merkmalen, bewerten diese unterschiedlich und verfolgen verschiedene Ziele im Hinblick auf den Umgang damit. Diese Wahrnehmungen, Klassifikationen und Ziele können zweifellos mehr oder weniger differenziert ausfallen, so dass sich durchaus Verbesserungsmöglichkeiten und -notwendigkeiten ergeben (z.B. Lang et al. 2009; Hirschauer/Kullmann 2010). Die im Zitat verwendeten Ausdrücke ‚unbewusste Wahrnehmung‘, ‚persönlich wichtig‘ und ‚arbeitsfähig werden‘ verweisen allerdings schon auf einige Schwierigkeiten für die Professionalisierung: Es bedarf offenbar sehr weit reichender Interventionsformen bzw. individueller Reflexionsprozesse, was aufwändige und teure Formen der Lehrerfort- und -weiterbildung erfordern würde, wie sie bisher eher aus dem psychologisch-therapeutischen Bereich bekannt sind.

Diskutiert man die Anforderungen im Umgang mit Heterogenität als Frage der diagnostischen Kompetenz im engeren Sinne, so bewegt man sich im Feld und den Begrifflichkeiten der Lehr-Lern-Forschung. Dabei stößt man ganz unmittelbar auf die Einschätzung, dass es mit der Diagnosekompetenz bei deutschen Lehrkräften offenbar noch nicht gut bestellt ist. Als Beleg wird häufig auf ein Ergebnis bei PISA 2000 Bezug genommen, obgleich die Qualität diagnostischer Urteile dort nicht direkt untersucht wurde.

Es wurden die Klassen- und Deutschlehrkräfte an ausgewählten Hauptschulen gefragt, welche ihrer Schüler ‚schwache Leser‘ seien. Definiert wurde diese als „jene Schülerinnen und Schüler [...], deren Lesefähigkeit so gering ausgebildet ist, dass sich dies als ernsthaftes Problem beim Übergang ins Berufsleben erweisen wird. Die Lesefähigkeit dieser Schülerinnen und Schüler liegt deutlich unterhalb der Lesefähigkeit gleichaltriger Schülerinnen und Schüler derselben Schulform" (Artelt et al. 2001: 119). Das Resultat: Etwa 90% aller SchülerInnen, die im Test als Risikoschüler eingestuft waren (d.h. noch unterhalb der ersten Kompetenzstufe lagen), wurden von ihren Lehrkräften nicht als schwache Leser identifiziert, sondern als unauffällig eingeschätzt. Die Leseschwäche wurde also in der überwiegenden Zahl der Fälle überhaupt nicht erkannt.

Von diesen Ergebnissen auf diagnostische Fähigkeiten im Allgemeinen zu schließen, ist zwar nicht unproblematisch. Andere Studien kommen durchaus zu der Einschätzung, dass die Beurteilungskompetenz von Lehrkräften *im Durchschnitt* gar nicht so schlecht ausfällt, wenngleich „erhebliche interindividuelle Kompetenzunterschiede zwischen den Lehrern" (Hesse/Latzko 2009: 35) erkennbar seien. Gleichwohl wurden die PISA-Ergebnisse auch hier zum Anlass genommen, Verbesserungen zu fordern: Diagnostische Kompetenz ist seit einigen Jahren in den Standards für die Lehrerbildung der KMK verankert und es gibt mittlerweile eine Reihe größerer Forschungs- und Entwicklungsprojekte. Neben Fragen, wie sich diese Kompetenz in der Lehrerausbildung anbahnen lässt und welche Genauigkeit und Qualität diagnostischer Urteile man von Lehrkräften realistischerweise erwarten kann bzw. sollte, sind für unseren nachfolgend kritischen Blick auf den Reformdiskurs folgende Probleme einzubeziehen.

(1) Welche Schülermerkmale sind relevant?
Eine erste Schwierigkeit liegt im Unterscheiden von relevanten bzw. geeigneten von irrelevanten bzw. ungeeigneten Schülermerkmalen und Diagnoseverfahren: Der Reformdiskurs tendiert zu listenartigen Zusammenstellungen, wo aus unserer Sicht Prioritätensetzungen notwendig wären (s. Kap. 2). Da es zahlreiche Schülermerkmale nicht nur im Bereich der kognitiven und motivationalen Lernvoraussetzungen gibt, die einen Einfluss auf Lernen haben können, stellt sich die Frage, welche berücksichtigt bzw. welche explizit nicht berücksichtigt werden sollten. Während die Psychologin Elsbeth Stern (2004) z.B. auf Vorwissen und kognitive Grundfähigkeiten setzt und vor allzu breiten Persönlichkeitsdiagnosen warnt, laufen pädagogische Empfehlungen oft gerade auf eine Erfassung der ‚ganzen Person' hinaus.

Dass hier große Unklarheit besteht und man durchaus auch Irrtümern unterliegen kann, zeigt die seit einiger Zeit recht verbreitete Empfehlung, SchülerInnen nach Lernstilen oder -typen zu klassifizieren, um danach den Unterricht adaptiv gestalten zu können (vgl. Riebisch/Luszczynski 2010). Solche Diagnosen und deren Dokumentationen in Diagnosebögen und Förderplänen können aber nicht nur zu problematischen Schülerklassifikationen als ,visueller Lerner', ,haptischer', ,kognitiver' oder ,auditiver Typ' führen.[16] Entscheidender ist, dass man in der Forschung im Hinblick auf die empirische Evidenz bzw. den tatsächlichen Nutzen der Kategorie ,Lerntyp' ausgesprochen skeptisch ist. Muijs und Reynold (2005: 196) fassen ihre Auswertung der Forschung zu dieser Frage so zusammen: „Spending a lot of time and effort (and money) on instruments designed to measure different styles and then trying to match teaching to each pupil's individual learning preferences is probably not worth the effort".

(2) Dilemmata bei der Diagnose
Erweitert man die Perspektive um normativ-pädagogische Diskurslinien, dann lassen sich mögliche Dilemmata bei der Diagnose bzw. Wahrnehmung von Heterogenität noch weiter schärfen. Ein erstes Dilemma ergibt sich aus dem schon mehrfach angesprochenen Spannungsfeld zwischen der Notwendigkeit, Unterschiede wahrzunehmen und Lernervoraussetzungen bestimmen zu müssen auf der einen Seite, und dem Problem von Festlegung, Normierung und Etikettierung auf der anderen Seite. Um dieses Problem zu lösen, wird in der Regel von pädagogischer Seite gefordert, prozessorientierte und ganzheitliche – also pädagogische – Diagnose zu betreiben:

> „Pädagogik der Vielfalt" – so dazu noch einmal Prengel (1993: 191) – „geht aus von der ,Unbestimmbarkeit der Menschen', sie kann darum nicht diagnostizieren, ,was jemand ist', noch ,was aus ihr oder ihm werden soll'. Sie wendet sich gegen alle Verdinglichung in Gestalt von Definitionen, was ein Mädchen, ein Junge, ein Verhaltensgestörter, eine Türkin [...] sei. Wenn Personen charakterisiert werden sollen, dann in ihrer Entwicklungsdynamik und in ihrem Umweltkontext. Nur in ihrer Prozesshaftigkeit und Umweltinterpendenz lassen sich Personen adäquat beschreiben."

So gut begründet solche Prämissen sein mögen, führen sie doch zu einer erheblichen Verkomplizierung der bereits diskutierten Problemlagen. Einmal kommt es in mehrfacher Hinsicht zu einer erheblichen Komplexitätssteigerung: Instrumente zur adäquaten Beschreibung von Prozesshaftigkeit und Umweltinterdependenz sind aufwändig, und dies schon bezogen auf einen einzelnen Schüler; in der Schule hat man es aber stets mit ganzen Schülergruppen zu tun! Gleichzeitig ist ein Balancieren gefordert zwischen der geforderten Feststellung von ,Tatbeständen' und ihrer kritischen Infragestellung: Werden Differenzen wahrgenommen

---

[16] Es ist bemerkenswert, dass eine Lerntypenberücksichtigung in den Reformempfehlungen überaus beliebt ist, zeigt man sich sonst gegenüber naturalisierenden Klassifikationen doch zumeist skeptisch. Wir interpretieren dies so, dass die konstruierten Lerntypen bislang noch als ,unverdächtig' hinsichtlich ihrer Bewertung gelten. Es dürfte jedoch auf der Hand liegen, dass sich auch hier Probleme von Stigmatisierung bzw. Ungleichbewertung einstellen können. Ob z.B. der ,haptische Lerntyp' im schulischen Kontext dem ,kognitiven Lerntyp' tatsächlich ebenbürtig ist, wagen wir zu bezweifeln.

oder nur subjektiv konstruiert? Dürfen auch Defizite festgestellt werden oder setzt man damit eine problematische Norm, die Anpassungsdruck erzeugt?

Ein anderes Spannungsfeld sehen wir für die Forderung einer ganzheitlichen und kontinuierlichen Erfassung der Schülerpersönlichkeit, die kritisch gewendet auch zu einer Dauerbeobachtung – einem ,Big Brother in der Schule' – führen kann. Nicht nur Kapazitätsgrenzen sind ein Problem, sondern auch die mit Aspekten von Macht und pädagogischer Kontrolle verbundene Frage, wo die ethische Grenze dessen liegt, was Lehrkräfte über ihre Schüler wissen dürfen und sollen: ob und welche Auskünfte sie über das Elternhaus einholen dürfen, wie stark sie peer-Beziehungen beobachten oder welche Informationen sie aus der schulischen Vorgeschichte berücksichtigen sollten. Dies gilt um so mehr, da die mit institutionalisiertem Lernen verbundene Allokationsfunktion bzw. der Selektionsauftrag der Lehrperson nicht einfach verschwindet: Diagnostik lässt sich zwar auf semantischer Ebene als ,Förderdiagnostik' umdeklarieren; es bleibt aber als Problem, dass immer feinere Diagnosen auch zu immer feinerer (zumindest besser legitimierbarer) Platzierung verwendet werden können.

4.3 Unterrichtsgestaltung – didaktisch-methodische Kompetenzen

Mit diesem letzten Aspekt wenden wir uns der didaktisch-methodischen Ebene zu. Sie ist im Heterogenitätsdiskurs mit hoher Aufmerksamkeit belegt, was einmal damit begründbar ist, dass der Umgang mit Heterogenität allein quantitativ maßgeblich im Unterricht stattfindet. Hinzu kommt aber, dass die in der Reformdebatte geäußerte Kritik an äußerer Differenzierung oft mit der Idee verknüpft wird, äußere durch innere Differenzierung zu ersetzen; d.h. die Herausforderungen von Heterogenität nicht organisatorisch, sondern didaktisch-methodisch (auf unterrichtlicher Ebene) zu lösen. Nicht die SchülerInnen – so im Kern der geforderte Strategiewechsel – sind einem Lernangebot zuzuweisen, an das sie sich dann anpassen müssen, sondern die Lernangebote sollen genau umgekehrt in differenzierter Weise auf die unterschiedlichen Lernvoraussetzungen, also auf die SchülerInnen abgestimmt werden (z.B. von der Groeben 2008).

Zur Einordnung dieser Idee ist voranzustellen, dass Plädoyers für derartige Unterrichtsreformen keineswegs neu, sondern ein traditioneller Topos von Schulkritik und -programmatik sind. Wie im ersten Kapitel angedeutet, standen schon in der Reformpädagogik Anfang des 20. Jahrhunderts Formen des gleichschrittigen, rein rezeptiven Lernens, stand die ,Pauk- und Buchschule' massiv in der Kritik. Und es wurden schon dort etliche Alternativkonzepte, wie Formen offenen Unterrichts oder Projektarbeit, entwickelt, auf die man gerade in der aktuellen Debatte wieder zurückgreift. Ausgehend vom Leitbild des autonomen

Lerners, der durch enge Lehrervorgaben im Prinzip am Lernen gehindert wird, zeichnen sich diese Konzepte in der Regel durch eine Betonung selbstorganisierter, schülerorientierter und entsprechend wenig lehrergeleiteter Lernformen aus.

Eine intensive, dann auch wissenschaftlich geleitete, Auseinandersetzung mit den Möglichkeiten einer differenzierten bzw. differenzierenden Unterrichtsgestaltung, setzte in den 1960/70er Jahren ein (dazu Rauin 1987; Trautmann/Wischer 2008), wobei sich bis heute zwei, oft nach wie vor noch wenig aufeinander Bezug nehmende, Arbeitsfelder und Diskurse unterscheiden lassen:

- In der Allgemeinen Didaktik wurden und werden Varianten von Unterrichtsdifferenzierung in Abgrenzung zur äußeren Differenzierung diskutiert und als Strategie favorisiert, um der Verschiedenheit der Lerner besser gerecht werden und Schüler optimal fördern zu können (z.B. Klafki/Stöcker 1976). Entwickelt wurden schon damals vielfältige Dimensionen- und Kriterienraster für *Binnendifferenzierung*, die in erster Linie als Orientierungshilfe, nicht als gebrauchsfertige Konzepte gedacht waren. Das bedeutet (und ist für unsere nachstehende kritische Reflexion folgenreich): Es wurden und werden vielfältige Möglichkeiten aufgezeigt, deren Einlösung dann aber in die Entscheidung und Verantwortung der einzelnen Lehrkräfte gestellt.
- In der schon mehrmals erwähnten psychologischen, zunächst vorrangig US-amerikanischen Lehr-Lern-Forschung, setzt(e) man bei der empirischen Frage nach Wechselwirkungen zwischen Schülermerkmalen und Unterrichtsmethoden an (im Überblick z.B. Corno/Snow 1986), um von dort aus Modelle für *adaptiven* Unterricht zu entwickeln. Die Zielrichtung lag also auch hier auf einer besseren Passung zwischen Lernervoraussetzungen und Lernangebot. Stärker als die deutsche Allgemeine Didaktik orientiert(e) man sich aber am instruktionspsychologischen Paradigma und auch an der Idee einer planbaren Unterrichtstechnologie. Ein bis heute prominentes Modell ist das zielerreichende Lernen bzw. ‚mastery-learning' (vgl. Bloom 1973).

Es ist hier nicht der Ort, um auf die im Verlauf der Geschichte so zahlreich entwickelten Konzepte und Ideen im Einzelnen einzugehen (z.B. schon Bönsch 1970; aktuell Paradies/Linser 2001; Boller/Lau 2010). Wir skizzieren die zentralen Aspekte nur schlaglichtartig:

- Im Gegensatz und Abgrenzung zur äußeren, d.h. dauerhafteren Differenzierung, soll innerhalb der bestehenden Lerngruppe in Teilgruppen (=Differenzierung) oder gar für jedes Individuum (=Individualisierung) an die Ausgangslagen der Lernenden angeknüpft werden.

- Als vorrangiges Ziel gilt – in Abgrenzung zu gleichschrittigen, vereinheitlichen Verfahren – eine bessere Passung zwischen Lernangebot und individuellen Lernervoraussetzungen. Es geht also nicht um ein bloßes Nebeneinander verschiedener, sondern um ‚richtig' abgestimmte Lernaktivitäten.
- Zur Realisierung gibt es ein breites, kaum überschaubares Spektrum von Methoden, Differenzierungskriterien und -strategien: Die Möglichkeiten reichen vom Einsatz einzelner methodischer Verfahren der Differenzierung und Individualisierung des Unterrichts bis hin zu komplexen Programmen zur Gestaltung der gesamten schulischen Lernumwelt. *Grundbausteine*, die man jedoch meistens antrifft, haben wir Kasten 4.2 zusammengestellt.

- *Lerndiagnosen*, die aktuelle Stärken oder Defizite in spezifischen Teilbereichen eruieren, sowie *Lernaufgaben und -angebote*, die eine Passung zwischen Lernvoraussetzungen und Lernzielen ermöglichen.
- Unterschiedliche *Ziele und Unterrichtsinhalte:* Diese können sich von Schüler zu Schüler unterscheiden, mit dem Effekt eines differenzierten/differenzierenden Curriculums. Die Rede ist auch von ‚zielgleichem' und ‚zieldifferentem' Lernen. Oder es können im ‚Fundamentum' jene Lernziele festgehalten werden, die für alle SchülerInnen in gleicher Weise relevant sind; im ‚Additum' finden sich Zusatzaufgaben, interessante Anwendungen, Vertiefungen und Übertragungen für diejenigen, die von einer Erarbeitung im Durchschnittstempo unter- oder überfordert sind oder denen spezielle Übungsmöglichkeiten angeboten werden sollen.
- Dies alles ist eingebettet in *flexible Unterrichtsformen*, die das Lernen an unterschiedlichen Aufgaben zulassen. Hier werden oft reformpädagogische Konzepte wie Frei- und Planarbeit oder Projekte genannt. Daneben verbinden sich auch hohe Erwartungen mit verschiedenen Formen des kooperativen Lernens.
- Voraussetzung ist die Anbahnung *selbständigkeitsorientierter Lernformen:* Unterschiedliche, aber zeitgleich ablaufende Lernprozesse sind nur möglich, wenn die Lerner ihren Lernprozess eigenständig(er) organisieren können. Neben der Entwicklung und Vorgabe von Lernaufgaben wirkt die Lehrperson durch *Lernberatung* und durch *Instruktion*, wo diese helfen, Lernziele zu erreichen.
- Formen der *Leistungsbeurteilung*, die individualisierten Lernwegen nicht widersprechen, sowie ein ökonomisches System der *Leistungsdokumentation*, das es erlaubt, Lernstand, Fördermaßnahmen und Diagnosen festzuhalten (z.B. in Form eines ‚Förderplans').
- *Didaktische Materialien* und *Räumlichkeiten*, die innere Differenzierung erleichtern.

Kasten 4.2: Grundbausteine innerer Differenzierung (vgl. Altrichter et al. 2009)

Derartige Vorschläge findet man im Übrigen nicht nur in der deutschsprachigen Literatur, sondern auch in zahlreichen angloamerikanischen Veröffentlichungen – hier unter den Stichworten ‚Differentiation', ‚Adaptive teaching', ‚Teaching mixed-ability groups' (z.B. Tomlinson 2004; Oakes/Lipton 2006). Autoren wie Westwood (2002: 18) sprechen angesichts der weltweit ähnlichen Empfehlungen sogar von einer „'new orthodoxy' in published pedagogy".

Hilfreich für eine Übersicht in diesem verwirrenden Feld ist noch der Hinweis, dass sich bei den jeweiligen Konzepten zwei differente Grundvorstellungen identifizieren lassen, was den Grad an Strukturierung (und auch Kontrolle) der Lernprozesse seitens der Lehrperson betrifft: An reformpädagogischen Leitbildern orientierte Empfehlungen tendieren eher zu schülerzentrierten und offenen Varianten. Passung und Differenzierung werden im Prinzip von den Lernenden selbst vorgenommen. LehrerInnen fungieren in erster Linie als Lernbegleiter oder Moderatorin, und Unterrichten heißt Bereitstellung anregender Lernumgebungen für weitgehend selbstgesteuerte Lernprozesse. Andere, eher an der Lehr-Lern-Forschung orientierte Konzepte setzen dagegen deutlich stärker auf passgenaue Instruktion und interaktionale Strukturierung durch die Lehrperson, die im Prinzip die Auswahl und Zuweisung von Aufgaben vornimmt und Differenzierung in einem weitgehend lehrerzentrierten Unterricht herstellt. Hier nimmt die minutiöse Vorausplanung und Lehrerdiagnose der individuellen Schülerkompetenzen einen ungleich größeren Stellenwert ein.

Ausgewählte Forschungsbefunde zu innerer Differenzierung

Für einen heterogenitätssensiblen Unterricht gibt es also nicht erst seit heute ein überaus reichhaltiges Angebot an Vorschlägen. Fragt man jedoch, wie verbreitet solche Lernarrangements – national wie international – sind, stößt man allerdings eher auf ernüchternde Befunde (im Überblick Altrichter et al. 2009). Für Deutschland können neuere Studien zwar aufzeigen, dass die noch für die 1980er Jahre festgestellte Dominanz des Frontalunterrichts zugunsten von selbstständigkeitsorientierten Lernformen zurückgegangen ist. Die Umsetzung von organisatorisch komplexeren Elementen, die eine differenziertere Passung erlauben, scheint aber selten und in eher bescheidenem Ausmaß realisiert zu werden. Wenn differenziert wird, geschieht dies meist ,nur' über zusätzliche Aufgaben bzw. dem Zur-Verfügung-Stellen von mehr Zeit. So bilanzieren etwa die ForscherInnen der IGLU-Studie 2001 (Bos et al. 2003: 257) für den Unterricht der Grundschule, der gemeinhin eine gegenüber der Sekundarstufe schon besonders ,innovative' Unterrichtspraxis attestiert wird: „Die Tatsache, dass zwei Drittel der Schülerinnen und Schüler einen Unterricht erfahren, in dem mit den gleichen Übungsaufgaben und dem gleichen Material gearbeitet wird, lässt vermuten, dass eine individuelle, auf Fehlerschwerpunkte abzielende Förderung im Rechtschreibunterricht keine Selbstverständlichkeit ist".

Ähnlich lesen sich internationale Studien. Simpson/Ure (1993) berichten von zwei größeren Studien für den Primar- und Sekundarbereich, die in den 1990er Jahren in Schottland durchgeführt wurden. Untersucht wurde, ob die von Lehrkräften, die als ‚gute Differenzierer' galten, zugewiesenen individuellen Aufgaben eine Passung (‚matching') zum Verstehen und der Kompetenz der Schüler aufwiesen. Als Ergebnis wird festgehalten, dass dies entgegen den Lehrerintentionen oft nicht der Fall war: die Aufgaben waren oft zu leicht oder zu schwer.

Zusammengefasst ist also ein recht kritisches Fazit für die Verbreitung differenzierender Unterrichtsarrangements geboten: Viele LehrerInnen bemühen sich zwar um einen methodisch abwechslungsreichen und schüleraktivierenden Unterricht. Innere Differenzierung ist – mit Ausnahme einiger Reforminseln – in der Schulpraxis aber (noch?) kaum verbreitet; die konzeptionell angelegten Möglichkeiten werden lediglich in bescheidenen Grenzen genutzt. Auch zur Frage der Effekte binnendifferenzierender Maßnahmen und Unterrichtsarrangements ist das Bild nicht einheitlich (s. Kasten 4.3).

In der programmatischen Literatur werden ‚Erfolge' oft durch Fallbeschreibungen illustriert, was für die Wirkungsfrage aber nur wenig ergiebig ist. Wellenreuther (2005: 36) weist explizit auf die Problematik von Erfahrungsberichten hin, indem er vor deren suggestivem Potenzial warnt: „Eine solche Erzählung unterstellt immer unausgesprochen, die angepriesene Methode würde die angestrebten Lernziele besonders schnell und umfassend erreichen". Allerdings: Die Forschung zu Effekten von Unterrichtsdifferenzierung ist spärlich und hat mit erheblichen methodologischen Schwierigkeiten zu kämpfen. Neben grundsätzlichen Problemen von Wirkungsanalysen ist vor allem relevant, dass innere Differenzierung kein klar umrissenes Konzept ist, sondern vielfältige Realisierungsformen einschließt. Schon die Maßnahme selbst ist also nur schwer zu erfassen. Gleichwohl zeichnet sich ab: Für differenzierende und offenere Unterrichtsformen werden im Vergleich zu traditionellem Unterricht in der Regel leichte Vorteile für das soziale Lernen, aber eher Nachteile für das fachliche Lernen berichtet (z.B. Lüders/Rauin 2004: 709ff.). Einen solchen negativen Zusammenhang zwischen dem fachlichen Lernen und dem von SchülerInnen berichteten Ausmaß binnendifferenzierender Maßnahmen findet z.B. Gruehn (2000). Sie vermutet, dass solche Maßnahmen „aufgrund ihres erhöhten Organisationsbedarfs und ihrer durch individuelle Lerntempi bedingten potenziellen Leerlaufphasen für einzelne Schüler(-gruppen) mehr Unterrichtszeit benötigen als nicht differenzierende Unterrichtsangebote" (ebd.: 206).

Kasten 4.3: Wirksamkeit von binnendifferenzierenden Maßnahmen

Auch andere zentrale Fragen, wie fächerspezifische Besonderheiten oder Vor- und Nachteile des Einsatzes von Differenzierung in bestimmten Phasen des Unterrichts, müssen aus unserer Sicht nach wie vor als ungeklärt gelten.

Die Diskrepanz zwischen den schon lange existierenden Vorschlägen und Empfehlungen auf der einen Seite, und den ebenso seit Jahrzehnten bestehenden Implementationsproblemen auf der anderen Seite nehmen wir nun zum Ausgangspunkt, um möglichen Problemen bzw. programmatischen Fallen ausführlicher auf den Grund zu gehen. Dazu erweitern wir die im aktuellen Diskurs oft nahe gelegte Lesart, wonach die fehlende Umsetzung – mindestens indirekt – der mangelnden Lehrerbereitschaft anzulasten ist: Die Praxis wird in ihren Unzulänglichkeiten kritisiert, um dann an die Lehrkräfte zu appellieren, doch endlich umzusetzen, was sie aus vielen guten Gründen umsetzen sollten. Unterstützt werden die Appelle durch lange Listen an Umsetzungsvorschlägen, oft ergänzt durch Fallbeschreibungen, die einen Einblick in gut gelungene Aktivitäten erlauben. Innere Differenzierung erscheint im Grunde als ein Innovationserfordernis, das wider besseren Wissens und ohne einsehbare Gründe nicht eingelöst wird. Eine solche Interpretation lässt sich mit folgenden kritischen Rückfragen bzw. anders gearteten Lesarten konfrontieren (auch Wischer/Trautmann 2010).

(1) *Institutionelle Vorgaben*
Ein erster Problembereich betrifft die institutionellen Rahmenbedingungen. Dazu gehören nicht nur Aspekte wie Klassengrößen, Vorgaben des Lehrplans, der übliche 45-Minuten-Takt, fehlende Materialien, ein höherer Vorbereitungsaufwand, ungünstige räumliche Bedingungen oder in der Sekundarstufe das Fachlehrerprinzip, die allein schon – wie Lehrerbefragungen zeigen (z.B. Roeder 1997) – die guten Absichten behindern. Mit Blick auf die schultheoretischen Prämissen von Fend ist auch daran zu erinnern, dass schulisches Lernen anders als private Lernangebote in festen Bahnen von Verrechtlichungen und institutionellen Regelsystemen stattfindet, die Gestaltungsoptionen eröffnen oder verschließen, besonders aber eine systemspezifische Logik des Handelns entfalten. Wir heben zwei Implikationen dieser schultheoretischen Perspektive hervor:

▪ *Didaktisch-methodische Handlungsspielräume und -grenzen*
Mit Blick auf das Mehrebenenmodell schulischer Handlungsbedingungen gibt es zwar zweifellos didaktisch-methodische Gestaltungsspielräume. Die Handlungsoptionen auf der Mikroebene sind aber immer vor dem Hintergrund von Vorgaben der nächst höheren Ebene zu sehen (z.B. von Saldern 2007). Innere Differenzierung wird – um einige Beispiele zu nennen – nur mit Mühe gelingen, wenn auf der Ebene der Einzelschule (der Mesoebene, s. Kap. 5) die notwendigen Schülerkompetenzen für selbstständiges Lernen nicht systematisch angebahnt

werden, Fachlehrkräfte nur mit wenigen Stunden in einer Lerngruppe eingesetzt sind und dafür jeweils nur Einzelstunden zur Verfügung stehen.

- *Multiple Aufgabenstruktur von Schule und Lehrerhandeln*
In der Schule bzw. im Unterricht geht es nicht nur um Förderung und optimales Lernen, sondern es sind auch Vorgaben und Anforderungen zu berücksichtigen, die aus den gesellschaftlichen Funktionen der Schule resultieren. Fend (2008: 235ff.) arbeitet diese Problematik aus, indem er für die Unterrichtsgestaltung zwischen einer *primären* und *sekundären* Rekontextualisierung unterscheidet. Unter primärer Rekontextualisierung wird – vereinfacht wiedergegeben – gefasst, was wir mit pädagogischen Aufgaben der Schule beschrieben haben: die adaptive Vermittlung von Bildung an die SchülerInnen inklusive deren bestmögliche Förderung. Unter sekundärer Rekontextualisierung fasst Fend die Anforderungen, die aus den institutionellen Rahmenbedingungen bzw. den gesellschaftlichen Erwartungen und Funktionen resultieren (s. Kap. 3.3). Zwei ‚Sekundärtransformationen' werden genannt:

Orientierung an Bildungsstandards: Als Ausdruck der Qualifikationsfunktion setzen Lehrplanvorgaben und Standards einen Anforderungsrahmen für schulisches Lernen, an dem sich Lehrkräfte bei der Unterrichtsgestaltung orientieren müssen: „Damit" – so beschreibt Fend (ebd.) eine mögliche Konsequenz – übernähme „das Inhaltsprogramm die primäre Regie und die Schüler müssen versuchen, sich ihm anzupassen. Die Feinabstimmung an dem, was Schülerinnen und Schüler gerade wissen, tritt in den Hintergrund".

Leistungsbewertung und Selektion: Lehren und Lernen – so erneut der Hinweis auf die Selektions- und Allokationsfunktion der Schule – zielen nicht nur auf optimale Förderung, sondern „Ergebnisse des Lehrens und Lernens werden zum Anlass, um über Leistungsprüfungen Selektionen zu unterschiedlich hoch bewerteten Bildungsgängen vorzunehmen" (ebd.: 264). Fend arbeitet die eigenständige Dynamik heraus, die sich durch solche Prüfungsanforderungen entfaltet: So müssten sich „Lehrerinnen und Lehrer [...] zusätzlich daran orientieren, dass sie rechtfertigbare Leistungsunterschiede feststellen" (ebd.), was nicht nur Folgen für die Auswahl von Inhalten, sondern auch für die Unterrichtsgestaltung hat. Zu befürchten sind etwa aus Lehrersicht Akzeptanzprobleme bei Schülern und Eltern, wenn ein differenziertes (also ungleiches) Lernangebot bereitgestellt wird, letztlich aber doch nach einem einheitlichen Maßstab bewertet werden muss.

(2) *Komplexitätszuwachs*
Innere Differenzierung ist – gerade gegenüber dem ‚whole-class teaching' – eine in mehrfacher Hinsicht anspruchsvollere Konzeption. Während sich der am ‚imaginären Durchschnittsschüler' orientierte, meist gleichschrittig organisierte Frontalunterricht durchaus als eine Lehrerstrategie deuten lässt, Komplexität zu reduzieren, um in der Unterrichtssituation überhaupt handlungsfähig zu sein,

wird die Komplexität des an sich schon komplexen Handlungsfeldes jetzt noch einmal deutlich gesteigert: Nicht einen kollektiven Lernprozess gilt es zu planen, zu arrangieren und im Auge zu behalten, sondern man hat es mit einer Vervielfachung parallel ablaufender, aber unterschiedlich angelegter Lernprozesse zu tun, was eine Vervielfältigung, aber auch eine deutliche Verkomplizierung von Entscheidungsprozessen nach sich zieht.

Wir erinnern an das Kapazitätsproblem bei der Informationsverarbeitung, das uns schon bei der Diagnostik begegnet ist und das sich hier noch einmal verschärft: Da innere Differenzierung kein bloßes Nebeneinander unterschiedlicher Lernaktivitäten meint, sondern Methoden und Förderstrategien zum jeweiligen Lernstand passen sollen, ist neben der Diagnose eine zielgenaue Auswahl aus einem breiten Repertoire an Unterrichtsstrategien erforderlich. Dabei kommt erschwerend hinzu, dass sich von außen nur wenig Konkretes darüber aussagen lässt, wie eigentlich im Einzelnen aus dem Spektrum an Möglichkeiten ausgewählt werden soll: Da das Ziel in einer optimalen Passung zwischen Lernvoraussetzungen und -angebot besteht und zugleich in vielerlei Hinsicht beschreibbare Lernvoraussetzungen (z.B. Interesse, Vorwissen) zu berücksichtigen sind, auf die mit einem immensen Variationspotenzial passend reagiert werden soll, kann von außen auch keine Technologie bereitgestellt werden, weil nur die einzelne Lehrkraft über das jeweils notwendige Kontextwissen verfügt: „In den herkömmlichen Unterrichtsmodellen" – so beschrieb schon Weinert (1997: 50) das Problem treffend – „wird die Notwendigkeit der Individualisierung abgeleitet, ohne im Einzelnen anzugeben, welche differenziellen Unterrichtsformen, Lehrmethoden und sozialen Interaktionsmodi unter welchen klassenspezifischen Bedingungen und im Hinblick auf welche pädagogischen Zielsetzungen zu praktizieren sind, um die erwünschten Effekte zu erzielen, unerwünschte Nebenwirkungen zu vermeiden und den Lehrer nicht heillos zu überfordern."

Weinerts Feststellung weist noch auf ein weiteres Problem hin. Es ergibt sich aus der Differenz zwischen einer konzeptionellen Idee (der Theorie) und ihrer Umsetzung (der Praxis): Theoretisch lassen sich die Optionen für Differenzierung unendlich steigern, praktisch verfängt man sich aber schnell in einer kaum noch handhabbaren Komplexität. Es ist dies ein Aspekt, der auf die Implikationen (und programmatischen Fallen) der gewählten Bezugstheorien aufmerksam machen kann. Denn bezieht man sich, wie in der aktuellen Reformdebatte oft üblich, auf reformpädagogische Leitideen, aber auch auf konstruktivistische Lerntheorie (s. Kap. 1), dann gelten Lehr-Lern-Prozesse gemeinhin als nicht plan- bzw. technologisierbar. Differenzierung stellt sich in dieser Lesart gewissermaßen automatisch ein, indem entweder SchülerInnen selbst auswählen, was für sie gerade passend ist, oder indem LehrerInnen solche Angebote bereitstellen. Das bedeutet: Von ‚außen' kann man zwar vielfältige Reformempfehlungen geben (und weit reichende Wirkungsfantasien entfalten), Umsetzungsfragen und -probleme aber gut begründet der einzelnen Lehrkraft bzw. den SchülerInnen überlassen. Das Ergebnis sind lange Listen von Differenzierungskriterien, -verfahren und -methoden, die zur Komplexitätsfalle werden: Die scheinbar unbegrenzten Optionen werden zu einem unüberschaubaren Gewirr, in dem sich LehrerInnen und SchülerInnen gleichermaßen leicht verlieren können.

(3) Zielkonflikte im differenzierenden Unterricht
Eine bisher noch weitgehend vernachlässigte Frage betrifft Ziele und dann auch Zielkonflikte von innerer Differenzierung: Für Differenzierung stehen nicht nur diverse Kriterien und Methoden zur Verfügung, sondern es geht auch um das Ausbalancieren unterschiedlicher Ziele (und Effekte). Wir verweisen nur auf zwei, in der Reformdebatte oft übersehene, Konfliktbereiche:

▪ *Orientierung an gleichen Standards für alle oder Unterschiede machen?*
Differenzierender Unterricht soll an die Lernervoraussetzungen angepasst erfolgen, so dass jeder Schüler und jede Schülerin das bekommt, was er und sie benötigt. Lehrkräfte oder auch SchülerInnen müssen dazu mit verschiedenen Aufgaben, Methoden, Zielen usw. arbeiten. Die im Reformdiskurs immer wieder beklagte Orientierung an einheitlichen und gleichen Anforderungen für alle SchülerInnen kann allerdings auch Argumente für sich beanspruchen. Ein differenzierendes Curriculum kann nämlich schnell zu einem *reduzierten* Curriculum für bestimmte Schüler(gruppen) werden (vgl. Westwood 2002): Wer immer wieder Arbeitsblätter auf niedrigerem – da ja differenziert angepasstem – Niveau erhält oder selbst auswählt, wer mit weniger anspruchsvollen Aufgaben, mit mehr Zeit und verringerten Zielen bearbeitet, bliebt womöglich gerade durch die guten pädagogischen Intentionen in seinem Niveau be- und gefangen; die bestehenden Unterschiede würden in einem solchen Unterricht eher noch verstärkt, die SchülerInnen sich der Fähigkeitseinteilung durch die Lehrperson eher noch stärker als zuvor bewusst. Dagegen stünde eine Strategie, die anspruchsvolle Ziele für alle definiert und die Lerngruppe gerade nicht in Teilgruppen unterscheidet, sondern effektiv für alle zu unterrichten versucht; zumindest müssen Differenzierung und ‚gleicher Unterricht für alle' aber von Lehrpersonen aus den genannten Gründen immer wieder miteinander ausbalanciert werden.

▪ *Orientierung am Einzelnen oder an der Lerngruppe?*
Da man aus pädagogischer Perspektive die optimale Förderung des einzelnen Kindes als zentrale Zielstellung proklamiert, wird schnell übersehen, dass neben solche *individuellen* (auf den einzelnen Lerner bezogenen) Kriterien auch *kollektive* Kriterien treten, die die Verteilung von Leistungsmerkmalen, also die inter-

individuellen Leistungsunterschiede betreffen (vgl. Baumert et al. 1987). Einer inneren Differenzierung im Sinne einer optimalen Förderung des Einzelnen steht dann der Anspruch entgegen, die Leistungsstreuung in einer Lerngruppe so zu begrenzen, dass gemeinsames Lernen noch möglich bleibt (Helmke 2004: 22) – eine Lerngruppe wäre ansonsten kaum mehr als eine Ansammlung individuell nach Höchstleistung strebender Einzelner. Ausschlaggebender sind jedoch mit der Allokationsfunktion der Schule verknüpfte Fragen der Chancengerechtigkeit auch im Unterricht: Da unterschiedliche Schülerleistungen am Ende in unterschiedliche (und ungleichwertige) Abschlüsse münden, die diesbezüglichen Startchancen von SchülerInnen jedoch erheblich variieren, stellt sich das folgende Dilemma: Zielt innere Differenzierung nur auf optimale Leistungsentwicklung ('excellence'), dann hieße dies in Kauf zu nehmen, dass die ungleichen Ausgangsvoraussetzungen erhalten bzw. sogar noch vergrößert werden (sog. Matthäus-Effekt: 'Wer hat dem wird gegeben'). Disparitätenausgleich ('equality') hingegen kann konsequent gedacht nur dann erreicht werden, wenn Lernende gezielt ungleiche bzw. „schwächere bzw. benachteiligte SchülerInnen mehr und die anderen weniger Förderung erhielten" (Ditton 2010: 65)[17].

(4) Lehrerkompetenzen und Schülervoraussetzungen
Eine letzte kritische Anfrage betrifft die Ansprüche auf Lehrer- wie auch auf Schülerseite: Findet Lernen nicht mehr im Gleichschritt statt, dann wird eine deutlich erhöhte Aufmerksamkeit für parallel ablaufende Prozesse erforderlich, was neben langjährigen Routinen auch elaborierte *Lehrer*kompetenzen voraussetzt. Andererseits sind unterschiedliche, aber zeitgleich ablaufende Lernprozesse nur dann realisierbar, wenn die *Lerner* – sei es allein oder in Gruppen – ihren Lernprozess eigenständig(er) organisieren können und wollen.

■ *Lehrerkompetenzen*
Die Frage nach den erforderlichen Lehrerkompetenzen spielt in der Reformdiskussion oft nur am Rande eine Rolle – ein Problem, das unseres Erachtens sowohl mit reformpädagogischen Unterrichtsleitbildern (Lehrer werden Lernbegleiter, SchülerInnen steuern sich weitgehend selbst) wie auch mit der Zentralität des bereits diskutierten Einstellungsarguments verknüpft ist. Besser fassen lassen sich die Ansprüche deshalb, wenn man Studien zum adaptiven Unterricht befragt, die in der Tradition der empirischen Lehr-Lern-Forschung stehen. Eine

---

[17]   Schon Heckhausen hatte in seinem Gutachten für den Deutschen Bildungsrat 1974 darauf hingewiesen, dass ein Leistungsausgleich in leistungsheterogenen Klassen mindestens teilweise durch die Verlangsamung des Lernfortschrittes der guten SchülerInnen erreicht wird (empirisch dazu Kronig 2007: 155-170).

solche Studie haben unlängst Beck et al. (2008) vorgelegt und darin sog. *adaptive Lehrkompetenz* genauer beschrieben und untersucht (s. Kasten 4.4).

Hohe adaptive Lehrkompetenz zeichnet sich aus durch
- „reichhaltiges, flexibel nutzbares eigenes Sachwissen, in dem sich die Lehrperson leicht und rasch geistig bewegen kann (Sachkompetenz),
- die Fähigkeit, bezogen auf den jeweiligen Unterrichtsgegenstand die Lernenden bezüglich ihrer Lernvoraussetzungen und -bedingungen (Vorwissen, Lernweisen, Lerntempo, Lernschwächen usw.) sowie ihrer Lernergebnisse zutreffend einschätzen zu können (diagnostische Kompetenz);
- reichhaltiges methodisch-didaktisches Wissen und Können, wozu auch gehört, dass die Lehrperson die Vor- und Nachteile der einsetzbaren didaktischen Möglichkeiten und die Bedingungen kennt, unter denen diese Erfolg versprechend eingesetzt werden können (didaktische Kompetenz) sowie
- die Fähigkeit, eine Klasse so zu führen, dass sich die Lernenden – als Grundvoraussetzung für Lernfortschritt und Lernerfolg – aktiv, anhaltend und ohne ein Zuviel an störenden Nebenaktivitäten (hohe time on task-Werte) mit dem Unterrichtsgegenstand auseinandersetzen können (Klassenführungskompetenz)".

Kasten 4.4: Elemente adaptiver Lehrkompetenz nach Beck et al. (2008 : 41)

Diese Auflistung kann deutlich machen: Es handelt sich einmal um ein recht elaboriertes Kompetenzprofil, das sich erst im Verlauf langjähriger Berufspraxis entwickelt. Gleichzeitig gibt es Aspekte wie Sachwissen und Klassenführung, die im hier thematisierten Reformdiskurs zumeist gar nicht vorkommen.

- *Schülerkompetenzen*

Die meisten Verfahren von Unterrichtsdifferenzierung setzen voraus, dass die Lerner – sei es allein oder in Gruppen – ihren Lernprozess eigenständig(er) organisieren können und wollen. Selbstgesteuertes Lernen ist allerdings sehr voraussetzungsreich. Anders als in reformerischen Idealbeschreibungen, in denen eine solche Motivation und Kompetenz bei allen Lernern überdurchschnittlich ausgeprägt scheint, verweisen Lehrerbefragungen darauf, dass die notwendigen Schülervoraussetzungen erhebliche Probleme bereiten (z.B. Roeder 1997), wobei die Lernkompetenzen bzw. das allgemeine Leistungsniveau einer Klasse offenbar besonderes Gewicht besitzen. So zeigen Befunde der Lehr-Lern-Forschung, dass „Lehrer einen qualitativ besseren Unterricht halten, wenn ein günstiges kognitives Eingangsniveau der Klasse vorliegt" (Gruehn 2000: 62). Und so berichten es auch von uns befragte Lehrkräfte: In leistungsstarken und gut motivierten Lerngruppen sei innere Differenzierung besser zu realisieren, während sie in schwach-homogenen Gruppen, in denen es an Leistungsstarken bzw. an einer ausgewogenen Leistungsmitte fehle, große Schwierigkeiten sehen.

Um es abschließend noch einmal zu betonen: Mit diesen kritischen Einwänden sprechen wir uns nicht gegen die Reformforderungen aus, die in der Regel gut begründet und auch nachvollziehbar sind. Deutlich sollte aber werden, dass ‚der Teufel im Detail steckt' und dass innere Differenzierung für Lehrende eine nicht zu unterschätzende psychologische Belastung darstellen kann, wie dies ein von uns befragter Lehrer formuliert:

> „Binnendifferenzierung ist für mich das Wort des schlechten Gewissens und von daher negativ besetzt. Seitdem ich an der Gesamtschule bin, spukt dieses Wort immer rum. Für jedes Problem, wenn irgendwas auf die Tagesordnung kommt, was aus einer heterogenen Schülerschaft entspringt, kommt das Wort Binnendifferenzierung. Auch für die Referendare ist es das Zauberwort. Das führt dazu, dass jeder Lehrer das Gefühl hat, da gibt es einen Anspruch, der an mich gestellt wird, die Quadratur des Kreises, die ich schaffen soll, aber ich tue es nicht, also bin ich ein schlechter Lehrer".

4.4 Der Umgang mit Heterogenität als Balanceakt – professionstheoretische Überlegungen

Folgt man dem Reformdiskurs, dann ist ein angemessener Umgang mit Heterogenität zuallererst eine Herausforderung für das Lehrerhandeln. Dies ist einerseits plausibel: Selbst wenn man einbezieht, dass auch auf der Ebene der Organisation Lösungsstrategien ansetzen sollten und strukturelle Vorgaben hohen Einfluss besitzen, nimmt der ‚Umgang' mit Heterogenität doch erst auf der Interaktionsebene konkrete Gestalt an. Und auch die im Einzelnen genannten Anforderungen halten wir – so haben wir hoffentlich deutlich machen können – im Kern für jeweils gut begründbar. Auf der anderen Seite tun sich aber bei näherer Betrachtung doch Probleme auf, die in den engagiert vorgetragenen Reformempfehlungen nicht deutlich genug gesehen werden. Im Folgenden wollen wir uns derartigen Problemen noch einmal kurz aus einer explizit *professionstheoretischen* Perspektive zuwenden: Welche Lehrerleitbilder, welche Vorstellungen von professionellem Handeln verbergen sich hinter den Reformempfehlungen? Und wie sind diese professionstheoretisch einzuordnen?

Grundsätzlich gilt, dass Fragen der Lehrerprofessionalität – ähnlich wie schultheoretische oder allgemein- und fachdidaktische Betrachtungen – aus sehr unterschiedlichen Perspektiven und Zielstellungen verhandelt werden: Es gibt Reflexionen darüber, wie ein guter Lehrer sein sollte, es gibt empirische Studien zu Lehrermerkmalen und -kompetenzen, etwa im Hinblick auf die Gestaltung erfolgreichen Unterrichts, und es gibt soziologische Analysen zu der Frage nach den Bedingungen und Merkmalen professionellen Handelns. Neben diesen Unterschieden, die nicht zuletzt auf die jeweilige disziplinäre Verortung und wissenschaftliche Vorgehensweise zurückzuführen sind, lassen sich auch unterschiedliche Leitbilder für den Lehrerberuf ausmachen, in denen Vorstellungen darüber zum Ausdruck kommen, welche Aufgaben man dem Lehrerberuf überhaupt zuschreibt. Solche Auffassungen sind eng verknüpft mit grundsätzlichen Leitbildern der Schule: Wer etwa die Schule vorrangig als Ort der Wissensvermittlung betrachtet, wird sich an einem anderen Lehrerleitbild orientieren und andere Akzente im Hinblick auf Lehrervoraussetzungen und -kompetenzen setzen als jemand, der die erzieherischen Aufgaben der Schule betont.

Wendet man sich unter diesem Vorzeichen der Frage zu, welches der spezifische Blickwinkel im Heterogenitätsdiskurs ist, dann scheint darin ein normativ-idealistisches Lehrerleitbild zum Ausdruck zu kommen, das in engem Zusammenhang zu reformpädagogischen Bildern von Schule steht (s. Kap. 1): Schule, und damit auch LehrerInnen – so könnte man zugespitzt zusammenfassen – haben sich allein am Wohle jedes einzelnen Kindes resp. Jugendlichen zu orientieren, Unterrichten heißt ausschließlich Fördern und gute Praxis wird vor allem durch ein entsprechendes Lehrerethos garantiert.

Diesem Lehrerleitbild lassen sich nun aber auch anders akzentuierte bzw. sogar konkurrierende Konzepte gegenüberstellen, mit denen sich die Probleme des im Diskurs gezeichneten Lehrerleitbildes noch einmal schärfen lassen. Wir gehen auf zwei Ansätze knapp ein.

(1) Empirisch fundierte Modelle der Lehrerprofessionalität
Hervorzuheben sind einmal Ansätze, die auf empirisch fundierte Merkmale für erfolgreiches Lehrerhandeln setzen und dabei besonders die Frage nach den erforderlichen und tatsächlich vorhandenen Kompetenzen in den Vordergrund rücken (z.B. Baumert/Kunter 2006). Einen solchen Ansatz haben wir weiter vorn exemplarisch mit der Studie von Beck et al. (2008) angesprochen: Die WissenschaftlerInnen – so hatten wir gezeigt – haben sich nicht mit Einstellungen und motivationalen Orientierungen von LehrerInnen auseinandergesetzt. Vielmehr ging es ihnen um die Frage, welcher Kompetenzen es für eine adaptive Unterrichtsgestaltung bedarf und vor allem auch: ob und wie sich solche Kompetenzen systematisch entwickeln lassen. Dabei konnte z.B. gezeigt werden, dass die adaptive Planungskompetenz durch gezielte Fortbildung (hier: ein Seminarkurs plus Einzelcoachings über sechs Monate) durchaus steigerbar ist, wenngleich sich die Auswirkungen auf das Handeln im Unterricht bei dieser Art von Intervention noch in Grenzen hielten. Für eine Verbesserung der adaptiven Handlungskompetenz wären offensichtlich noch einmal deutlich mehr Ressourcen

aufzuwenden: „Um handlungsrelevante Unterrichtsmuster und -konzepte bei Lehrpersonen zu verändern, braucht es vermutlich eine noch längere Coachingphase" (ebd.: 176).

(2) Strukturtheoretische Konzepte der Lehrerprofessionalität
Einen anderen Zugang eröffnen stärker soziologisch orientierte Konzepte, die bei den strukturellen Bedingungen des Lehrerhandelns ansetzen. Dabei wird in Übereinstimmung mit unseren schultheoretischen Argumenten der Lehrerberuf als ein Beruf beschrieben, der nicht nur durch zahlreiche, sondern durch widersprüchliche Anforderungen gekennzeichnet ist. Die Rede ist auch von Antinomien (vgl. Helsper 1996), um zum Ausdruck zu bringen, dass hier im Kern unvereinbare Anforderungen aufeinanderprallen: Sie lassen sich nicht einseitig nach einer Seite hin auflösen, Lehrkräfte müssen ihnen aber doch gleichzeitig gerecht werden. Solche antinomischen Anforderungen haben wir im Prinzip schon an unterschiedlichen Stellen herausgearbeitet:

▪ *Differenzierungsantinomie*
Lehrkräfte sind gerade unter dem Gesichtspunkt der Allokationsfunktion einerseits dazu verpflichtet, alle SchülerInnen gleich zu behandeln, also vereinheitlichend vorzugehen: Niemand darf benachteiligt oder bevorteilt werden. Dagegen steht die Partikularität, d.h. die Einzigartigkeit der Schülerindividuen: Aufgrund der Unterschiede und individuellen Besonderheiten auf Seiten der SchülerInnen sind, so ja die immer wiederkehrende Forderung im Heterogenitätsdiskurs, gezielte Ungleichbehandlungen erforderlich, um Benachteiligungen und Bildungsdefizite auszugleichen. Das bedeutet: LehrerInnen müssen sich sowohl gleichförmig als auch differenzierend gegenüber den SchülerInnen verhalten.

▪ *Antinomie von Subsumtion und Rekonstruktion*
Einerseits haben es LehrerInnen immer mit einzelnen Kindern und Jugendlichen zu tun; die Spezifik des Einzelfalls lässt sich nie einer abstrakten Regel oder einem technologisierbaren Procedere unterordnen. Notwendig wird daher einerseits die sensible Rekonstruktion individueller Erfahrungen und Orientierungen. Andererseits erzeugt die Unterrichtssituation hohe Komplexität, zu deren Bewältigung dann Beobachtungs- und Typisierungsregeln sowie Handlungsroutinen notwendig werden, die gerade vom Einzelfall absehen. Lehrkräfte subsumieren oder ordnen SchülerInnen daher in Schemata der Wahrnehmung ein bzw. unter. Eine weit verbreitete Beobachtungsroutine angesichts der hohen Anzahl an ‚Klienten' besteht etwa darin, dass Lehrkräfte beim klassengemeinsamen Unterrichten eher einen ‚Kollektivschüler' vor Augen haben (z.B. Bromme 1992).

Versucht man diese hier nur knapp umrissenen professionstheoretischen Perspektiven im Hinblick auf die Reformanforderungen des Heterogenitätsdiskurses zu bilanzieren, so lässt sich aus unserer Sicht Folgendes festhalten:

(1) Aspekte des unzureichenden Umgangs mit Heterogenität bzw. ein Ausbleiben entsprechender Reformen werden nicht vorrangig der falschen Einstellung von Lehrkräften zugeschrieben. Es wird nicht moralisiert und ermahnt, sondern es geht – wie in der Studie von Beck et al. (2008) – um Ausbildungsfragen und Kompetenzen.

(2) Probleme im Umgang mit Heterogenität sind auch strukturell zu deuten. Konflikte und Probleme – so die strukturtheoretische Lesart – erwachsen weder aus der falschen Einstellung noch aus Inkompetenz des einzelnen Lehrers, sondern sind Ausdruck struktureller Bedingungen, die mit der Schule als Institution verknüpft sind.

(3) Professionelles Handeln wird konzeptionalisiert als ein kompetentes Ausbalancieren antinomischer Anforderungen. Dazu gehören verschiedene Gerechtigkeitsprinzipien und Forderungen nach Differenz *und* Gleichheit ebenso wie etwa die Bewahrung von Handlungssicherheit in einem von multiplen, von widersprüchlichen Zielen geprägten Berufsfeld.

4.5 Fazit und Diskussion ausgewählter Probleme

Gegenstand unserer Analysen war der Umgang mit Heterogenität als Herausforderung für das Lehrerhandeln. Dabei haben wir auf der Mikroebene Spannungsfelder und ‚blinde Flecken' angetroffen, die wir bereits auf der Makroebene diskutiert haben. Zwei davon seien hier noch einmal hervorgehoben.

(1) Ausblendung von Grenzen und Widersprüchen
Ein Problem, das uns bereits im letzten Kapitel ausführlicher beschäftigt hat, betrifft eine Tendenz innerhalb des Reformdiskurses, pädagogisch unerwünschte oder unerfreuliche Sachverhalte umzudeuten bzw. unsichtbar zu machen und sich in der Folge nicht mehr mit ihnen zu beschäftigen. Dabei geht es einmal sehr grundsätzlich um Restriktionen, die aus der Aufgabe der Organisation von Massenlernprozessen resultieren: Zeit und Ressourcen scheinen in der Vorstellung der ReformerInnen in unbegrenztem Ausmaß verfügbar zu sein. Demgegenüber findet Lernen in der Schule aber z.B. in größeren Gruppen statt, was kapazitäre Grenzen im Hinblick auf individuelle Zuwendung und Förderung setzt und für das Lehrerhandeln Fragen der Machbarkeit aufwirft. Ein zweiter Aspekt betrifft die Einbindung der Schule in den gesellschaftlichen Funktionszu-

sammenhang. Wie wir bereits im letzten Kapitel diskutiert hatten, erweist sich hier vor allem die Allokationsfunktion als eine zentrale pädagogische Störgröße, die man gerne ignoriert bzw. ‚unsichtbar' macht.

Ein gutes Beispiel dafür bot die Diagnostik. Die klassischen Selektionsverfahren wie die Leistungsbewertung oder Selektionsdiagnostik werden vordergründig von ihrer Funktion der Zuweisung von SchülerInnen auf unterschiedliche (und de facto ungleichwertige) Positionen befreit und stattdessen dann als pädagogische Leistungsbeurteilung und Förderdiagnostik in den Dienst einer bestmöglichen Förderung gestellt. Dies ist aber eine semantische Umdeutung mit interessanten Folgen: Eine Verfeinerung des Instrumentariums kann – und wird, da die Zuteilung ja in der Praxis nach wie vor stattfinden muss – auch zu einer Verfeinerung der Differenzierung für Selektionszwecke führen: „Selektion" wird noch stärker, in einer Formulierung von Streckeisen/Hänzi/Hungerbühler (2007: 42), zum „Damoklesschwert, das kontinuierlich seinen Schatten auf den Schulalltag wirft".

Auch für die innere Differenzierung ließ sich eine solche Umdeutung beobachten: Die mit der schulischen Selektionsfunktion erklärte und dann kritisierte äußere Differenzierung in separate/separierende Schulformen wird unisono abgelehnt. In den Appellen für innere Differenzierung geht dann allerdings die Frage verloren, wie die Selektion resp. Allokation – die ja als strukturelle Funktion der Schule nicht einfach verschwindet, sondern als Berechtigungswesen die Schule bis ins kleinste Detail durchzieht – in dieser neuen Differenzierungsform zum Ausdruck kommt. Stattdessen scheint man im Reformdiskurs davon auszugehen, dass die Verlagerung der Differenzierung nach innen (in den Unterricht) eine Erörterung der Selektionsproblematik überflüssig macht; zumindest wird diese dort nicht mehr thematisiert und verschwindet. Innere Differenzierung kann so – natürlich nur in der Programmatik – als Lösung ohne Risiken und Nebenwirkungen erscheinen, die die ungeliebte Platzierungsfrage obsolet macht.

Dagegen erscheinen uns die aus schul- und professionstheoretischer Perspektive aufgenommenen Argumente angemessener: Professionelles Handeln – so hier noch einmal in aller Kürze die Prämisse – ist mit Blick auf die Anforderungsstruktur des Lehrerhandelns als ein Balanceakt zu rekonstruieren, der die jeweils beiden Seiten einer Antinomie – z.B. Fördern *und* Auslesen – in ein angemessenes Verhältnis setzt. Denn: „Bedenkt man, dass die Lehrperson ihre selektionsbezogenen Aufgaben nicht einfach ‚vergessen' oder ‚ausblenden' kann, lässt sich jeder Augenblick des schulischen Alltags auf die Frage hin betrachten, welche Implikationen er für die Schullaufbahn einer Schülerin oder eines Schülers hat" (ebd.: 42). Zwar gibt es für die Frage, wie eine Balance derartiger Antinomien im Einzelnen genau aussehen kann, kaum eine befriedigende Antwort. Weitgehend Einigkeit besteht aber darin, dass eine reflexive Bearbeitung der antinomischen Grundfiguren eine unabdingbare Voraussetzung für einen angemessenen Umgang damit ist (z.B. Kunze 2004). Wenn eine solche professionelle Bearbeitung bei Lehrkräften angeregt werden soll, dann bedeutet dies – und darin sehen wir eine zentrale Aufgabe der Erziehungswissenschaft wie auch eine zentrale Zielsetzung dieses Buches – dass Reflexionsangebote bereitgestellt werden müssen, die eine entsprechende Problematisierung überhaupt erlauben. Und das bedeutet: Widersprüche dürften nicht normativ vernebelt oder einseitig aufgelöst werden, sondern deren Pole sind in ihren wechselseitigen Begrenzungen und Ergänzungen bewusst zu machen.

(2) Lehrkräfte als normativer Fluchtpunkt für Reformen
Eine zweite kritische Rückfrage betrifft grundsätzlicher die Reformmöglichkeiten, aber auch -strategien im Bildungssystem. Wo muss man für Reformen ansetzen und wie? Führt man sich dazu unsere bisherigen Überlegungen vor Augen, dann ließe sich für Reformstrategien ein Spannungsfeld beschreiben, das zwischen einer resignierten, sich den ‚Systemzwängen' unterwerfenden Einschätzung auf der einen Seite, und einem reformerisch-verkürzten, die institutionellen Rahmenbedingungen ignorierenden Reformanspruch besteht. Es wäre dies aus unserer Sicht dann auch eine wichtige Orientierung für das Lehrerhandeln: Mit Blick auf die hohen Anforderungen auf der einen Seite und die nicht nur institutionell bedingten Grenzen auf der anderen Seite, käme es darauf an, sich als Lehrkraft ein realistisches Bild von den tatsächlich vorhandenen Möglichkeiten und Grenzen zu verschaffen, d.h. den eigenen Handlungsspielraum angemessen auszuloten. Dies könnte eine Selbstüberforderung, aber auch eine Selbstbeschränkung durch vorzeitige Reformabwehr vermeiden.

Betrachtet man dazu die im Reformdiskurs eingeschlagene Strategie, dann fällt allerdings auf, dass vor allem die Einstellungsebene in dieser Hinsicht immer wieder thematisiert wird: LehrerInnen sollen ‚umdenken'. Unter der Prämisse, dass es deutlich zu kurz greift, das Lehrerhandeln in erster Linie als Ausdruck von Haltung und Einstellung zu betrachten, stellt sich uns nun die Frage, warum der Einstellungsbereich in der Reformdiskussion eine so hohe Bedeutung besitzt; zumal hier ja noch zu ergänzen ist, dass diese hohe Relevanz in den Beiträgen keineswegs nur einfach festgestellt wird, sondern sich auch über den verwendeten Modus der Argumentation artikuliert: Es wird an LehrerInnen appelliert, und man versucht diese von der Notwendigkeit eines anderen Handelns zu überzeugen, wobei dann besonders normative Argumente in Anschlag gebracht werden: Wer sich dem Wohle des einzelnen Kindes (den Menschenrechten, der Demokratie usw.) verpflichtet fühlt, muss sich – so im Prinzip die unmissverständliche Botschaft – endlich vom Frontalunterricht verabschieden, denn nur eine innere Differenzierung wird dem einzelnen Kind gerecht!

Zwar lässt sich argumentieren, dass hier versucht wird, gegen den pädagogische Fatalismus – als der einen Seite – anzugehen: Man appelliert, ermahnt, ermutigt und gibt gute Beispiele, um zu engagiertem Handeln anzuregen und LehrerInnen mit ‚Sinn' für dieses Handeln zu versorgen (man weiß dann, wofür man sich engagiert!). Wir sehen darin allerdings auch (!) eine spezifische und dann durchaus problematische Funktion, die mit reformerischer Rhetorik und einem dabei in der Regel unterlegten idealistischen Lehrerleitbild gemeinhin verbunden ist (z.B. Diederich/Tenorth 1997: 147ff.): Appelle an die richtige Einstellung, angereichert durch normative Stützungsargumente, kennzeichnen die Probleme in der Praxis vornehmlich als eine Frage des Wollens und nicht als eine Frage des Könnens. Wer an die Einstellung – quasi an das pädagogische Gewissen – appelliert, der geht davon aus bzw. erweckt den Eindruck, dass jemand es anders machen könnte, wenn er es denn nur wollte. Diese moralische In-die-Pflichtnahme führt aber einmal zu einer Engführung auf berufsethische Dimensionen, was andere wichtige Dimensionen pädagogischer Professionalität (wie Wissen und Können) ausblendet. Noch viel grundsätzlicher werden dadurch aber auch pädagogische Werte schnell zu „programmatischen Nebelbomben" (Wischer 2010: 28): Nicht nur Ressourcenfragen und äußere Rahmenbedingungen können getrost im Nebel bleiben, sondern – dies lässt sich bei Luhmann/Schorr (1988) ausführlich nachlesen – man erspart sich auch eine weitere Reflexion von tiefer gehenden Problemen und Widersprüchen. Werte fungieren – so könnte man diese Überlegung zusammenfassen – als Stoppregeln des Diskurses und setzen auf Konsens, was kritische Rückfragen eher blockiert – auf die es aus unserer Sicht aber gerade ankommt.

Dass ein derartiger, wenn auch sicher nicht beabsichtigter ‚Nebelbombeneffekt' auch für bildungspolitische Programme attraktiv ist, wird uns im folgenden Kapitel beschäftigen, in dem wir nun zum Abschluss nach Gestaltungsmöglichkeiten auf der Ebene der Einzelschule – also der Mesoebene – fragen.

5 Heterogenität als Herausforderung für die Entwicklung der Einzelschule

Nachdem wir uns mit der Organisation des Schulsystems einerseits und dem Lehrerhandeln im Unterricht andererseits auseinandergesetzt haben, stellen wir in diesem letzten Kapitel die Einzelschule – also die Mesoebene – in den Mittelpunkt der Betrachtung. Die Einzelschule gilt mittlerweile als eine zentrale Handlungs- und Gestaltungsebene innerhalb des Bildungswesens, ist jedoch gegenüber der Mikro- und Makroebene erst vergleichsweise spät in den Aufmerksamkeitsfokus der Schulforschung und Bildungspolitik gerückt. Dass diese Ebene bei den bislang verhandelten Fragen des schulischen Umgangs mit Heterogenität hohe Aufmerksamkeit verdient, dürften im Prinzip schon an verschiedenen Stellen deutlich geworden sein:

- Gemäß dem schultheoretischen Konzept von Fend nehmen Schulstrukturfragen zwar Einfluss auf die Gestaltung der Einzelschule. Es spielen aber auch diverse Varianten von intraschulischer (manifester oder latenter) Differenzierung eine wichtige Rolle im Hinblick auf einen mehr oder weniger produktiven Umgang mit Heterogenität (s. Kap. 3). Welche Angebote für wen und in welcher Weise zur Verfügung stehen, wie z.B. mit leistungsschwächeren oder leistungsstarken SchülerInnen umgegangen wird, wird durch zahlreiche Aspekte der (Einzel-)Schulorganisation mitbestimmt.
- Nicht alle, aber viele Rahmenbedingungen, die sich als unterschiedlich günstig für die Entwicklung einer heterogenitätssensiblen Lernkultur erweisen, werden auf der Ebene der Einzelschule gesetzt, etwa der 45-Minuten-Takt oder das Fachlehrerprinzip (s. Kap. 4). Jede Schule verfügt also über Möglichkeiten, auf unterschiedliche Voraussetzungen und Bedürfnisse ihrer Klientel einzugehen, die über den Spielraum des einzelnen Lehrers oder der einzelnen Lehrerin erheblich hinausgehen.

Während sich viele Publikationen im Heterogenitätsdiskurs noch vornehmlich – bisweilen ausschließlich – auf Fragen der Makroorganisation (Schulstruktur) und der Mikroebene (Unterrichten von heterogenen Gruppen) konzentrieren, bleibt der Diskurs um den Zusammenhang von Heterogenität und (Einzel-)

Schulentwicklung noch vergleichsweise spärlich (als Ausnahme Buchen/Horster/Rolff 2007). Allerdings zeichnet sich ab, und gibt es auch gute Argumente dafür, dass diese Ebene von großer Bedeutung ist bzw. zukünftig weiterhin an Bedeutung gewinnen wird:

Wie wir für die Schulsystemfrage im dritten Kapitel schon ausgeführt hatten, weisen Schulen auch bei gleichen bzw. vergleichbaren Vorgaben auf der Makroebene eine hohe Variabilität der Gestaltung des ‚Schulehaltens' auf. Im engen Zusammenhang damit steht ein steuerungsstrategischer Konzeptwechsel: Während die grundlegende Philosophie der Schulgestaltung lange Zeit darin bestand, dass Politik bzw. Schulverwaltung die Rahmenbedingungen setzen und die Einzelschule – Schulleitung und Lehrkräfte – diese dann nur noch umsetzen, sind der Spielraum und die Verantwortung der Einzelschule im neuen Konzept der ‚Schule als pädagogische Handlungseinheit' in den letzten zwanzig Jahren erheblich größer geworden (z.B. Fend 2008: 145 ff.). Nicht mehr nur einige organisatorische Gestaltungsfragen – etwa zu Bewertungsstandards im Fachunterricht oder zur Auswahl der Lehrbücher – sind abzustimmen und zu entscheiden, sondern die schulischen Akteure bekommen nun ein ganzes Bündel von Optionen und Anforderungen zugesprochen: Wie soll Lernen in Raum und Zeit organisiert werden? Welche Ressourcen sind im schulischen und außerschulischen Umfeld vorhanden bzw. müssen akquiriert werden? Welche Angebote sind für die schulspezifische Schülerschaft zu organisieren? Wie sind die finanziellen und personellen Mittel aufzuteilen? Welche übergreifenden Ziele wollen wir als Schule verfolgen, durchaus auch in Abgrenzung zu Nachbarschulen?

In diesem Kapitel geht es uns nun einerseits darum, diese erweiterten Entscheidungsspielräume, aber auch Entscheidungsnotwendigkeiten und -zwänge darzustellen und im Hinblick auf ihr Potenzial und ihre Folgen für den Umgang mit Heterogenität genauer auszuloten. Dabei tauchen etliche der bisher verhandelten Aspekte wieder auf bzw. werden hier zusammengeführt:

- Ob und welche Dimensionen von Heterogenität bearbeitet werden, ob man z.B. spezielle Förderangebote für MigrantInnen bereitstellen oder Hochbegabtenprogramme und Gender-Konzepte installieren will, stellt sich hier als praktische Frage neu – mit allen Schwierigkeiten und Problemen, die wir im zweiten und dritten Kapitel diskutiert haben.
- Unmittelbar betroffen sind auch auf dieser Ebene Differenzierungsfragen, muss doch entschieden werden, ob etwa bestimmte Schüler(-gruppen) extern – in zusätzlichen Förder- und Nachhilfekursen, in *acceleration*-Angeboten – oder binnendifferenziert gefördert werden sollen.
- Da für die schulischen Akteure, besonders für Schulleitungen und ‚Steuergruppen' neue bzw. erweiterte Aufgaben hinzukommen, ist das Augenmerk

im Anschluss an unsere Überlegungen im vierten Kapitel erneut auf die erforderlichen Kompetenzen und Rahmenbedingungen für das komplexe Management einer Vielzahl an Gestaltungsoptionen zu richten.

- Auch die im letzten Kapitel verhandelten Haltungs- und Einstellungsfragen zu Heterogenität besitzen auf der Einzelschulebene durchaus großes Gewicht. Es geht hier dann um ‚Schulethos' – als einer Form kollektiver Wertorientierungen, die in einem gemeinsam erarbeitete pädagogischem Leitbild der Schule resp. des Kollegiums festgeschrieben werden; und denen sich die Akteure verpflichtet fühlen (sollen).

- Schließlich spielen auch auf dieser Ebene wieder grundsätzliche Ressourcen-, Verteilungs-, Komplexitäts- und Machbarkeitsfragen eine wichtige Rolle.

Neben einer Darstellung und Analyse erweiterter Spielräume für einen besseren Umgang mit Heterogenität gilt unser besonderes Interesse andererseits auch hier wieder möglichen programmatischen Fallstricken, die mit Reformvorstellungen auf der Ebene der Einzelschule verbunden sein können. Anders als in den bisherigen Kapiteln stehen nun allerdings nicht mehr nur schulpädagogische Empfehlungen im Mittelpunkt. Der Fokus wird vielmehr um bildungspolitisch-administrative Reformstrategien erweitert, indem wir uns exemplarisch einer mittlerweile in mehreren Bundesländern installierten Reformstrategie – der individuellen Förderung als einem Konzept zur Verbesserung des Umgangs mit Heterogenität – zuwenden. Solche Reforminitiativen sind insofern von anderer Qualität als pädagogische Empfehlungen, als dass dadurch ein anderer Reformdruck – eine höhere Verbindlichkeit – erzeugt werden dürfte: Statt bloßer Appelle oder Empfehlungen gibt es administrative Vorgaben, und gibt es auch Instrumente, die einer Umsetzung dieser Vorgaben doch erheblich mehr Nachdruck verleihen: Wenn sich Reformen, wie wir ja bislang argumentiert haben, durch bloße Appelle an Lehrerhandeln oder aber eine schlichte Umstellung äußerer Strukturvorgaben nicht erfolgreich umsetzen lassen, dann steht jetzt als Kernfrage im Vordergrund, ob und auf welche Weise sich Veränderungen im schulischen Handlungsfeld von außen ‚steuern' lassen. Dass wir auch hier Anlässe für kritische Rückfragen sehen, wird Sie vermutlich nicht mehr überraschen.

Wir beginnen mit einer Darstellung von Beispielen zur Gestaltung der Einzelschule und fragen nach Anforderungen und Potenzialen im Hinblick auf den Umgang mit Heterogenität (5.1). Anschließend setzen wir bei der Reformstrategie der individuellen Förderung an und skizzieren zunächst die Programmebene, danach auch Fragen der Umsetzung und Verbreitung (5.2). Zuletzt diskutieren wir auf dieser Basis einige mögliche Probleme (5.3).

5.1 Heterogenität als Schulentwicklungsaufgabe – Beispiele und Gestaltungselemente für eine heterogenitätssensible Schulkultur

Unsere Ausgangsüberlegung lautete, dass für Fragen des schulischen Umgangs mit Heterogenität die Einzelschule – die Mesoebene – grundsätzlich eine viel versprechende Gestaltungsebene ist. Argumente dafür liefern das Mehrebenenmodell von Fend wie auch der bildungspolitische Konzeptwechsel, der erweiterte Optionen für diese Ebene bereithält. Dafür sprechen aber auch Beispiele gelungener schulischer Praxis im Umgang mit Heterogenität.

Wichtige Hinweise erlaubt zunächst ein Blick auf die bei PISA besonders erfolgreichen Länder (vgl. Ratzki 2005; Fend 2008: 93). So findet man vor allem in den skandinavischen ‚Erfolgsländern‘ auf der Schulstrukturebene integrative Systeme vor, in denen alle SchülerInnen bis zum Ende der Pflichtschulzeit gemeinsam eine Schule besuchen. Innerhalb der Einzelschule, und dies ist der entscheidende Hinweis, gibt es allerdings ein komplexes System von Förder- und Unterstützungsstrategien, um auf differente Lernerbedürfnisse flexibel einzugehen und unterschiedliche Förderziele erreichen zu können. Das bedeutet: Förderung wird keineswegs allein auf der Ebene des Unterrichts bzw. im Rahmen der einzelnen Lerngruppe realisiert (und damit der einzelnen Lehrperson überlassen), sondern es geht um die Etablierung entsprechender Rahmenbedingungen, die die Schule als Ganzes betreffen. Dazu gehören etwa im Stundenplan fest verankerte Zeitfenster, in denen selbstständigkeitsorientierte Lehr-Lern-Formen systematisch angebahnt und auch Freiräume und Personal für zusätzliche Förder- und Lernangebote bereitgestellt werden. Weitere Bausteine sind Beratungsangebote, die Erstellung individueller Förder- und Entwicklungspläne, der regelmäßige Einsatz diagnostischer Verfahren und eine ausführliche Dokumentation bisheriger Lernentwicklungsverläufe. Für die Anforderungen an Lehrerprofessionalität ist erwähnenswert, dass die anfallenden Aufgaben nicht allein den LehrerInnen überlassen bleiben, sondern häufig in multiprofessionellen Teams bearbeitet werden. Lehrpersonen sind also nicht – wie dies im aktuellen Reformdiskurs häufig nahe gelegt wird – als Allrounder bzw. Alles-Könner gefordert; es kommen auch andere Professionen und damit zusätzliche Expertise (z.b. aus der Sozialpädagogik, der Schulpsychologie) zum Einsatz.

Die Bedeutung der Mesoebene als Ansatz für Reformen wird außerdem durch Schulbeispiele unterstrichen, die sich mittlerweile auch in Deutschland in durchaus größerer Zahl finden (vgl. Kunze/Solzbacher 2008). So heben sich die Schulen des Deutschen Schulpreises (s. Kasten 5.1) durch vielfältige Maßnahmen auf Schulebene von ‚normalen Regelschulen‘ ab, wie wir im Folgenden an zwei Schulen der Sekundarstufe kurz zeigen wollen.

Der Deutsche Schulpreis geht auf eine Initiative der Robert-Bosch-Stiftung und der Heidehof-Stiftung zurück. Er wird seit 2006 jährlich ausgeschrieben und ist im Hauptpreis mit 100.000 Euro, in vier weiteren Preisen mit jeweils 25.000 Euro ausgestattet. Bewerben können sich alle öffentlichen wie privaten Schulen in Deutschland, die allgemeinbildende Abschlüsse vergeben; eine Fachjury wählt dann in einem aufwändigen Verfahren bis zu 20 Schulen aus, die von Experten besucht und beurteilt werden.

Bewertet werden sechs Qualitätsbereiche: Leistung, Umgang mit Vielfalt, Unterrichtsqualität, Verantwortung, Schulklima/Schulleben/außerschulische Partner und Schulen als lernende Institution. Die aus dem Auswahlverfahren hervorgehenden nominierten Schulen werden zu einer Festveranstaltung in Berlin eingeladen, auf der die Preisträger bekanntgegeben und ausgezeichnet werden. Eine eigene ‚Akademie‘ koordiniert Fortbildung, Austausch und Weiterentwicklung unter den Preisträgerschulen.

Weitere Informationen: http://schulpreis.bosch-stiftung.de

Kasten 5.1: Der Deutsche Schulpreis

Unser erstes Beispiel für den Qualitätsbereich ‚Umgang mit Vielfalt‘ ist eine Schule im Hamburger Stadtteil Winterhude (vgl. Fauser/Prenzel/Schratz 2009: 106-111). Sie gehörte zwar 2008 nicht zu den Hauptpreisträgern, aber zu den vierzehn besten, für den Endausscheid nominierten Schulen.

Die Gesamtschule Winterhude ist eine mittelgroße Halbtagsschule mit integrierter Vorschulklasse und Grundschule. In der Sekundarstufe I ist sie vierzügig; ein Viertel ihrer Schüler lebt in Sozialhilfe- bzw. ALG-II-Familien; etwa 30% der SchülerInnen haben einen Migrationshintergrund. Ausgelöst durch rückläufige Anmeldezahlen drohte der Schule 2002 die Schließung; 2008 gehörte sie dann offensichtlich zu den besten des Landes. In einer Art von interner Schulneugründung hatten sich Schulleitung und Kollegium für ein neues Gesamtkonzept entschieden und dabei von Anfang an auch SchülerInnen und Eltern in einen kontinuierlichen Entwicklungsprozess eingebunden. Einige wesentliche Elemente des Schulkonzepts im Umgang mit der Heterogenität sind:

- Integrationsklassen, d.h. die gemeinsame Beschulung von ‚behinderten‘ und ‚nichtbehinderten‘ Kindern in allen Jahrgängen – in diesen Klassen unterrichten jeweils zwei pädagogische Fachkräfte als Doppelbesetzung;
- ein Verzicht auf Fachleistungsdifferenzierung bis zur Klasse 10, die SchülerInnen arbeiten in altersgemischten Gruppen (5-7, 8-10) in Themenräumen individuell an vorbereiteten Aufgaben/Lernbausteinen. In einigen ‚Fächern‘ wie Naturwissenschaften, Sport und grundlegenden Kursen werden Aufgaben auf zwei Niveaustufen angeboten (Stufe I für Schüler, die das Abitur erwerben möchten, Stufe II für Schüler, die Haupt- und Realschulabschlüsse erwerben möchten);

- Elemente speziell für die sprachliche Förderung wie Lesenächte, ein Lesepass und zusätzliche Förderstunden im Sprachbereich (inklusive einem bilingualen Angebot);
- andere Formen der Leistungsbewertung: Die SchülerInnen führen ein ‚Logbuch‘, in dem sie sich Ziele setzen, bereits geleistete Arbeit an Lernbausteinen festhalten und ihre Leistungen einschätzen. Wenn sie sich sicher fühlen, schreiben sie einen Test und bekommen beim Bestehen dafür ein Zertifikat;
- so genannte Bilanz- und Zielgespräche, die mit den SchülerInnen und den Eltern regelmäßig geführt werden.

Daneben gibt es viele andere Aktivitäten und Merkmale, die man auch bei anderen reformorientierten Schulen immer wieder antrifft: Notengebung erst ab Jahrgang neun, ein reichhaltiges Schulleben, besonderes Augenmerk auf die Entwicklung sozialer Kompetenzen, Schülermitbeteiligung und Lehrerkooperation sowie – besonders interessant – die Auflösung des üblichen Tages-, Wochen- und Jahrestaktes in eine alternative Zeitstruktur von regelmäßig wiederkehrenden Projektphasen, ‚Herausforderungen‘, Phasen der Berufsorientierung und weitgehend selbstverantwortetes Lernen in KuBa (Kulturelle Basisfähigkeiten). Ohne weiter ins Detail gehen zu können, sollte Ihnen bis hierhin schon deutlich werden: Viele, wenn nicht die meisten dieser angeführten Reformmaßnahmen verlangen eine Handlungskoordinierung auf Schulebene. Sie bedürfen auch organisatorischer Veränderungen, gehen also beträchtlich über Spielräume und Gestaltungsmöglichkeiten der einzelnen Lehrkraft hinaus.

Das zweite Beispiel, eine Preisträgerschule von 2010, ist das Oberstufen-Kolleg in Bielefeld – eine der beiden traditionsreichen Versuchsschulen des Landes NRW. Auch diese Schule hat in der letzten Dekade etliche Veränderungen durchgemacht, hin zu einer dreijährigen Versuchsschule für die allgemeinbildende Sekundarstufe II. Die soziale Heterogenität der über 600 ‚KollegiatInnen‘ ist in etwa mit der von Gesamtschulen im Umkreis vergleichbar. Bezüglich der Leistungsheterogenität bearbeitet die Schule aber größere Unterschiede: Ungefähr ein Drittel der SchülerInnen hat keinen ‚Qualifikations-Vermerk‘, d.h. wurde von den abgebenden Institutionen nicht als geeignet eingestuft, die Hochschulreife zu erwerben. Dennoch gelingt es dem Oberstufen-Kolleg, immerhin ca. 60% auch dieser SchülerInnen zum Abitur zu führen (und die Schule arbeitet daran, diese Zahl zu erhöhen). Insgesamt schneidet das Kolleg bei den zentralen Abiturprüfungen genauso gut ab wie vergleichbare Schulen. Welche Gestaltungselemente unterscheidet die Schule nun von ‚normalen Regelschulen‘?

- Ausgedehnte Eingangsdiagnostik: BewerberInnen werden zu einem persönlichen Gespräch gebeten und in Deutsch, Mathematik und Englisch getestet. Nach Bedarf werden geeignete Kandidaten sog. ‚Brückenkursen‘ zugewiesen, um Basiskompetenzen nachholend erwerben können.
- Intensive Beratungs- und Unterstützungskultur: KollegiatInnen wählen sich selbst einen Mentor oder eine Mentorin, der bzw. die während der Schullaufbahn beratend und unterstützend zur Verfügung steht.
- Als etwas Besonderes wird von Besuchern immer wieder das Schulklima beschrieben, welches davon geprägt ist, SchülerInnen ernst zu nehmen und ihre Verantwortung und Mitbestimmung als Element des Schullebens an vielen Stellen sichtbar werden zu lassen.
- In Zusammenarbeit mit einer ‚Wissenschaftlichen Einrichtung‘, einer zusätzlichen Ressource der Versuchsschule, werden Schulentwicklungspläne erstellt, wird die Arbeit der Schule regelmäßig evaluiert und im Lehrer-Forscher-Modell mittels ‚Forschungs- und Entwicklungsprojekten‘ auch selbst beforscht und weiterentwickelt.
- Der Unterricht findet in anderthalbstündigen Blocks statt. Besonders hervorzuheben sind Projektunterricht, fächerübergreifende Kurse, die Arbeit mit Portfolios und eine reduzierte Zahl an Leistungsnachweisen.

In der Broschüre zum Deutschen Schulpreis heißt es: „Vor allem der überzeugende Umgang mit Heterogenität und eine auf die Einzelschüler bezogene Pädagogik machen das Oberstufen-Kolleg zu einer der richtungsweisenden Schulen in der deutschen Schullandschaft" (Fauser/Prenzel/Schratz 2009: 73).

Grundsätzlich – so unsere Bilanz der beiden Beispiele – gibt es also zahlreiche Gestaltungselemente, darunter auch einige immer wiederkehrende, die von den schulischen Akteuren bearbeitet werden können (s. Kasten 5.2). Anregungen zur Gestaltung einer heterogenitätssensiblen Schule findet man mittlerweile auch in reformorientierten Initiativen, in wissenschaftlichen Expertisen oder auch in Konzepten von Regelschulen (z.B. www.blickueberdenzaun.de; Booth/Ainscow 2003; Bertelsmann Stiftung 2009; Hegel 2011). Dabei bleibt es den Akteuren aber in der Regel selbst überlassen, ob und inwiefern sie von den zahlreichen Möglichkeiten auch tatsächlich Gebrauch machen. Eine höhere Verbindlichkeit soll dagegen eine Strategie erzeugen, der wir uns im nächsten Abschnitt exemplarisch zuwenden: der Strategie der individuellen Förderung.

- ein gemeinsames Leitbild oder Schulethos, das sich an einer Anerkennung von Differenz bzw. an inklusiver Pädagogik orientiert
- die Etablierung und systematische Entwicklung eines differenzierenden und individualisierenden Unterrichts
- Maßnahmen zur Integration/Inklusion
- Angebote zum Fördern und Fordern im Unterricht und im Schulleben, nicht zuletzt im Rahmen des Ganztags
- eine veränderte Zeittaktung und Rhythmisierung des Schultages, der Schulwoche und des Schuljahres
- die systematische Arbeit an der Verbesserung der bisherigen Strukturen und Prozesse
- intensive Lehrerkooperation
- Konzepte der Elternarbeit, Schüler- und Elternpartizipation

Kasten 5.2: Bausteine für die Gestaltung des Umgangs mit Heterogenität auf der Mesoebene

5.2 Individuelle Förderung als Reformstrategie

Angemessene Formen und Strategien im Umgang mit Heterogenität sind nicht nur ein Thema von (Erziehungs-)Wissenschaft, sondern – wie andere auf Schule bezogene Fragen – stets auch Gegenstand bildungspolitischer Entscheidungen und Interessen. Wir erinnern an das Mehrebenenmodell von Fend, in dem die enge Verknüpfung von Bildungspolitik, administrativer Ebene und schulischer Praxis aufgenommen ist. Für Fragen im Kontext des Umgangs mit Heterogenität lassen sich im historischen Rückblick so auch zahlreiche Reformvorhaben aufzeigen, um eine bessere Förderung für *alle* SchülerInnen zu realisieren. Eine Hochphase waren die 1970er Jahren, als u.a. die damals einsetzenden bildungssoziologischen Untersuchungen zu Fragen von Bildungsbeteiligung und Bildungsungleichheit einen wichtigen Anstoß gaben (dazu z.B. Hanke/Hein 2008).

Aktuell verbinden sich derartige Reformansätze mit den in vielen Bundesländern administrativ verankerten Initiativen zu individueller Förderung. Individuelle Förderung hat sich hier gewissermaßen von einem Postulat, das pädagogisch-normative Diskurse über Schule seit jeher begleitet hat (s. Kap. 1), zu einer bildungspolitischen Steuerungsstrategie ersten Ranges entwickelt. Gegenüber früheren Reformversuchen sind dazu folgende Merkmale hervorzuheben:

(1) Man setzt weder – wie in der Bildungsreform der 1970er Jahre – bei Veränderungen der Schulstrukturebene, also den äußeren Rahmenbedingungen an, noch wird allein die Unterrichtsebene und damit das didaktisch-methodische

Handeln der einzelnen Lehrkräfte in den Blick genommen. Adressiert wird vielmehr ausdrücklich die Einzelschule als pädagogische Handlungseinheit.

(2) Es werden – ähnlich wie für innere Differenzierung (s. Kap. 4) – vielfältige Optionen aufgezeigt. Konkrete Vorgaben für das schuleigene Ensemble von Fördermöglichkeiten können aber auch hier kaum von außen gesetzt werden, weil nur die Akteure vor Ort über das jeweilige Kontextwissen verfügen: Schulen können und sollen ihre Gestaltungsautonomie dazu nutzen, *schulspezifische* Angebote zu entwickeln, die für ihre Ressourcen, SchülerInnen, regionalen und lokalen Besonderheiten angemessen erscheinen.

(3) Als weitere Neuerung kommen Instrumente sog. ‚evidenzbasierter' Steuerung hinzu, mit denen Schulen in den letzten Jahren ganz grundsätzlich konfrontiert sind, wie etwa mit Bildungsstandards, die dann durch Leistungsvergleichsarbeiten u.ä. überprüft werden. Speziell für individuelle Förderung finden sich entsprechende Kriterien (Entwicklung eines Förderkonzepts, differenzierte Lernkultur etc.) oft als Qualitätsstandards für gute Schule, wobei dann im Rahmen schulischer Inspektionsverfahren ermittelt wird, was davon die Schulen bereits erreicht bzw. umgesetzt haben.

Politik und Verwaltung verfolgen mit dem Programm – zumindest vordergründig[18] – das Ziel, eine stärker auf individuelle Schülerbedürfnisse abgestimmte Förderpraxis an Einzelschulen zu etablieren. Über eine bessere Passung zwischen heterogenen Ausgangslagen und Lernerbedürfnissen einerseits und Maßnahmen schulischer Förderpraxis andererseits soll ein Beitrag zur grundsätzlichen Verbesserung von Schülerleistungen (*excellence*) als auch zu mehr Chancengerechtigkeit und Teilhabe (*equity*) geleistet werden. So heißt es in NRW, wo individuelle Förderung 2006 im Schulgesetz verankert wurde:

> „Individuelle Förderung rückt als Leitidee des Schulgesetzes in das Zentrum schulischer Arbeit. Ziel ist es, ein Schulwesen zu schaffen, in dem jedes Kind und jeder Jugendliche unabhängig von seiner Herkunft Chancen und Begabungen optimal nutzen und entfalten kann. Individuelle Förderung wendet sich an alle Schülerinnen und Schüler. Die Potenziale aller Schülerinnen und Schüler sollen so ausgeschöpft werden, dass der individuelle Lern- und Bildungserfolg für alle Lernenden gesichert ist." (vgl. http://www.chancen-nrw.de/test/cms/front_content.php)

Ähnliche Verlautbarungen auf der Ebene des ‚policy talk' findet man auch in anderen Bundesländern (vgl. Kunze 2008). Vor allem in Ganztagsdiskursen

---

[18]   Hintergründig gibt es gemäß der spezifischen Handlungslogik von Bildungspolitik immer auch andere Motive. So ist für NRW z.B. auch eine De-Thematisierung der Schulstrukturen vermutet worden, weil damit ein strukturelles Problem (der Schulorganisation) in ein individuell zu lösendes Problem (der Lehrkräfte und Schulen) verwandelt wird.

scheint der Ausdruck derweil zum gängigen argumentativen Repertoire zu gehören. Außerhalb des deutschsprachigen Raumes wurde dieser Grundgedanke schon früher in Gesetzen und Verwaltungsvorschriften verankert. So verfolgen bereits der Education Act 1988 und die ,Every Child Matters'-Agenda der britischen Regierung 2004 den Gedanken des Zuschneidens des Curriculums (i.w.S.) auf individuelle Lernbedürfnisse („tailoring learning to the needs, interests and aspirations of each individual"); die Rede ist auch von ,personalized learning'. In Finnland und Dänemark ist individuelle Förderung seit Mitte der 1990er Jahre in den Lehrplänen bzw. Schulgesetzen aufgenommen.

An guten Absichten oder zumindest einer allseits zustimmungsfähigen Rhetorik herrscht also kein Mangel: Wer könnte sich auch schon gegen individuelle Förderung aussprechen? Dieser Konsens löst sich allerdings schnell auf, wenn geklärt werden muss, was konkret getan (oder unterlassen) werden soll, um SchülerInnen individuell zu fördern. Gut demonstrieren können dies Statements aus der politischen Arena in NRW (s. Kasten 5.3).

Das A und O bei der Bildung ist die Individuelle Förderung. Diese kann am besten erreicht werden durch...

- Prof. Dr. Dr. Thomas Sternberg (CDU): „... ein vielfältiges Schulangebot, sodass Eltern für ihre Kinder mit den unterschiedlichsten Begabungen und Interessen die richtige Schule auswählen können."
- Sören Link (SPD): „... bessere Rahmenbedingungen an allen Schulen in NRW. Deshalb setzen wir auch auf die Gemeinschaftsschule. Hier können alle Kinder in kleineren Lerngruppen länger gemeinsam lernen. Im Ganztagsbetrieb gefördert haben alle Schülerinnen und Schüler die Chance auf den jeweils bestmöglichen Schulabschluss."
- Sigrid Beer (Grüne): „... einen grundlegenden Perspektivwechsel. Das Kind muss nicht zur Schulform passen, sondern die Schule muss alles tun, um die Potenziale des Kindes zu entwickeln. Guter Unterricht, der zum eigenständigen Lernen befähigt, und eine unterstützende Schulstruktur, die Chancen öffnet, bilden das Fundament."
- Ingrid Pieper-von Heiden (FDP): „... kleinere Klassen, konsequente Fortbildung der Lehrerinnen und Lehrer und differenzierten Unterricht, in dem die Kinder auf unterschiedlichen Leistungsebenen entsprechend unterrichtet werden."
- Gunhild Böth (Linke): „... ein ausreichend finanziertes Bildungssystem, das bereits im Kindergarten beginnt und auch nach der Berufsausbildung nicht endet, weil alle Menschen Weiterbildung brauchen. Die Einstellung von zusätzlichem, qualifiziertem Personal ist hierbei unabdingbar."

Kasten 5.3: Politische Positionen zu individueller Förderung in NRW (vgl. Uhlenberg 2010: 10f.)

Anders formuliert und schon ein zentrales Problem vorwegnehmend: Der Begriff individuelle Förderung bringt offenbar, ähnlich wie dies Euler (2006: 8) für den Qualitätsbegriff feststellt, „sehr gute Voraussetzungen dafür mit, zu einem bildungspolitischen Leitbegriff zu werden: Er ist hinreichend unpräzise, er ist parteipolitisch nicht besetzt und er klingt sehr positiv". Das bedeutet aber zugleich: Es gibt wohl eine hohe Akzeptanz für diese Forderung, über deren Umsetzung und Einlösbarkeit ist aber überhaupt noch nicht entschieden. Boller/Rosowski/Stroot (2007: 171) sprechen aus unserer Sicht treffend von einer „Projektionsfläche für eine Vielzahl pädagogischer Wünsche, Hoffnungen und Machbarkeitsvorstellungen". Und Arnold/Graumann/Rahkochkine (2008: 11) sehen die Notwendigkeit, die „ausufernde Rhetorik mit einer wissenschaftlich basierten und damit realistischen Grundlage zu konfrontieren". Nicht nur Lehrkräfte und Schulen, sondern auch Wissenschaft, Politik und Verwaltung ringen also seit einiger Zeit mit dem Problem, den Slogan mit Inhalten zu füllen. Wir präsentieren exemplarisch einen Versuch für eine derartige Konkretisierung.

5.2.1 Die NRW-Initiative ‚Gütesiegel Individuelle Förderung'

Die hier exemplarisch vorgestellte Initiative ging 2006 von der damaligen nordrhein-westfälischen CDU/FDP-Regierung aus und setzte sich zum Ziel, „eine gute Praxis individueller Förderung an Schulen zu erfassen, zu systematisieren und zu veröffentlichen. Durch Veröffentlichung dieser Praxisbeispiele", so die Idee, „erhalten alle Schulen Anregungen, ihre schulische Arbeit zu reflektieren und weiterzuentwickeln" (MSW 2009: 10). Mit diesem Ziel wurde ein Verfahren installiert, bei dem sich Schulen zweimal jährlich per Online-Formular um ein Gütesiegel bewerben können. Nach einem maximal dreistündigen Gespräch zwischen einer Jury und VertreterInnen der Schulen wird entschieden, ob die jeweilige Schule das Gütesiegel – eine rein immaterielle Auszeichnung[19] – für die Dauer von drei Jahren bekommt oder ob sie zunächst nur eine Anwartschaft auf das Siegel erhält und sich nach Erfüllung von Zielvereinbarungen und dem Nachweis einer Weiterentwicklung erneut bewerben kann.

Die Kriterien und Indikatoren für das Gütesiegel wurden vom Ministerium für Schule und Weiterbildung NRW gemeinsam mit dem Landeskompetenzzentrum für individuelle Förderung NRW in Münster ausgearbeitet und sind in einem ‚Rahmenkonzept' im Internet zugänglich (http://www.chancen-nrw.de). Es werden vier Handlungsfelder unterschieden:

---

[19]   Ausnahme: Zwei Schulen pro Region (=Bezirksregierung) erhalten als Stützpunktschulen der Lehrerfortbildung bis zu sechs Anrechnungsstunden.

- *Grundlagen schaffen*: Hier geht es um die (remediale) Förderung grundlegender Kompetenzen in Bereichen wie Verkehrssprache, Lernkompetenzen – meist auf der Basis pädagogisch-psychologischer (standardisierter) Diagnosen. Geprüft wird, ob z.b. Einschulungs-, Rechtschreib-, Leseverständnistests, Verfahren zur Bestimmung des Lern- und Arbeitsverhaltens, Analyseinstrumente für besondere ‚Begabungen' eingesetzt werden.
- *Mit Vielfalt umgehen*: In diesem Feld stehen Maßnahmen äußerer und innerer Differenzierung sowie Formen der Lernbegleitung und Beratung im Fokus. Dazu gehören erweiterte Lernformen im Unterricht, schulinterne Curricula, Formen selbstgesteuerten Lernens, Tutorien, Förderbänder, Drehtürmodelle, Hausaufgabenbetreuung, Förderstunden, -konferenzen, Elternarbeit und Ähnliches mehr.
- *Übergänge und Lernbiografien bruchlos gestalten*: Hier liegt der Schwerpunkt auf Praktiken, um Übergänge zwischen Schulen oder in die nachschulische Ausbildung zu erleichtern, etwa durch Kooperationen zwischen abgebenden und aufnehmenden Schulen, Berufs-/Studienorientierung, Informationstage, Schülerfirmen und Zusammenarbeit mit außerschulischen Partnern.
- *Wirksamkeit prüfen/Förderung über Strukturen sichern*: Dabei wird untersucht: Haben Schulen ein System des Monitoring und der Evaluation installiert? Erheben und analysieren sie Zahlen z.b. zur Nichtversetzung, Zahl und Art der Abschlüsse, zu Fehlzeiten, Lernständen, Vermittlungsquoten, und koordinieren sie Individuelle Förderung über feste Ansprechpartner in zusätzlichen Förderkonferenzen, über schulische Koordinatoren, Lernpaten und außerschulische ExpertInnen in Kommune und Region?

Angesprochen werden mit diesen Feldern – auf den Bewerbungsbögen des zuständigen Ministeriums finden sich dazu über 200 Items! – sowohl die Meso- wie auch die Mikroebene. Dass diese Vielzahl der Items und Kriterien durchaus als problematisch wahrgenommen wird, zeigen zwei jüngere Entwicklungen des Gütesiegels: Einmal sind den vier Handlungsfeldern später folgende inhaltlichen Konkretisierungen bzw. Schwerpunkte zugefügt worden: Lernschwierigkeiten, Besondere Begabungen, Schulmüdigkeit, Frühförderung, Migrantenförderung, Jungen-/Mädchenförderung, Leseförderung sowie Berufs- und Studienorientierung. Im Januar 2011 wurde die Initiative von der neuen Landesregierung (SPD/Grüne) ganz ausgesetzt; sie soll auf einer Bildungskonferenz des Landes neu justiert werden.

5.2.2 *Erfahrungen mit dem ,Gütesiegel Individuelle Förderung'*

Wie ist diese – nunmehr administrativ verankerte – Reformstrategie einschätzen? Dazu ist einmal wichtig voranzuschicken, dass die Initiative nur ein Element unter vielen anderen ist, um Schulen – nicht nur im Hinblick auf einen besseren Umgang mit Heterogenität – zu steuern bzw. Reformvorhaben in die Fläche zu bringen. Im Hintergrund steht ein grundsätzlicher Strategiewechsel hin zu evidenzbasierter Steuerung, auf den wir an dieser Stelle nicht weiter eingehen können (vgl. Altrichter/Maag-Merki 2010). Es muss als Hinweis genügen, dass die Gütesiegel-Initiative im Rahmen dieser neuen Steuerungsstrategie ein Baustein für mehr Wettbewerbsorientierung bzw. -steuerung ist. Zentrale Elemente bestehen aber darüber hinaus in der Setzung von Standards und Qualitätskriterien einerseits und deren Überprüfung (externe Evaluation) andererseits. So hatten wir schon angedeutet, dass in vielen Bundesländern – auch in NRW – ein Qualitätsrahmen für die schulische Arbeit existiert, an dessen Standards sich Schulen nicht nur orientieren *können*, sondern dessen Standards Grundlage für externe Evaluationen bilden und die insofern rechtlich bindend sind.

Darüber hinaus stehen wir wieder vor einem Problem, das wir ähnlich schon für den Bereich Lehrerhandeln bzw. innere Differenzierung angetroffen haben: Bisher gibt es nur sehr wenige empirische Untersuchungen, die einen Einblick in den Ablauf, die Bedingungen, aber auch Probleme von Entwicklungsprozessen in diesem Feld geben (für *personalized learning* vgl. z.B. Sebba et al. 2007).

Am ehesten kann noch etwas über die *Verbreitung* des Gütesiegels gesagt werden, das in NRW nach den Zahlen des Ministeriums im Jahr 2010 etwa 6% aller Schulen besitzen. Die Initiative scheint für viele Schulen attraktiv zu sein und wird als Ausweis einer qualitativ guten Arbeit gerne in Internetauftritten präsentiert. Moniert wird allenfalls von Betroffenen in persönlichen Gesprächen, dass die Maßstäbe für den Erhalt des Siegels wenig nachvollziehbar seien. Im Gegenzug geben die bisherigen Erfahrungen mit der *Wirksamkeit* der Initiative bezüglich tatsächlicher Veränderungen weniger Anlass zu hohen Erwartungen. Wiebke (2011: 175 f.) fasst die Ergebnisse ihrer Studie, bei der SchulleiterInnen von mit dem Gütesiegel ausgezeichneten Schulen qualitativ befragt wurden, so zusammen: „Es bleibt [...] festzustellen, dass die Schulgesetzerweiterung an den besuchten Schulen nicht zu einem Überdenken bestehender Konzepte individueller Förderung geführt hat. Vielmehr haben die Schulen ihr Gütesiegel jeweils für eine Arbeit bekommen, die sie bereits seit längerer Zeit in dieser Form machen".

Diese Erfahrungen scheinen nicht nur für die Gütesiegel-Initiative, sondern auch für individuelle Förderung als Strategie allgemein zu gelten. Erste Bestandsaufnahmen zur Implementierung von einzelnen Bausteinen von individueller Förderung (wie differenzierender Unterricht, Lernentwicklungsdokumentation) sprechen dafür, dass die schulische Realität von den (zahlreich vorliegenden) programmatischen Empfehlungen noch weit entfernt zu sein scheint (z.B. Niedersächsische Schulinspektion 2008; für NRW: Müller 2008). Die bereits im letzten Kapitel zitierte Studie von Kunze und Solzbacher (2008), in der die Perspektive der Lehrkräfte in den Blick genommen wurde, kommt zu folgenden Ergebnissen:

- Die überwältigend große Mehrheit aller Lehrkräfte – über 90% in allen Schulformen – hält eine individuelle Förderung nicht für möglich.
- Komplexere und reflexive Verfahren für Förderung (wie Lernverträge, Lernbriefe, Lerntagebücher, Portfolios) werden selten oder nie eingesetzt.
- Es findet sich keine systematische Verankerung von individueller Förderung auf Schulebene, nur ‚Reforminseln' bei einzelnen Lehrkräften.
- Stärken und Schwächen werden weitgehend über die traditionelle Leistungs-Dokumentation ermittelt (Klassenarbeiten, unsystematische Beobachtung).
- Es gibt kaum Kooperation in der Diagnostik und bei der Erarbeitung individueller Förderkonzepte.
- SchülerInnen müssen nach Ansicht der meisten Lehrkräfte gefördert werden *wollen*, um von den Lehrkräften Förderung zu erhalten.

Man kann also festhalten: Wenngleich es einige Anzeichen dafür gibt, dass viele Schulen durchaus in Bewegung geraten sind oder in Bewegung versetzt wurden, sind die Ergebnisse gemessen an den hohen Erwartungen vieler Akteure bislang eher ernüchternd. Zur Interpretation bieten wir exemplarisch zwei Lesarten an.

- *Schulentwicklung als komplexe Aufgabe*
Ähnlich wie schon auf der Ebene des Lehrerhandelns geht es hier um sehr anspruchsvolle Vorgaben bzw. Zielvorstellungen. Zwar hatten wir argumentiert, dass sich die Umsetzung einer heterogenitätssensiblen Lernkultur nicht vom einzelnen Lehrer allein bewerkstelligen lässt, sondern auf struktureller Ebene der Einzelschule wie auch durch Lehrerkooperation und -abstimmung entsprechende Rahmenbedingungen geschaffen werden müssen. Gleichwohl sollte man sich vor Augen führen, dass dies erneut eine erhebliche Komplexitätssteigerung nach sich zieht: Viele KollegInnen mit unterschiedlichen Auffassungen müssen unter einen Hut gebracht werden (Stichwort Schulethos), eine Vielzahl an Aktivitäten muss koordiniert werden (Stichwort Komplexitätsmanagement), und es muss über die Einrichtung zahlreicher Einzelaktivitäten hinaus ein Gesamtkonzept entwickelt und dann auch praktiziert werden (Stichwort Passung). Das alles ist nicht von heute auf morgen leistbar; Schulen brauchen dafür Zeit, kontinuierliche Unterstützung und vermutlich auch zusätzliche Ressourcen.

- *Rekontextualisierung durch die Akteure*

Die Implementationsprobleme lassen sich auch grundsätzlicher als ‚normale' Steuerungsprobleme deuten. Derartigen Problemen widmet sich in den letzten Jahren die Forschung zu ‚neuer Steuerung' (vgl. Altrichter/Maag-Merki 2010); sie lassen sich aber auch gut mit dem Mehrebenenmodell von Fend plausibilisieren. Die Reforminitiative ‚Gütesiegel Individuelle Förderung' wäre demnach analytisch betrachtet auf der Makroebene anzusiedeln, da es sich um Vorgaben der Bildungspolitik handelt. Dies bedeutet nun erstens, dass die auf dieser Ebene agierenden Akteure (Bildungspolitiker etc.) mit den Vorgaben eigene Absichten und Ziele verfolgen. Sie wollen (und müssen) etwa die eigene Handlungsfähigkeit unter Beweis stellen und Interesse an Reformen bekunden, wollen aber den Finanzhaushalt nicht belasten oder die Schulstrukturfrage nicht aufwerfen. Kurz: Schon auf dieser Ebene können diverse Motive und Interessen eine Rolle spielen, die Widersprüche und Inkohärenzen im Programm bzw. den Vorgaben selbst erzeugen. Zweitens ist entscheidend, dass diese Vorgaben nicht einfach umstandslos umgesetzt werden. Das Konzept der Rekontextualisierung weist vielmehr darauf hin, dass die Vorgaben von den Akteuren der darunter liegenden Ebenen (hier: der Administration, der Einzelschule und den einzelnen LehrerInnen) adaptiert werden (müssen). Und das bedeutet im hier konkreten Fall: Der Weg von der Programmidee bis hin zum operativen Handeln ist lang, die Vorgaben durchlaufen eine Rekontextualisierung gleich auf mehreren Ebenen, auf denen dann jeweils die eigenen Gestaltungsanteile der Akteure – deren ‚Eigensinn' – ins Spiel kommen: „Wir können" – so dazu grundsätzlich Fend (2008: 26) – „nicht davon ausgehen, dass alles, was [...] auf bildungspolitischer Ebene gewollt ist, auf unverfälschter Weise bei Lehrern und Schülern ankommt. Viele Menschen sind an der Umsetzung beteiligt und sie alle interpretieren die Vorgaben wieder auf ihre Weise".

Es ist noch zu früh, über die Wirksamkeit und die Wirkungen der ‚Gütesiegel-Initiative' wie auch allgemeiner die Strategie der individuellen Förderung als Aufgabe der Einzelschule ein Urteil zu fällen. Das Konzept der Rekontextualisierung kann aber plausibel machen, dass mit bedeutsamen empirischen Variationen des operativen Handelns zu rechnen ist, was für Reformkonzepte und deren Steuerung – so auch für das ‚Gütesiegel Individuelle Förderung' – nur empirisch beantwortbare Fragen aufwirft. Aus der Perspektive dieses theoretischen Bezugsrahmens bleibt vor allem offen, in welcher Weise solche Konzepte aufgegriffen und umgesetzt werden:

- Es lässt sich argumentieren, dass die intendierten Reformprozesse angestoßen oder beschleunigt werden können. Anders als normative Appelle stellen administrative Vorgaben eine stärker verankerte Umwelterwartung dar, die zur Auseinandersetzung mit der Thematik wie auch zum Finden neuer Lösungen zwingt oder zumindest anregen kann: Schulen bewegen sich dann in die richtige Richtung, engagieren sich und tragen zur Qualitätsentwicklung im Sinne eines besseren Umgangs mit Heterogenität bei.

Theoretisch ebenso zu erwarten – und durchaus beobachtbar – sind auch von den Programmzielen abweichende Varianten von Rekontextualisierung:

- Den Vorgaben kann zwar formal entsprochen werden, die Ebene konkreter Aktivitäten aber weitgehend unberührt bleiben. Solche Effekte beschreibt z.B. Christine Schaeffers (2008: 227) für die Entwicklung von Schulprogrammen: „Auf der ‚talk'-Ebene beherrscht man das aktuelle Reformvokabular, präsentiert sich mit Hilfe des vorhandenen Schulprogrammtextes als reformbereit und -fähig und sichert sich so die nötige Legitimation. Auf der ‚action'-Ebene hingegen dominiert ‚business-as-usual' und damit die (vermeintlich) lang bewährten, unhinterfragten schulischen Routinen". Es wäre dies eine Variante, bei der Reformeffekte fehlen bzw. das Programm ohne nennenswerte Wirkung ist (dazu auch Bellmann/Weiß 2009).
- Eine andere Variante wären Innovationen bzw. Weiterentwicklungen, die an den eigentlichen Reformzielen vorbeigehen bzw. diese sogar in ihr Gegenteil verkehren. Das heißt: Auf der ‚action'-Ebene wird zwar durchaus etwas getan, allerdings nicht im Sinne der Betreiber des Programms. So können Schulen das Gütesiegel gezielt nutzen, um attraktive Eltern- und Schülergruppen anzusprechen oder vor allem durch Begabtenförderung eine größere Auslese zu betreiben (vgl. Hegel 2011; auch Abschnitt 5.3).

Es wären dies wieder Fallstricke, die einmal mit den Programmen und Reformempfehlungen selbst einhergehen, gleichzeitig aber auch in grundsätzlicheren Dilemmata begründet liegen können, die mit der Thematik des Umgangs mit Heterogenität verknüpft sind.

5.3 Ambivalenzen auf der Mesoebene

Gemäß einem Leitsatz dieses Lehrbuches, dass es für viele der hier verhandelten Probleme keine einfachen Lösungen gibt, wenden wir uns nun auch auf der Mesoebene möglichen Fallstricken im Umgang mit Heterogenität zu. Es sind dies wieder Probleme, die Sie bereits aus anderen Abschnitten dieses Buches kennen: einmal Zielkonflikte, die wir in den vorigen Kapiteln immer wieder angesprochen hatten; zum anderen die Eigendynamik und schwierige Steuerbarkeit der

Organisation Schule auf der Grundlage von gesellschaftlichen Erwartungen, die uns im dritten Kapitel beschäftigt hat.

5.3.1 Zielkonflikte im einzelschulischen Umgang mit Heterogenität

Der erste Problembereich setzt bei der Vagheit und Komplexität der Zielstellungen speziell bezogen auf individuelle Förderung an. In diesen Ausdruck ist begrifflich schon eingebaut, dass bei Zielfragen zunächst einmal nur auf das Individuum fokussiert wird; die Ziele scheinen – wie Kunze (2008: 17) feststellt – „schon im Begriff selbst zu stecken: Es geht um die Unterstützung der einzelnen Schülerin, des einzelnen Schülers". Hinzu kommt, dass damit ein traditionsreicher pädagogischer Topos aufgegriffen wird, der hohes normatives Potenzial besitzt: Wer will schon ernsthaft widersprechen, wenn – um einen gerne benutzten Slogan zu bemühen – ‚jedes Kind dort abgeholt wird, wo es steht', und für seine optimale Förderung gesorgt werden soll?

Schnell übersehen – provokativer: normativ vernebelt – wird aber, dass damit die Zielfrage noch keineswegs geklärt ist, weil interindividuelle, gruppenbezogene Zielkonflikte und Gerechtigkeitsfragen so erst gar nicht in das Blickfeld geraten. Wir diskutieren das Problem am Beispiel von Leistungsheterogenität:

- Individuelle Förderung kann man interpretieren als ‚Jeder Schüler und jede Schülerin hat Anspruch auf das *gleiche* Maß an Bildungsgütern' (= *equality*, sog. egalisierende Gerechtigkeit), wie Aufmerksamkeit, Hilfe und Unterstützung, Zeit, Respekt, Ermutigung und emotionale Zuwendung, kurz: Förderung. Diese Lesart wird in bildungspolitischen Texten (und in der pädagogischen Rhetorik des Reformdiskurses!) nahe gelegt durch Verweise darauf, dass ‚Starke' als auch ‚Schwache' (also im Grunde jedes Kind) gefördert werden sollen. Gerecht wäre demnach eine möglichst absolute Gleichbehandlung aller Schüler im Sinne formaler Verfahrensgerechtigkeit; jeder und jede bekäme ein möglichst gleich-großes Stück vom ‚Kuchen'.
- Individuelle Förderung kann auch verstanden werden als ‚Jeder Schüler und jede Schülerin hat Anspruch auf ein *faires* Maß an Bildungsgütern'. Fair kann durchaus ungleich bedeuten, insofern einige Schüler und Schülergruppen mehr an Förderung bekämen (=*equity*, sog. unterscheidende Gerechtigkeit). Pointiert gesagt, müssten einige ‚individueller' gefördert werden als andere (und diese anderen demnach weniger!). Hierzu sind wieder zwei Varianten mit unterschiedlichen Begründungen vorstellbar: Man könnten die Leistungsstärkeren intensiver fördern wollen, da sie sich z.B. durch ihre Anstrengungen besondere Ansprüche erworben haben. Man könnte

aber auch – dem pädagogischen Herz wohl sehr viel näher – für eine intensivere Förderung der Benachteiligten und Leistungsschwächeren plädieren, da sie natürliche oder soziale Nachteile nicht zu verantworten und von daher Anspruch auf einen besonderen Nachteils-Ausgleich haben.

Die hinter diesen beiden Lesarten stehende Hauptfrage der sozial gerechten Verteilung von (knappen) Gütern *zwischen* Personen – Wer erhält welche Arten von Bildungsgütern auf der Basis welchen Verteilungskriteriums? – wird mit dem Postulat der individuellen Förderung überhaupt noch nicht thematisiert. Es ist dies ein Problem, dass wir bereits sehr grundsätzlich im Zusammenhang mit dem (reform-)pädagogischen Blick auf das einzelne Kind identifiziert hatten (s. Kap. 1 u. 2). Als Problem kann sich aber auch erweisen, dass man sich aus pädagogischer Perspektive zwar gerne mit Förderung, aber nur ungern mit der Beteiligung der Schule an allokativen Aufgaben beschäftigt (s. Kap. 3): Eine Betonung allein von Förderung garantiert zwar schnell ungeteilte Zustimmung. Die Kehrseite ist jedoch, dass die pädagogische Reformdebatte wie auch die bildungspolitische Diskus-sion Gefahr laufen, Differenzen in den Zielperspektiven auszublenden, die zu Konsequenzen im Hinblick auf die einzuschlagenden Maßnahmen führen, unterschiedliche Schülergruppen betreffen und jeweils eigene Problemlagen und Dilemmata produzieren. Solche Zielkonflikte sind Ihnen bereits in Ansätzen aus unserer Reflexion zu innerer Differenzierung bekannt (s. Kap. 4):

- Individuelle Förderung als gleichmäßige Förderung für alle Gruppen (Leistungsschwache und -starke, SchülerInnen im Mittelfeld) führt eher zur Beibehaltung oder Verstärkung von (auch herkunftsbedingten) Differenzen in den Ausgangslagen (wenngleich natürlich denk- und wünschbar ist, dass sich die Leistungen im Sinne eines Fahrstuhleffekts insgesamt erhöhen).
- Konzepte der Begabtenförderung (*enrichment, acceleration)* als Betonung von *excellence* verstärken die Unterschiede weiter und können auch als ‚neue' Selektions- und Rekrutierungsstrategien verstanden werden, um auf Schulebene günstige Schülerschaften anzuziehen bzw. ‚schwierige' Schüler fernzuhalten.
- Bei Zuteilung vermehrter Ressourcen an Benachteiligte und Schwächere stünde die Idee eines Ausgleichs – Lernende werden tendenziell gleicher – im Vordergrund. Ein solcher Ausgleich könnte konsequent gedacht nur erreicht werden, wenn die schwächeren bzw. die benachteiligte SchülerInnen mehr und die anderen weniger Förderung erhielten.

Man sieht also: Auch für den Umgang mit Heterogenität auf der Ebene der Einzelschule taucht das Problem konkurrierender Referenzen für Förderung wieder auf. Es geht hierbei nunmehr nicht nur um ein didaktisch-methodisch, sondern auch um ein bildungspolitisch relevantes Dilemma, dass optimale Leistungsentwicklung (*excellence*) und Disparitätenausgleich (*equality*) nicht ohne gegenseitige Einschränkungen zu haben sind bzw. begründete Entscheidungen erforderlich machen. Wofür sollen Ressourcen verwendet und Personal eingestellt werden: für bilinguale Zusatzangebote in Englisch und Französisch oder für kompensatorischen Sprachförderunterricht, für Musikklassen oder SozialpädagogInnen, für Uni-Kooperationen oder aufsuchende Elternarbeit?

Um einem Missverständnis vorzubeugen: Es soll an dieser Stelle kein Plädoyer geführt werden für ein bewusstes ‚Ausbremsen' von leistungsstarken SchülerInnen. Ins Bewusstsein gerückt werden soll vielmehr, dass schulische Förderung einer komplexen Zielstruktur folgt und deshalb Vereinbarkeiten bzw. auch Konflikte und Widersprüche zwischen einzelnen Zielen zu reflektieren sind, was in der Regel Abwägungsprozesse und Kompromisslösungen erfordert: „Die Forderung nach individueller Förderung" – so mahnt Jürgen Oelkers in seiner Expertise für die Bertelmannstiftung (2010: 11) – „zwingt also zu vielfältiger Differenzierung und klarer Umschreibung".

5.3.2 Probleme der Schulprofilierung im Marktmodell

Der zweite Problembereich setzt an bei Schulentwicklung, die Entwicklungsprozesse innerhalb der Einzelschule betrifft, aber auch interschulische Profilbildungen einschließt. Schulentwicklung – so hatten wir schon angedeutet – ist seit den 1990er Jahren zu einem zentralen Ansatzpunkt für Schulreform avanciert: Schulen erhalten größere Gestaltungsspielräume, um ihre Praxis systematisch, zielgerichtet und in Bezug auf die konkreten Anforderungen vor Ort zu entwickeln. Dazu gehört etwa, dass sich ein Kollegium auf ein gemeinsames Leitbild verständigt, die bisherige Arbeit in ihren Stärken und Schwächen analysiert und Schritte hin zu einer Optimierung unternimmt. Idealtypisch könnte dies so aussehen, dass man – wie für unsere Beispielschulen skizziert – Beratungskonzepte etabliert, systematisch selbstgesteuerte Lernprozesse anbahnt, Zeitfenster für unterschiedliche Förderangebote bereithält und gemeinsam an neuen Formen der Leistungsbewertung arbeitet. Kurz: Es geht um notwendige Entwicklungs- und Koordinationsschritte auch für eine heterogenitätssensible Schulkultur.

Daneben ist konzeptionell auch vorgesehen, dass die Einzelschulen charakteristische Erscheinungsbilder bzw. Schul-‚Profile' ausbilden, die zu ihrer Klientel passen bzw. den Bedürfnissen ihrer Schülerschaft besser gerecht werden. Gedacht wird durchaus auch an eine ‚vermarktungsfähige' Profilierung: Schulen sollen ein spezifisches Profil entwickeln, „mit dem sie sich von anderen Schulen differenzieren und das sie zur Außendarstellung verwenden" (Altrichter/Rürup 2010: 136). Hier lässt sich im Anschluss an die Überlegungen zu individueller Förderung und dem Rekontextualisierungskonzept noch einmal differenzierter fragen, wie die Akteure vor Ort ihre Gestaltungsspielräume nutzen und welche Konsequenzen sich daraus für die Heterogenitätsthematik ergeben.

Gängige Elemente der Profilbildung, wie man sie heute schon vorfindet, sind vor allem Spezialklassen und Schulzweige wie bilinguale Zweige, Musikklassen, Laptop-Klassen, Latein ab Jahrgang fünf oder naturwissenschaftliche Zweige. Dies alles lässt sich auf der einen Seite ganz umstandslos als eine bereichernde Form von Förderung, mit Blick auf die Offenheit des Konzepts sogar alles als Bestandteil von individueller Förderung deklarieren. Wie allerdings schon im dritten Kapitel angedeutet, können damit aber auf der anderen Seite gleichzeitig Formen manifester oder latenter Differenzierung eingeführt und damit ‚neue‘, u.a. regionale Formen der Hierarchisierung und Ungleichheit im Schulsystem produziert werden. Man könnte auch sagen: Die unterschiedlichen Förderkonzepte, mit denen Schulen auf die Unterschiedlichkeit ihrer SchülerInnen reagieren und auch reagieren sollen, produzieren zugleich erneut Formen der Heterogenität und Homogenität:

> „Diese Unterschiedlichkeit wird von den Schulen für die Konkurrenz um ihre Schlüsselressource ‚gute Schüler/innen‘, für die Werbung um und für die Abweisung von Bewerber/innen bzw. für interne Selektion genutzt, was dazu führt, dass Schüler/innen von bestimmten ‚attraktiven‘ Angeboten ausgeschlossen werden" (Altrichter/Rürup 2010: 141).

Schulen mit spezifischen Förderschwerpunkten – oder auch dem ‚Gütesiegel‘ – können sich im Kampf um ausreichend viele und ‚gute‘ SchülerInnen möglicherweise einen Wettbewerbsvorteil verschaffen. Damit einher gehen unter Umständen aber auch neue Schwierigkeiten: Man kann sich plastisch vorstellen, was es für eine Schule aus Sicht von (einflussstarken) Eltern ‚guter‘ SchülerInnen bedeutet, wenn sie sich die Förderung der Leistungsstarken *nicht* auf ihre Fahnen schreibt. Umgekehrt kann sich die Situation für eine Schule bei besonderer Berücksichtigung ‚benachteiligter‘ SchülerInnen objektiv verschlechtern, wenn an dieser Schule, die für ihre gute Förderung dieser Klientel bekannt ist, nun immer mehr ‚Problemfälle‘ angemeldet werden. Kurz: Auch hier stellen sich empirisch noch kaum bearbeitete Fragen des Zusammenspiels von Auswahlstrategien der Schulen und Auswahlstrategien der Schüler und Eltern auf ‚Quasi-Märkten‘ (vgl. Altrichter/Prexl-Krausz/Soukup-Altrichter 2005; Zymek/Richter 2007).

Nimmt man Schulprofilierung unter marktwirtschaftlichen Gesichtspunkten in den Blick, dann ist zumindest Skepsis im Hinblick auf die Chancen von Konzepten einer ‚Schule für alle' geboten. Die ‚kostengünstigere' Variante für Schulen dürfte allemal darin bestehen, sich hinsichtlich der Unterschiedlichkeit von Kindern und Jugendlichen zu spezialisieren und mithilfe von Fremd- oder Selbstselektion den Zugang ihrer Klienten zu regulieren, mithin zu homogenisieren. Eine Bewältigung der Vielfalt innerhalb der Schule im Sinne eines tatsächlichen ‚comprehensive intake' setzt im Kontrast dazu erhebliche Investitionen und viel mehr Anstrengung seitens der Organisation und der Lehrkräfte voraus.

5.4 Fazit und Diskussion ausgewählter Probleme

Wir haben dieses letzte Kapitel mit einer Darstellung der Chancen und Anforderungen auf der Mesoebene begonnen und zu zeigen versucht, dass es gute Argumente dafür gibt, hier für eine Verbesserung des Umgangs mit Heterogenität anzusetzen. Allerdings ist auch diese Ebene vor Schwierigkeiten und Fallstricken nicht gefeit. Und Schulentwicklung auf der Basis erhöhter Gestaltungsspielräume ist ein durchaus zwiespältiges Projekt, wenn die Folgen für die Heterogenität der SchülerInnen in den Blick genommen werden. Für einige dieser entweder in Kauf genommenen oder unbeabsichtigt eintretenden Nebenwirkungen wollten wir Sie – ausgehend von der Initiative ‚Gütesiegel Individuelle Förderung' – abschließend noch einmal sensibilisieren.

Individuelle Förderung stellt sich in unserer Darstellung als ein Konzept mit hoher Polyvalenz dar. Es handelt sich um eine Reformstrategie, mit der sich sehr unterschiedliche Interessen und Motive vereinbaren lassen. Die Strategie ist zwar auf bildungspolitischer Ebene angesiedelt, wir meinen aber, dass das Konzept bzw. die damit verbundene Rhetorik in weiten Teilen an den pädagogischen Reformdiskurs anschließt und damit die Probleme und Ambivalenzen übernimmt, auf die wir in diesem Buch immer wieder aufmerksam machen wollten:

- Es wird – zumindest auf der Ebene der Rhetorik – vom Individuum aus gedacht und dessen Bedürfnisse und Interessen werden in den Mittelpunkt gerückt. Dies ist mit Blick auf die Probleme von Schülerklassifizierungen mittels ausgewählter Heterogenitätsmerkmale (s. Kap. 2) und mit Blick auf den Grundsatz, dass jedes Kind gleiche Rechte auf Zuwendung haben soll, durchaus folgerichtig und plausibel.

Durch die normative Aufladung und die Vagheit der Ziele wird daraus aber gleichzeitig ein Anspruch, dem zwar jeder zustimmen kann – im Bereich der Bildungspolitik auch über parteipolitische Lager hinweg. Damit einher gehen aber auch diverse programmatische Fallstricke:

- Es können strittige Fragen außer Acht bleiben, etwa die schulstrukturelle Grundsatzdebatte, aber auch die Ressourcen-Verteilungsfrage: Der Anspruch auf individuelle Förderung gilt ja unabhängig von der Schulform und unabhängig von der jeweiligen Ausgangslage der SchülerInnen.
- Man kann die Verantwortung für die Einlösung des Auftrags gut begründet der Einzelschule überlassen, die sich ihm (ähnlich der einzelnen Lehrkraft, die innere Differenzierung betreiben soll) zumindest auf der ‚talk'-Ebene nur schwer entziehen kann.
- In den Hintergrund treten auch Fragen nach (auch notwendiger) Normierung und Gleichbehandlung (bzw. im Umkehrschluss: nach Grenzen für Einzelfallbehandlung) im Rahmen institutionalisierter Lernprozesse. ‚Individuelle Förderung' erinnert eher an Individualbetreuung im alten Hauslehrer-Modell, nicht aber an organisierte ‚Massenlernprozesse'. Ohnehin schon hohe Erwartungen an die Schule – gerade von Eltern, die naturgemäß nur einen Blick für ihr Kind haben und individuelle Behandlung einfordern – werden dadurch vermutlich noch weiter forciert.

Neuralgische Schwachpunkte bzw. – konstruktiv gewendet: zentrale Herausforderungen, die im Diskurs um Heterogenität künftig stärker thematisiert werden müssen – sehen wir auf der Mesoebene besonders in folgenden vier Aspekten:

1. Lehrerprofessionalität und -professionalisierung
Wenn schulische Förderung sich nicht nur auf den Unterricht reduzieren, sondern konsequent auch als Schulentwicklungsaufgabe begriffen werden soll, dann treten neben die Kernkompetenzen des Lehrerberufs weitere Anforderungen. Was in der Literatur für die Implementation differenzierenden Unterrichts konstatiert wird, gilt auf der Einzelschulebene dann umso mehr. Allgemein wird die als notwendig erachtete Veränderung als enorme Herausforderung beschrieben, in deren Folge das gesamte Bildungswesen transformiert werden muss. Nach Tomlinson (1995) müssten dafür u.a. folgende Bedingungen erfüllt sein:

- Lehrkräfte benötigen kontinuierliche Unterstützung im Sinne einer über Jahre andauernden, intensiven und nachhaltigen Personalentwicklung.
- Es bedarf einer beständigen Unterstützung im Hinblick auf Wissen über Unterrichtsansätze, die sich für ihre schulische Population als effektiv erwiesen haben.
- Ebenso wichtig ist eine nachhaltige Mitarbeiterführung (*leadership*), eine gemeinsame Zielorientierung aller beteiligten Akteure und die Etablierung wiederkehrender Zyklen von Reflexion und Aktion.

- Zeitknappheit stellt sich wiederholt als Barriere dar, so dass man auch über eine Reduktion des Unterrichtsdeputats und eine Erhöhung der Anwesenheitszeit in der Schule nachdenken muss.

2. Förderung als Schulentwicklungsauftrag

Nachhaltige Strategien im Umgang mit Heterogenität setzen Veränderungen auf verschiedenen Handlungsebenen und -feldern innerhalb der Schule, also gezielte Schulentwicklung voraus. Allerdings ist dieser Anspruch so plausibel wie komplex und anspruchsvoll. Hier fällt besonders schwer ins Gewicht, dass systematische Schulentwicklung, wie sie seit etwa Mitte der 1990er Jahre eingefordert wird, in der Umsetzung an vielen Schulen noch oft in den Kinderschuhen steckt und gleichzeitig die Ausgangslagen für eine Entwicklung einer differenzierteren Förderkultur ausgesprochen ungünstig sind: Veränderungen haben bislang offenbar eher auf Diskursebene stattgefunden, während die empirische Wirklichkeit noch weit davon entfernt zu schein scheint. Das bedeutet: Von den Schulen bzw. von den in ihr tätigen Akteuren wird eine grundsätzliche Transformation der schulischen Arbeit gefordert, ohne dass ein Instrumentarium vorhanden ist, mit dem sich diese Transformation auch intern steuern ließe.

3. Komplexitätsbewältigung

Dieser Aspekt ließe sich durchaus auch unter den Schulentwicklungsaspekt subsumieren, soll aber – im Sinne einer besonderen Hervorhebung – noch einmal eigens genannt werden; zumal davon nicht allein die Praxis betroffen ist, sondern auch ein Desiderat für die Forschung vorliegt. Wie deutlich geworden sein dürfte, fehlt es insgesamt keineswegs an Ideen und Empfehlungen zur Frage besserer schulischer Förderung. Das Problem liegt nicht in einem Mangel, sondern eher in einem Überangebot. Erschwerend kommt hinzu, dass es kaum überschaubare Systematiken gibt, sondern man in der Regel auf katalogartige Auflistungen von Verfahren, Instrumenten, Angeboten und Aktivitäten trifft, die auf unterschiedlichen Ebenen von Schule ansetzen, diverse Förderbereiche betreffen und unterschiedliche Ziele bzw. Teilziele verfolgen. Dies alles führt nicht nur zu einer Unübersichtlichkeit, in der man sich schnell verlieren kann. Entscheidender ist, dass ja nicht einfach möglichst viele solcher Maßnahmen und Empfehlungen in die eigene Praxis aufgenommen werden sollen – man also nicht in einen Maßnahmen-Aktivismus verfallen soll. Die Herausforderung besteht vielmehr darin, Maßnahmen sinnvoll aufeinander abzustimmen und zu koordinieren, d.h. eine kohärente Gesamtstrategie einzuschlagen, die sowohl die Möglichkeiten und Grenzen der eigenen Schule wie auch unterschiedliche Schülergruppen und Förderziele zu berücksichtigen vermag. Passung erweist sich hier einmal mehr als Masterkriterium für den guten Umgang mit Heterogenität.

4. Zielkonflikte und Ressourcenfragen

Ziel- und Verteilungsfragen tauchen als Zielkonflikte auch auf Einzelschulebene wieder auf: Sollen Förderkonzepte nach Bedürfnis, nach Leistung(sbereitschaft) oder nach den vorhandenen Möglichkeiten der Schulen entworfen werden? Die Zielauslegung hat auch unmittelbare Konsequenzen auf die operative Ebene. Davon hängt ab, welche Schülergruppen und welche Förderbereiche besonders in den Vordergrund gerückt werden: Gilt das Postulat der individuellen Förderung für alle Schülergruppen gleichermaßen – oder konzentriert man sich vorrangig auf Leistungsstarke oder auf spezifische Risikogruppen? Schulen werden sich vermutlich für Kompromisslösungen entscheiden, die allerdings immer auch Sprengstoff für Verteilungskonflikte enthalten.

Es stellen sich auch Ressourcenprobleme durch Transaktionskosten: Wenn Schulen ihre Aktivitäten in vielfältiger Weise verstärken, also z.B. evaluieren, konzeptionell tätig werden *und* individuell fördern sollen, dann sollten ihnen für diese erweiterten Aufgaben auch erweiterte Ressourcen zugestanden werden. Bisher wird unzureichende individuelle Förderung schnell als mangelndes Engagement oder fehlende Förderkompetenz der Lehrkräfte gehandhabt; aber die meisten LehrerInnen fördern bisher schon im Rahmen ihrer Möglichkeiten:

„Die heutigen Klassengrössen, das Stundendeputat oder der Korrekturaufwand sind harte Fakten, die jede weitergehende Form von individueller Förderung zunächst einmal begrenzen. Die gegebenen Umstände erlauben nicht mehr, und wenn die institutionellen Rahmenbedingungen gleich bleiben, dann ist auch kaum ein anderer Schluss möglich. Das Fördern findet seine Grenze schnell an den täglichen Belastungen, wenn nicht mehr geschieht, als an die Lehrkräfte zu appellieren. An sich lohnende Vorhaben, die zusätzliche Anstrengungen erfordern, werden dann nicht realisiert, die Arbeitszeit ist nicht beliebig steigerbar, und wenn es für den Aufbau einer integrativen Förderkultur keine Ressourcen, Orte und Verfahren gibt, dann erscheint sie leicht als nebensächlich oder schlimmer als ‚nicht machbar‘" (Oelkers 2008: 9).

Diese Faktoren markieren Grenzen der Reformerwartungen. Sie unterstreichen, dass der Umgang mit Heterogenität auch auf der Mesoebene nicht zu stark als Einstellungsfrage diskutiert werden sollte, sondern als von institutionell-organisatorischen Regeln und Mechanismen beeinflusste ‚Rekontextualisierung‘ der Akteure.

Nachwort: Über die Funktionen pädagogischer Wissensformen und die Ambivalenz pädagogischer Programmatik

Rekapituliert man zum Abschluss dieses Lehrbuches noch einmal die Ergebnisse unserer Analysen, so lässt sich auf der einen Seite festhalten, dass mit der Frage nach dem Umgang mit Heterogenität ein außerordentlich breites Themenfeld angesprochen wird. Nicht nur die Gegenstände der Diskussion sind verschieden, wie ein Blick auf schulsystemische Fragen, Einzelschulentwicklung und Unterrichtsgestaltung zeigen konnte. Auch die Zugänge und disziplinären Blickwinkel sind zahlreich und variieren erheblich. So haben wir uns mit Theorieangeboten und empirischen Befunden aus der Allgemeinen Didaktik, der soziologisch ausgerichteten Schultheorie, der Lehrerprofessionstheorie oder der psychologischen Lehr-Lern-Forschung auseinandergesetzt, um nur die gängigsten Perspektiven zu nennen. Sie alle – und sicher hätte man noch weitere berücksichtigen können – sind Teil des Diskurses über Heterogenität. Die Vielfalt an disziplinären Bezügen führt zwar auch zu Unübersichtlichkeit und einer Verkomplizierung der Sachlage. Es eröffnet sich gleichzeitig aber auch die Chance, den Gegenstand mehrperspektivisch beschreiben, und so die mit dem Thema und auch den Reformempfehlungen verknüpften Probleme und Herausforderungen genauer herausarbeiten bzw. als solche überhaupt erst sichtbar machen zu können – wie es Ziel und Anspruch dieses Buches war.

Auf der anderen Seite – und damit wollen wir ein letztes Spannungsfeld markieren, das die Wissenschaft über Bildung und Erziehung ganz fundamental durchzieht – sollte man im Blick haben, dass die hier vorgestellten Perspektiven nicht nur aus verschiedenen disziplinären Zugängen resultieren, sondern dass mit ihnen auch ganz grundsätzlich unterschiedliche Formen und Funktionen des Wissens verbunden sind (vgl. Tenorth 1987). In einer pointierten Gegenüberstellung geht es hier vor allem um die Frage, ob sich die WissenschaftlerInnen, aber auch Adressaten und LeserInnen eher am Wissenschaftssystem orientieren oder eher an der Idee einer im Dienste der Praxis stehenden Handlungswissenschaft (ausf. auch Wischer 2009).

Wissenschaft als Modus der distanzierten Reflexion von Praxis steigert Komplexität, z.B. wenn sie die These von einer Zunahme von Heterogenität problematisiert, methodologische Rückfragen stellt und zusätzliche Perspektiven aufmacht; und sie vergrößert gleichzeitig in der Regel die Unsicherheit in Bezug auf pädagogisches Handeln (entgegen den Alltagserwartungen auch vieler Studierender der Disziplin). Wir erinnern hier beispielhaft an den Sachverhalt, dass man auf die einfache, und für den Akteur in der Praxis doch so entscheidende Frage, welche Merkmale nun eigentlich in den Blick zu nehmen sind (bzw. in den Blick genommen werden *dürfen*!), um heterogenen Ausgangslagen im Klassenzimmer gerecht zu werden, kaum noch eine eindeutige Antwort finden wird (s. Kap. 2).

Praktisches Handeln steht demgegenüber stärker unter Handlungs- und Entscheidungsdruck und steht von der Logik insofern in einem ständigen Spannungsfeld zum wissenschaftlichen Diskurs. Zuviel Unsicherheit und Komplexität belasten oder erschweren das Handeln, weil dann eben unter Umständen nicht mehr klar wird, ob z.B. Migranten überhaupt noch als solche angesprochen werden dürfen und welche Maßnahmen im Einzelnen zu Erfolg (der wie definiert wird?) führen. Das Problem spitzt sich zu, wenn man nicht nur Empfehlungen für die Praxis geben will, sondern wenn Veränderungen und Innovationen angestrebt werden, wie wir dies für den aktuellen Heterogenitätsdiskurs rekonstruiert haben: Wer bestehende Strukturen und Haltungen verändern möchte, muss schließlich andere (LehrerInnen, BildungspolitikerInnen etc.) davon zu überzeugen suchen, dass etwas anders – und zwar besser – sein könnte. Zweifel, die Rede von unbeabsichtigten Nebenwirkungen oder Unsicherheiten bezüglich der angestrebten Alternative beeinträchtigen da eher die Überzeugungskraft und mindern die politische Durchsetzungsfähigkeit der Forderungen.

Aus diesen Überlegungen heraus kann abschließend sichtbar werden, dass die unterschiedlichen Formen des (erziehungswissenschaftlichen) Wissens in einem ambivalenten Spannungsverhältnis stehen, aber auch einander als Korrektiv bedürfen. Die in diesem Buch immer wieder von uns eingebrachte Kritik am Reformdiskurs um Heterogenität wird damit nicht überflüssig, relativiert sich aber: Mit Blick auf praktische Erfordernisse bleibt pädagogische Programmatik, wie sie der Heterogenitätsdiskurs bietet, notwendig und ist auch nicht durch distanzierte Reflexion zu ersetzen. Gerade durch ihren Veränderungsimpetus gerät die Programmatik aber in eine problematische Nähe zu manchen Strategien und Techniken der politischen Arena, wie Überredung, Unausgewogenheit und einem Probleme im Detail vernebelnden Bekenntnis zu positiven Werten. Eine distanzierte wissenschaftliche Auseinandersetzung mit dem Diskurs um Heterogenität bleibt daher auch in Zukunft notwendig, um den immer wieder auftretenden Verkürzungen entgegen zu wirken – unvollständigen Argumentationen im Sinne von Paschen und Wigger (1992), Idealisierungen oder Polarisierungen – und um die basale Differenz von (guter) Absicht/pädagogischem Programm und tatsächlichen Wirkungen/Nebenwirkungen nicht zu verwischen, die PädagogInnen oft übersehen.

Literaturverzeichnis

Achermann, E. (2005): Unterricht gemeinsam machen. Ein Modell für den Umgang mit Heterogenität. Bern.

Altrichter, H./Hauser, B. (2007): Umgang mit Heterogenität lernen. In: Journal für Lehrer/innenbildung, 7. Jg.,1, 4-11.

Altrichter, H./Maag-Merki, K. (Hrsg.) (2010): Handbuch Neue Steuerung im Schulsystem. Wiesbaden.

Altrichter, H./Prexl-Krausz, U./Soukup-Altrichter, K. (Hrsg.) (2005): Schulprofilierung und neue Informations- und Kommunikationstechnologien. Bad Heilbrunn.

Altrichter, H./Rürup, M. (2010): Schulautonomie und die Folgen. In: Altrichter, H./Maag-Merki, K. (Hrsg.): Handbuch Neue Steuerung im Schulsystem. Wiesbaden, 111-144.

Altrichter, H./Trautmann, M./Wischer, B./Sommerau, S./Doppler, B. (2009): Unterrichten in heterogenen Gruppen. Das Qualitätspotenzial von Individualisierung, Differenzierung und Klassenschülerzahl. In: Specht, W. (Hrsg.): Nationaler Bildungsbericht Österreich 2009. Band 2: Fokussierte Analysen bildungspolitischer Schwerpunktthemen. Graz, 339-358.

Arnold, K.-H. (2010): Heterogenität von Schulklassen: Was ist das Neue am Altbekannten, dass es jeden Schüler nur einmal gibt? In: Köker, A./Romahn, S./Textor, A. (Hrsg.): Herausforderung Heterogenität. Ansätze und Weichenstellungen. Bad Heilbrunn, 11-24.

Arnold, K.-H./Graumann, O./Rakhkochkine, A. (Hrsg.) (2008): Handbuch Förderung. Grundlagen, Bereiche und Methoden der individuellen Förderung von Schülern. Weinheim.

Artelt, C./Stanat, P./Schneider, W./Schiefele, U. (2001): Lesekompetenz: Testkonzeption und Ergebnisse. In: Deutsches PISA-Konsortium (Hrsg.): PISA 2000. Opladen.

Autorengruppe Bildungsberichterstattung (2008): Bildung in Deutschland 2008. Ein indikatorengestützter Bericht mit einer Analyse zu Übergängen im Anschluss an den Sekundarbereich I. Bielefeld.

Baumert, J. (2002): Umgang mit Heterogenität. Ein Gespräch mit Professor Jürgen Baumert. In: Forum Schule 1. URL: http://www.forum-schule.de/forum-schule-archiv/archiv/07/fs07/magang.html (17.2.2011).

Baumert, J./Köller, O. (1998): Nationale und internationale Schulleistungen. Was können sie leisten, wo sind ihre Grenzen? In: Pädagogik 50. Jg., 6, 12-16.

Baumert, J./Kunter, M. (2006): Stichwort: Professionelle Kompetenz von Lehrkräften. In: Zeitschrift für Erziehungswissenschaft, 9. Jg., 4, 469-520.

Baumert, J./Lehmann, R./Lehrke, M./Schmitz, B./Clausen, M./Hosenfeld, I./Köller, O./Neubrand, J. (1997): TIMSS – Mathematisch-naturwissen-schaftlicher Unterricht im internationalen Vergleich: deskriptive Befunde. Opladen.

Baumert, J./Roeder, P. M./Sang, F./Schmitz, B.: (1987): Chancenausgleich und Leistungsförderung in der Jahrgangsklasse: Ein Dilemma der Schulqualität? In: Steffens, U./Bargel, T. (Hrsg.): Untersuchungen zur Qualität des Unterrichts. Wiesbaden, 33-54.

Baumgart, F./Lange, U. (Hrsg.) (2008): Theorien der Schule. Erläuterungen, Texte, Arbeitsaufgaben. 2., durchgesehene Auflage. Bad Heilbrunn.

Beck, E./Baer, M., Guldimann, T./Bischoff, S./Brühwiler, C./Müller, P./Niedermann, R./Rogalla, M./Vogt, F. (2008): Adaptive Lehrkompetenz. Analyse und Struktur, Veränderbarkeit und Wirkungen handlungssteuernden Lehrerwissens. Münster.

Becker, G./Lenzen, K.-D./Stäudel, L./Tillmann, K.-J./Werning. R./Winter, F.: (Hrsg.) (2004): Heterogenität. Unterschiede nutzen – Gemeinsamkeiten stärken. Seelze (=Friedrich Jahresheft XXII).

Bellmann, J./Weiß, M. (2009): Risiken und Nebenwirkungen neuer Steuerung im Schulsystem. Theoretische Konzeptualisierung und Erklärungsmodelle. In: Zeitschrift für Pädagogik 55. Jg., 2, 286-308.

Bertelsmann-Stiftung (Hrsg.) (2009): Heterogenität und Bildung. Individuelle Förderung in Deutschland – Hindernisse und Herausforderungen. Basierend auf einer Expertise von Prof. Dr. J. Oelkers. URL: http://www.bertelsmann-stiftung.de (22.2.2011).

Beutel, S.-I. (2008): Lernentwicklungsberichte. In: Kunze, I./Solzbacher, C. (Hrsg.): Individuelle Förderung in der Sekundarstufe I und II. Hohengehren, 165-172.

Bloom, B.S. (1973): Recent developments in mastery learning. In: Educational Psychologist 10, 204-221.

Boller, S./Lau, R. (Hrsg.) (2010): Innere Differenzierung in der Sekundarstufe II. Ein Praxishandbuch für Lehrer/innen. Weinheim.

Boller, S./Rosowski, E./Stroot, T. (Hrsg.) (2007): Heterogenität in Schule und Unterricht. Handlungsansätze zum pädagogischen Umgang mit Vielfalt. Weinheim/Basel.

Böing, A.M. (1996): Mit Unterschieden umgehen lernen: Heterogenität im Unterricht. Abschlußbericht des Forschungsschwerpunktes ‚Heterogenität im Unterricht' am Oberstufen-Kolleg Bielefeld. In: Huber, L./Wenzel, A. (Hrsg.): „Wir sind alle gleich. Wir sind alle verschieden". Erfahrungen im Umgang mit Heterogenität in der Sekundarstufe II. Bielefeld, 43-78.

Bönsch, M. (1970): Methodische Aspekte der Differenzierung im Unterricht. München.

Booth, T./Ainscow, M. (2003): Index for Inclusion. Übersetzt, für deutschsprachige Verhältnisse bearbeitet und herausgegeben von I. Boban und A. Hinz: Index für die Inklusion. Martin-Luther-Universität Halle-Wittenberg.

Bos, W./Lankes, E.-M./Prenzel, M./Schwippert, K./Walther, G./Valtin, R. (Hrsg.) (2003): Erste Ergebnisse aus IGLU. Schülerleistungen am Ende der vierten Jahrgangsstufe im internationalen Vergleich. Münster.

Boudon, R. (1981): The Logic of Social Action. London.

Bräu, K. (2005): Individualisierung des Lernens – Zum Lehrerhandeln bei der Bewältigung eines Balanceproblems. In: Bräu, K./ Schwerdt, U. (Hrsg): Heterogenität als Chance. Vom produktiven Umgang mit Gleichheit und Differenz in der Schule. Münster, 129-150.

Bräu, K./Schwerdt, U. (Hrsg.) (2005): Heterogenität als Chance. Vom produktiven Umgang mit Gleichheit und Differenz in der Schule. Münster.

Bromme, R. (1992): Der Lehrer als Experte: Zur Psychologie des professionellen Wissens. Bern.

Buholzer, A. (2010): Lernprozesse förderorientiert diagnostizieren. In: Buholzer, A./Kummer-Wyss, A. (Hrsg.): Alle gleich – alle unterschiedlich! Zum Umgang mit Heterogenität in Schule und Unterricht. Seelze, 97-108.

Buholzer, A./Kummer-Wyss, A. (Hrsg.) (2010): Alle gleich – alle unterschiedlich! Zum Umgang mit Heterogenität in Schule und Unterricht. Seelze.

Buchen, H./Horster, L./Rolff, H.-G. (Hrsg.) (2007): Heterogenität und Schulentwicklung. Berlin/Stuttgart.

Brügelmann, H. (2010): Heterogenität in Kinderalltag und Grundschulunterricht. Zur individuellen Bedeutung von Unterschieden in den Lern- und Lebensbedingungen von SchülerInnen und zu ihrer Untersuchung, illustriert an Beispielen aus dem Projekt LISA & KO. In: Zeitschrift für Grundschulforschung, 3. Jg., 1, 99-113.

Carle, U. (2005): Leistungsvielfalt im Unterricht. In: Bräu, K./Schwerdt, U. (Hrsg.): Heterogenität als Chance. Vom produktiven Umgang mit Gleichheit und Differenz in der Schule. Münster, 55-70.

Corno, L./Snow, R.E. (1986): Adapting teaching to individual differences among learners. In: Wittrock, B.C. (Ed.): Handbook of research on teaching. London, 605-629.

Deutscher Bildungsrat (1969): Einrichtung von Schulversuchen mit Gesamtschulen. Stuttgart.

Deutsches PISA-Konsortium (Hrsg.) (2001): PISA 2000. Basiskompetenzen von Schülerinnen und Schülern im internationalen Vergleich. Opladen.

Diederich, J./Tenorth, H.-E. (1997): Theorie der Schule. Ein Studienbuch zu Geschichte, Funktionen und Gestaltung. Berlin.

Diehm, I./Radtke, F.-O. (1999): Erziehung und Migration. Eine Einführung. Stuttgart.

Ditton, H. (2010): Wie viel Ungleichheit durch Bildung verträgt eine Demokratie? In: Zeitschrift für Pädagogik, 56. Jg., 1, 53-68.

Dreeben, R. (1968): On What is Learned in School. Reading, Mass. (dt. Ausg.: Was wir in der Schule lernen. Frankfurt/Main 1980).

Drepper, T. (1998): ‚Unterschiede, die keine Unterschiede machen‘. Inklusionsprobleme im Erziehungssystem und Reflexionsleistungen der Integrationspädagogik im Primarbereich. In: Soziale Systeme. Zeitschrift für Soziologische Theorie, 4. Jg., 1, 59-85.

Edelmann, D. (2007): Pädagogische Professionalität im transnationalen sozialen Raum. Eine qualitative Untersuchung über den Umgang von Lehrpersonen mit der migrationsbedingten Heterogenität ihrer Klassen. Wien/Zürich.

Euler, D. (2006): Ergebnisse der KMK-Studie „Qualitätsentwicklung in der Berufsbildung". In: Bund-Länder-Kommission für Bildungsplanung und Forschungsförderung (Hrsg.): Qualitätsentwicklung in der Berufsausbildung, Heft 134. Bonn, 8-19.

Fauser, P./Prenzel, M./Schratz, M. (Hrsg.) (2009): Was für Schulen! Wie gute Schule gemacht wird – Werkzeuge exzellenter Praxis. Seelze-Velber.

Fend, H. (1980): Theorie der Schule. München.

Fend, H. (1982). Gesamtschule im Vergleich. Bilanz der Ergebnisse des Gesamtschulversuchs. Weinheim.

Fend, H. (1986): "Gute Schulen – schlechte Schulen". Die einzelne Schule als pädagogische Gestaltungsebene. In: Die Deutsche Schule, 78. Jg., 3, 275-293.

Fend, H. (2004): Was stimmt mit den deutschen Bildungssystemen nicht? Wege zur Erklärung von Leistungsunterschieden zwischen Bildungssystemen. In: Schümer, G./Tillmann, K.-J./Weiß, M. (Hrsg.): Die Institution Schule und die Lebenswelt der Schüler. Vertiefende Analysen der PISA-2000-Daten zum Kontext von Schülerleistungen. Wiesbaden, 15-38.

Fend, H. (2006a): Neue Theorie der Schule. Das Bildungswesen als institutioneller Akteur der Menschenbildung. Wiesbaden.

Fend, H. (2006b): Geschichte des Bildungswesens. Der Sonderweg im europäischen Kulturraum. Wiesbaden.

Fend, H. (2008): Schule gestalten. Systemsteuerung, Schulentwicklung und Unterrichtsqualität. Wiesbaden.

Gomolla, M./Radtke, F.-O (2003): Institutionelle Diskriminierung. Die Herstellung ethnischer Differenz in der Schule. Wiesbaden.

Graumann, O. (2002): Gemeinsamer Unterricht in heterogenen Gruppen. Von lernbehindert bis hochbegabt. Bad Heilbrunn.

Groeben von der, A. (2008): Verschiedenheit nutzen. Besser lernen in heterogenen Lerngruppen. Berlin.

Groeben von der, A./Rieger, M. (1991): Ein Zipfel der besseren Welt. Leben und Lernen in der Bielefelder Laborschule. Essen.

Gröhlich, C./Scharenberg, K./Bos, W. (2009): Wirkt sich Leistungsheterogenität in Schulklassen auf den individuellen Lernerfolg in der Sekundarstufe aus? In: Journal for Educational Research Online, 1. Jg.,1, 86-105.

Gruehn, S. (2000): Unterricht und schulisches Lernen. Schüler als Quellen der Unterrichtsbeschreibung. Münster.

Hanke, P. (2005): Unterschiedlichkeit erkennen und Lernprozesse in gemeinsamen Lernsituationen fördern – förderdiagnostische Kompetenzen als elementare Kompetenzen im Lehrerberuf. In: Bräu, K./Schwerdt, U. (Hrsg.): Heterogenität als Chance. Vom produktiven Umgang mit Gleichheit und Differenz in der Schule. Münster, 115-128.

Hanke, P./Hein, K. (2008): Fördern in der Allgemeinen Schule. In: Arnold, K.H./Graumann, O./Rakhkochkine, A. (Hrsg.): Handbuch Förderung. Grundlagen, Bereiche und Methoden der individuellen Förderung von Schülern. Weinheim, 390-399.

Haußer, K. (Hrsg.) (1981): Modelle schulischer Differenzierung. München.

Heckhausen, H. (1974): Leistung und Chancengleichheit. Göttingen.

Hegel, A. (2011): Individuelle Förderung an Schulen. Unveröff. Ms. Siegen.

Helmke, A. (2004): Unterrichtsqualität: Erfassen, Bewerten, Verbessern (3. Aufl.). Seelze.

Helmke, A. (2009): Unterrichtsqualität und Lehrerprofessionalität. Diagnose, Evaluation und Verbesserung des Unterrichts. Seelze.

Helmke, A./Weinert, F.E. (1997): Bedingungsfaktoren schulischer Leistungen. In: Weinert, F.E. (Hrsg.): Psychologie des Unterrichts und der Schule. Göttingen, 71-176.

Helsper, W. (1996): Antinomien des Lehrerhandelns in modernisierten pädagogischen Kulturen: Paradoxe Verwendungsweisen von Autonomie und Selbstverantwortlichkeit. In: Combe, A./Helsper, W. (Hrsg.): Pädagogische Professionalität. Frankfurt/Main, 521-570.

Hentig von, H. (1993): Die Schule neu denken. Eine Übung in pädagogischer Vernunft. München.

Herrlitz, H.G. (1994): Lob der Institution Schule. In: Gropengießer, I./Otto, G./Tillmann, K.-J. (Hrsg.): Schule. Zwischen Routine und Reform. Seelze, 28-30 (=Friedrich Jahresheft XII).

Hesse, I./Latzko, B. (2009): Diagnostik für Lehrkräfte. Leverkusen.

Hinz, R./Walthes, R. (Hrsg.) (2009): Heterogenität in der Grundschule. Den pädagogischen Alltag erfolgreich bewältigen. Weinheim/Basel.

Hirschauer, M./Kullmann, H. (2010): Lehrerprofessionalität im Zeichen von Heterogenität – Stereotype bei Lehrkräften als kollegial zu bearbeitende Herausforderung. In: Hagedorn, J./Schurt, V./Steber, C./Waburg, W. (Hrsg.): Ethnizität, Geschlecht, Familie und Schule. Wiesbaden, 351-374.

Höhmann, K. (2009): Heterogenität: Eine begriffliche Klärung. In: Höhmann, K./Kopp, R. Schäfers, H. (Hrsg.): Lernen über Grenzen. Auf dem Weg zu einer Lernkultur, die vom Individuum ausgeht. Opladen/Farmington Hills, 27-35.

Höhmann, K./Kopp, R./Schäfers, H. (Hrsg.) (2009): Lernen über Grenzen. Auf dem Weg zu einer Lernkultur, die vom Individuum ausgeht. Opladen/Farmington Hills.

Holzbrecher, A. (2008): Handlungsfelder im Umgang mit Heterogenität. In: Seminar – Lehrerbildung und Schule, 14. Jg., 4, 6-11.

Horstkemper, M. (2006): Fördern heißt diagnostizieren. Pädagogische Diagnostik als wichtige Voraussetzung für individuellen Lernerfolg. In: Becker, G./Horstkemper, M./Risse, E./Stäudel, L./Werning, R./Winter, F. (Hrsg.): Diagnostizieren und Fördern. Seelze, 4-7 (=Friedrich Jahresheft XXIV).

Huber, L./Wenzel, A. (Hrsg.): „Wir sind alle gleich. Wir sind alle verschieden". Erfahrungen im Umgang mit Heterogenität in der Sekundarstufe II. Bielefeld.

Illich, I. (1971): Deschooling Society. New York.

Keim, W. (1977): Schulische Differenzierung: eine systematische Einführung. Köln.

Klafki, W. (2002): Gesellschaftliche Funktionen und pädagogischer Auftrag der Schule in einer demokratischen Gesellschaft. In: ders.: Schultheorie, Schulforschung und Schulentwicklung. Ausgewählte Studien. Weinheim, 41-62.

Klafki, W./Stöcker, H. (1976): Innere Differenzierung des Unterrichts. In: Zeitschrift für Pädagogik, 22. Jg., 4, 497-523.

Klieme, E./Artelt, C./Hartig, J./Jude, N./Köller, O./Prenzel, M./Schneider, W./Stanat, P. (Hrsg.) (2010): PISA 2009. Bilanz nach einem Jahrzehnt. Münster.

Klippert, H. (2010): Heterogenität im Klassenzimmer: Wie Lehrkräfte effektiv und zeitsparend damit umgehen können. Weinheim/Basel.

Köller, O. (2004): Konsequenzen von Leistungsgruppierungen. Münster.

Krohne, J.A./Meier, U./Tillmann, K.-J. (2004): Sitzenbleiben, Geschlecht und Migration? Klassenwiederholungen im Spiegel der PISA-Daten. In: Zeitschrift für Pädagogik, 50. Jg., 3, 373-391.

Kronig, W. (2007): Die systematische Zufälligkeit des Bildungserfolgs – Theoretische Erklärungen und empirische Untersuchungen zur Lernentwicklung und zur Leistungsbewertung in unterschiedlichen Schulklassen. Bern/Stuttgart/Wien.

Kunze, I. (2004): Konzepte von Deutschunterricht. Eine Studie zu individuellen didaktischen Theorien von Lehrerinnen und Lehrern. Wiesbaden.

Kunze, I. (2008): Begründungen und Problembereiche individueller Förderung in der Schule – Vorüberlegungen zu einer empirischen Untersuchung. In: Kunze, I./Solzbacher, C. (Hrsg.): Individuelle Förderung in der Sekundarstufe I und II. Hohengehren, 13-26.

Kunze, I. /Solzbacher, C. (Hrsg.) (2008): Individuelle Förderung in der Schule. Hohengehren.

Lang, E./Grittner, F./Rehle, C./Hartinger, A. (2009): Das Heterogenitätsverständnis von Lehrkräften im jahrgangsgemischten Unterricht der Grundschule. In: Hagedorn, J./Schurt, V./Steber, C./Waburg, W. (Hrsg.): Ethnizität, Geschlecht, Familie und Schule. Heterogenität als erziehungswissenschaftliche Herausforderung. Wiesbaden, 315-331.

Lehmann, R.H./Peek, R. (1997): Aspekte der Lernausgangslage von Schülerinnen und Schülern der fünften Klassen an Hamburger Schulen. Bericht über die Untersuchung im September 1996. Hamburg.

Leiprecht, R./Lutz, H. (2003): Heterogenität als Normalfall. Eine Herausforderung für die Lehrerbildung. In: Gogolin, I./Helmchen, J./Lutz, H./Schmidt, G. (Hrsg.): Pluralismus unausweichlich? Blickwechsel zwischen Vergleichender und Interkultureller Pädagogik, 115-128.

Lüders, M./Rauin, U. (2004): Unterrichts- und Lehr-Lernforschung. In: Helsper, W./Böhme, J. (Hrsg.): Handbuch der Schulforschung. Wiesbaden, 691-720.

Luhmann, N./Schorr, K. E. (1988): Reflexionsprobleme im Erziehungssystem. Frankfurt/Main.

Ministerium für Schule und Weiterbildung des Landes NRW (2009): Gütesiegel Individuelle Förderung – Leitfaden für Schulen. URL: http://www.schulministerium.nrw.de/BP/ImFokus/Broschuere_Individuelle_Foerderung/guetesiegel-druckfassung.pdf (22.2.2011).

Möller, G. (2006): Wie heterogen sind deutsche Schulen im internationalen Vergleich? Sehnsucht nach Leistungshomogenität im deutschen Schulsystem. In: SchulVerwaltung Spezial, 1, 11-12.

Muijs, D./Reynold, D. (2005): Effective teaching. London.

Müller, S. (2008): Ein Jahr Qualitätsanalyse – erste Auswertungen der Qualitätsprofile im Schuljahr 2006/2007. In: Müller, S./Dedering, K./Bos, W. (Hrsg.): Schulische Qualitätsanalyse in Nordrhein-Westfalen. Konzepte, erste Erfahrungen, Perspektiven. Köln, 171-182.

Niedersächsische Schulinspektion (2008): Periodischer Bericht. Bad Iburg.

Nohl, H. (1949): Die pädagogische Bewegung in Deutschland und ihre Theorie. Frankfurt/Main (Erstauflage 1933).

Oakes, J. (2005): Keeping Track: How Schools Structure Inequality. Yale.

Oakes, J./Lipton, M. (2006): Teaching to Change the World. Boston (Erste Auflage 1998).

Oelkers, J. (1996): Reformpädagogik. Eine kritische Dogmengeschichte. Weinheim/München.

Oelkers, J. (2006): Gesamtschule in Deutschland. Eine historische Analyse und ein Ausweg aus dem Dilemma. Weinheim/Zürich.

Oelkers, J. (2008): Individualisierung und Integration: ein Traum? Vortrag anlässlich der Mitgliederversammlung der KSH, des Vereins LZS und der Verbandes VHFLZ am 3. September 2008 in der Pädagogischen Hochschule Zürich. URL: http://www.ife.uzh.ch/index.php?treenode_id=143 (22.2.2011).

Oser, F. (1998): Ethos – die Vermenschlichung des Erfolgs. Zur Psychologie der Berufsmoral von Lehrpersonen. Opladen.

Paschen, H./Wigger, L. (1992): Zur Analyse pädagogischer Argumentationen. Bericht des Forschungsprojekts „Bielefelder Katalog pädagogischer Argumente". Weinheim.

Paradies, L./Linser, H. (2001): Differenzieren im Unterricht. Berlin.

Parsons, T. (1968): Die Schulklasse als soziales System: Einige ihrer Funktionen in der amerikanischen Gesellschaft. In: ders.: Sozialstruktur und Persönlichkeit. Frankfurt/Main, 161-193 (Erstveröffentlichung in engl. Sprache 1959).

Peisert, H. (1967): Soziale Lage und Bildungschancen in Deutschland. München.

Pohlmann, S. (2009): Der Übergang am Ende der Grundschulzeit – Zur Formation der Übergangsempfehlung aus der Sicht der Lehrkräfte. Münster.

Popp, U. (2009): Jungen und Mädchen in der Schule. Theorieentwürfe und Forschungsergebnisse seit den 1970er Jahren. In: Wischer, B./Tillmann, K.-J. (Hrsg.): Erziehungswissenschaft auf dem Prüfstand. Schulbezogene Forschung und Theoriebildung von 1970 bis heute. Weinheim/München, 249-269.

Powell, J.W. (2003): Hochbegabt, behindert oder normal? Klassifikationssysteme des sonderpädagogischen Förderbedarfs in Deutschland und den Vereinigten Staaten. In: Cloerkes, G. (Hrsg.): Wie man behindert wird. Texte zur Konstruktion einer sozialen Rolle und zur Lebenssituation betroffener Menschen. Heidelberg, 103-140.

Prengel, A. (1993): Pädagogik der Vielfalt. Verschiedenheit und Gleichberechtigung in Interkultureller, Feministischer und Integrativer Pädagogik. Opladen.

Prengel, A. (2001): Egalitäre Differenz in der Bildung. In: Lutz, H./Wenning, N. (Hrsg.): Unterschiedlich verschieden. Differenz in der Erziehungswissenschaft. Opladen, 93-107.

Prengel, A. (2004): Spannungsfelder, nicht Wahrheiten - Heterogenität in pädagogisch-didaktischer Perspektive. In: Becker, G./Lenzen, K.-D./Stäudel, L./Tillmann, K.-J./Werning, R./Winter, F. (Hrsg.): Heterogenität. Unterschiede nutzen – Gemeinsamkeiten stärken. Seelze, 44-46 (=Friedrich-Jahresheft XXII).

Preuss-Lausitz, U. (2002): Integrationsforschung. Ansätze, Ergebnisse und Perspektiven. In: Eberwein, H./Knauer, S. (Hrsg.): Integrationspädagogik. Kinder mit und ohne Beeinträchtigung lernen gemeinsam. Weinheim/Basel, 458-470.

Preuss-Lausitz, U. (2004): Die offene Gesellschaft und ihre Schule. Zur Zukunftsfähigkeit des Lernens unter Bedingungen von Vielfalt. In: Becker, G./Lenzen, K.-D./Stäudel, L./Tillmann, K.-J./Werning, R./Winter, F. (Hrsg.): Heterogenität. Unterschiede nutzen – Gemeinsamkeiten stärken. Seelze, 14-17 (=Friedrich-Jahresheft XXII).

Ratzki, A. (2005): Pädagogik der Vielfalt im Licht internationaler Schulerfahrungen. In: Bräu, K. /Schwerdt, U. (Hg.): Heterogenität als Chance. Vom produktiven Umgang mit Gleichheit und Differenz in der Schule. Münster, 37-52.

Ratzki, A. (2007): Heterogenität in der Schule – Chance oder Risiko? Zur deutschen Situation und ein Blick in ausgewählte Länder. In: Buchen, H. /Horster, L./Rolff, H.-G. (Hrsg.) Heterogenität und Schulentwicklung. Berlin/Stuttgart, 21-36.

Rauin, U. (1987): Differenzierender Unterricht – Empirische Studien in der Bilanz. In: Steffens, U./Bargel, T. (Hrsg.): Untersuchungen zur Qualität des Unterrichts. Wiesbaden, 111-137.

Rauschenberger, H. (2001): Differenz und Gleichheit im Schulunterricht. Vom allmählichen Wandel des egalitären Bildungsverständnisses. In: Die Deutsche Schule, 93. Jg., 3, 266-278.

Reh, S. (2005): Warum fällt es Lehrerinnen und Lehrern so schwer, mit Heterogenität umzugehen? Historische und empirische Deutungen. In: Die Deutsche Schule, 97. Jg., 1, 76-86.

Riebisch, R./Luszczynski, H. (2010): Typendiagnose – ein Schlüssel zur individuellen Förderung. Ein Arbeitsbuch für Lehrende und Referendare. Paderborn.

Roeder, P.M. (1997): Binnendifferenzierung im Urteil von Gesamtschullehrern. In: Zeitschrift für Pädagogik, 43. Jg., 2, 241-259.

Saldern von, M. (2007): Heterogenität und Schulstruktur. Ein Blick auf Restriktionen und Selbstrestriktionen des deutschen Schulsystems. In: Boller, S./Rosowski, E./Stroot, T. (Hrsg): Heterogenität in Schule und Unterricht. Handlungsansätze zum pädagogischen Umgang mit Vielfalt. Weinheim, 42-51.

Sandfuchs, U. (2001): Was Schule leistet. Reflexionen und Anmerkungen zu Funktionen und Aufgaben der Schule. In: Melzer, W./Sandfuchs, U. (Hrsg.): Was Schule leistet. Funktionen und Aufgaben von Schule. Weinheim/München, 11-36.

Sauter, S./Schröder, J. (2007): Heterogenität. Eine Einführung in eine bildungswissenschaftliche Grundkategorie. Studienbrief der FernUniversität Hagen: Hagen.

Schaefers, C. (2008): Steigerungssemantiken im Organisationsentwicklungsdiskurs. Neoinstitutionalistische Perspektiven auf Konsequenzen für Schule und Lehrerprofessionalität. In: Helsper, W./Busse, S./Hummrich, M./Kramer, R.-T. (Hrsg.): Pädagogische Professionalität in Organisationen. Neue Verhältnisbestimmungen am Beispiel der Schule. Wiesbaden, 225-244.

Schäfers, H. (2009): Das lernende Individuum oder wie wird eigentlich gelernt? In: Höhmann, K./Kopp, R./ Schäfers, H./ Demmer, M. (Hrsg.): Lernen über Grenzen. Opladen & Farmington Hills, 41-67.

Schelsky, H. (1957): Schule und Erziehung in der industriellen Gesellschaft. Würzburg.

Schlee, J. (1985): Helfen verworrene Konzepte dem Denken und Handeln in der Sonderpädagogik? Eine Auseinandersetzung mit der Förderdiagnostik. In: Zeitschrift für Heilpädagogik, 36, 860-891.

Scholz, I. (2007): Es ist normal, verschieden zu sein – Unterrichten in heterogenen Klassen. In: Scholz, I. (Hrsg.): Der Spagat zwischen Fördern und Fordern: Unterrichten in heterogenen Klassen. Göttingen, 7-23.

Schümer, G. (2004): Zur doppelten Benachteiligung von Schülern aus unterprivilegierten Gesellschaftsschichten im deutschen Schulwesen. In: Schümer, G./Tillmann, K.-J./Weiß, M. (Hrsg.): Die Institution Schule und die Lebenswelt der Schüler. Vertiefende Analysen der PISA-2000-Daten zum Kontext von Schülerleistungen. Wiesbaden, 73-114.

Schümer, G. (2008): Zum Umgang mit unterschiedlichen Lernvoraussetzungen und Leistungen von Schülern in Mitgliedsländern der OECD. In: Lehberger, R./Sandfuchs, U. (Hrsg.): Schüler fallen auf. Heterogene Lerngruppen in Schule und Unterricht. Bad Heilbrunn, 45-61.

Sebba, J./Brown, N./Stewart, S./Galton, M./James, M. (2007): An investigation of personalised learning approaches used by schools. Nottingham.

Sembill, D./Seifried, J. (2009): Konzeptionen, Funktionen und intentionale Veränderungen von Sichtweisen. In: Zlatkin-Troitschanskaja, O./Beck, K./Sembill, D./Nickolaus, R./Mulder, R. (Hrsg.): Lehrerprofessionalität – Bedingungen, Genese, Wirkungen und Messung. Weinheim, 345-354.

Sielert, U./Jaeneke, K./Lamp, F./Seele, U. (2009): Kompetenztraining ‚Pädagogik der Vielfalt‘. Grundlagen und Praxismaterialien zu Differenzverhältnissen, Selbstreflexion und Anerkennung. Weinheim/München.

Simpson, M./Ure, J. (1993): What's the difference? A Study of Differentiation in Scottish Secondary Schools. Aberdeen.

Skiera, E. (2003): Reformpädagogik in Geschichte und Gegenwart. München/Wien.

Solzbacher, C. (2008): Positionen von Lehrerinnen und Lehrern zur individuellen Förderung in der Sekundarstufe I – Ergebnisse einer empirischen Untersuchung. In: Kunze, I./Solzbacher, C. (Hrsg.): Individuelle Förderung in der Sekundarstufe I und II. Hohengehren, 27-42.

Spiegler, T. (2007): Home Education in Deutschland. Hintergründe – Praxis – Entwicklung. Wiesbaden.

Stern, E. (2004): Schulbladendenken, Intelligenz und Lerntypen. Zum Umgang mit unterschiedlichen Lernvoraussetzungen. In: Becker, G./Lenzen, K.-D./Stäudel, L./Tillmann, K.-J./Werning, R./Winter, F. (Hrsg.): Heterogenität. Unterschiede nutzen – Gemeinsamkeiten. Seelze, 36-39 (=Friedrich Jahresheft XXII).

Stern, E./Grabner, R./Schumacher, R. (2007): Lehr-Lern-Forschung und Neurowissenschaften: Erwartungen, Befunde und Forschungsperspektiven. Bonn und Berlin.

Streckeisen, U./Hänzi, D./Hungerbühler, A. (2007): Fördern und Auslesen. Deutungsmuster von Lehrpersonen zu einem beruflichen Dilemma. Wiesbaden.

Tenorth, H.-E. (1987): Dogmatik als Wissenschaft – Überlegungen zum Status und zur Funktionsweise pädagogischer Argumente. In: Baecker, D./Markowitz, J./Stichweh, R./Tyrell, H./Willke, H. (Hrsg.): Theorie als Passion. Niklas Luhmann zum 60. Geburtstag. Frankfurt/Main, 694-719.

Terhart, E. (1999): Konstruktivismus und Unterricht. Eine Auseinandersetzungen mit theoretischen Hintergründen, Ausprägungsformen und Problemen konstruktivistischer Didaktik; hrsg. vom Landesinstitut für Schule und Weiterbildung NRW. Bönen.

Terhart, E. (2001): Schule und Selektion: Die Perspektive der Lehrer. In: Melzer, W./Sandfuchs, U. (Hrsg.): Was Schule leistet. Funktionen und Aufgaben von Schule. Weinheim/München, 87-110.

Thurn, S./Tillmann, K.-J. (Hrsg.) (1997): Unsere Schule ist ein Haus des Lernens. Das Beispiel Laborschule Bielefeld. Reinbek.

Tillmann, K.-J. (1976): Unterricht als soziales Erfahrungsfeld, Frankfurt/Main.

171

Tillmann, K.-J. (2004): System jagt Fiktion. Die homogene Lerngruppe. In: Becker, G./Lenzen, K.-D./Stäudel, L./Tillmann, K.-J./Werning, R./Winter, F. (Hrsg.): Heterogenität. Unterschiede nutzen – Gemeinsamkeiten stärken. Seelze, 6-9 (=Friedrich-Jahresheft XXII).

Tillmann, K.-J. (2008): Viel Selektion – wenig Leistung: Erfolg und Scheitern in deutschen Schulen. In: Lehberger, R./Sandfuchs, U. (Hrsg.): Schüler fallen auf. Heterogene Lerngruppen in Schule und Unterricht. Bad Heilbrunn, 62-78.

Tomlinson, C.A. (1995): Deciding to Differentiate Instruction in Middle School: One School's Journey. In: Gifted Child Quarterly 39. Jg., 2, 77-87.

Tomlinson, C.A. (2004): The Differentiated Classroom: Responding to the Needs of All Learners. Prentice Hall.

Trapp, E.C. (1780/1913): Versuch einer Pädagogik. Paderborn.

Trautmann, M./Wischer, B. (2007): Individuell fördern im Unterricht. Was wissen wir über Innere Differenzierung? In: Pädagogik 12, 44-48.

Trautmann, M./Wischer, B. (2008): Das Konzept der „Inneren Differenzierung" – eine vergleichende Analyse der Diskussion der 1970er Jahre mit dem aktuellen Heterogenitätsdiskurs. In: Meyer, M./Prenzel, M./Hellekamps, S. (Hrsg.): Perspektiven der Didaktik. Sonderheft der Zeitschrift für Erziehungswissenschaft, 159-172.

Uhlenberg, E. (Hrsg.) (2010): Schlag auf Schlag. In: Landtag Intern, 41, 10. URL: http://www.landtag.nrw.de/portal/WWW/dokumentenarchiv/Dokument/ZLANIN101 0.pdf?von=10&bis=11 (2.3.2011).

Weber, M. (2003): Heterogenität im Schulalltag. Konstruktion ethnischer und geschlechtlicher Unterschiede. Opladen.

Wehler, H.-U. (2008): Deutsche Gesellschaftsgeschichte. Fünfter Band: Bundesrepublik und DDR 1949-1990. München.

Weinert, F.E. (1997): Notwendige Methodenvielfalt. Unterschiedliche Lernfähigkeit erfordern variable Unterrichtsmethoden. In: Meyer, M./Otto, G./ Rampillon, U./Terhart, E. (Hrsg.): Lernmethoden – Lehrmethoden. Wege zur Selbstständigkeit. Seelze, 50-53 (=Friedrich-Jahresheft XV).

Wellenreuther, M. (2005): Lehren und Lernen – aber wie? Empirisch-experimentelle Forschungen zum Lehren und Lernen im Unterricht. 2. Aufl. Hohengehren.

Wenning, N. (2007): Heterogenität als Dilemma für Bildungseinrichtungen. In: Boller, S./Rosowski, E./Stroot, T. (Hrsg.): Heterogenität in Schule und Unterricht. Handlungsansätze zum pädagogischen Umgang mit Vielfalt. Weinheim/Basel, 21-31.

Werning, R./Lütje-Klose, B. (2003): Einführung in die Lernbehindertenpädagogik. München.

Westwood, P. (2002): Are we making teaching too difficult? A critical look at ‚differentiation' in the classroom. In: Hong Kong Special Education Forum, 5. Jg., 1, 13-29.

Wiebke, A. (2011): Individuelle Förderung. Vergleichende Fallstudien zur Umsetzung der NRW-Schulgesetzerweiterung in der Sekundarstufe I. Ms. Diss. Bielefeld.

Winkeler, R. (1976). Differenzierung: Funktionen, Formen und Probleme. Ravensburg.

Wischer, B. (2003): Soziales Lernen an einer Reformschule. Evaluationsstudie über Unterschiede von Sozialisationsprozessen in Reform- und Regelschulen. Weinheim/München.

Wischer, B. (2008): Reformengagement als Reflexionsproblem. Kritische Anmerkungen zum aktuellen Heterogenitätsdiskurs. In: TriOS – Forum für schulnahe Forschung, Schulentwicklung und Evaluation, 3. Jg., 1, 5-20.

Wischer, B. (2009): Der Diskurs um Heterogenität und Differenzierung. Beobachtungen zu einem schulpädagogischen 'Dauerbrenner'. In: Wischer, B./Tillmann, K.J. (Hrsg.): Erziehungswissenschaft auf dem Prüfstand. Schulbezogene Forschung und Theoriebildung von den 1970er Jahren bis heute. Weinheim/München, 69-96.

Wischer, B. (2010): Alles eine Frage der richtigen Einstellung? Pädagogisches Ethos und die Widersprüche des Lehrerhandelns. In: Feindt, A./Klaffke, T./Röbe, E./Rothland, M./Terhart, E./Tillmann, K.-J. (Hrsg.): Lehrerarbeit – Lehrersein. Seelze, 26-29 (=Friedrich Jahresheft XXVIII).

Wischer, B./Trautmann, M. (2010): Innere Differenzierung als (unterschätzte) pädagogische Herausforderung. Zu den Grenzen einer Reformstrategie. In: Boller, S./Lau, R. (Hrsg.): Differenzierung in der Sekundarstufe II. Ein Praxishandbuch für Lehrer/innen. Weinheim,158-166.

Yates, A. (Hrsg.) (1972): Lerngruppen und Differenzierung. Bericht und Dokumentation im Auftrag des Unesco-Instituts für Pädagogik Hamburg. Weinheim/Basel.

Zedlitz von, K.A. (1787/1980): Vorschläge zur Verbesserung der preußischen Schulen in den Königlichen Landen (1787). In: Berg, C. (Hrsg.): Staat und Schule oder Staatsschule? Stellungnahme von Pädagogen und Schulpolitikern zu einem unerledigten Problem (1787-1889). Königsstein/Taunus, 3-9.

Zutavern, M. (2001): Professionelles Ethos von Lehrerinnen und Lehrern. Berufsmoralisches Denken, Wissen und Handeln zum Schutz und zur Förderung von Schülerinnen und Schülern. Freiburg.

Zymek, B./Richter, J. (2007): International vergleichende Analyse regionaler Schulentwicklung: Yorkshire und Westfalen. In: Zeitschrift für Pädagogik 53. Jg., 3, 326-350.

Grundlagen Erziehungswissenschaft

Isabell van Ackeren / Klaus Klemm
Entstehung, Struktur und Steuerung des deutschen Schulsystems
Eine Einführung
2009. 199 S. Br. EUR 16,90
ISBN 978-3-531-16469-4

Ben Bachmair
Medienwissen für Pädagogen
Medienbildung in riskanten Erlebniswelten
2009. 375 S. Br. EUR 24,90
ISBN 978-3-531-16305-5

Jutta Ecarius / Marcel Eulenbach / Thorsten Fuchs / Katharina Walgenbach
Jugend und Sozialisation
2010. 292 S. (Basiswissen Sozialisation) Br. ca. EUR 22,95
ISBN 978-3-531-16565-3

Jutta Ecarius / Nils Köbel / Katrin Wahl
Familie, Erziehung und Sozialisation
2010 158 S. (Basiswissen Sozialisation) Br. ca. EUR 16,95
ISBN 978-3-531-16566-0

Detlef Garz
Sozialpsychologische Entwicklungstheorien
Von Mead, Piaget und Kohlberg bis zur Gegenwart
4. Aufl. 2008. 189 S. Br. EUR 22,90
ISBN 978-3-531-16321-5

Heinz Moser
Einführung in die Medienpädagogik
Aufwachsen im Medienzeitalter
5., durchges. u. erw. Aufl. 2010. 332 S. Br. EUR 29,95
ISBN 978-3-531-16164-8

Heinz Reinders / Hartmut Ditton / Cornelia Gräsel / Burkhard Gniewosz (Hrsg.)
Empirische Bildungsforschung
Eine Einführung
2010. ca. 260 S. Br. ca. EUR 29,95
ISBN 978-3-531-16844-9

Bernhard Schlag
Lern- und Leistungsmotivation
3. Aufl. 2009. 173 S. Br. EUR 19,90
ISBN 978-3-531-16511-0

Agi Schründer-Lenzen
Schriftspracherwerb und Unterricht
Bausteine professionellen Handlungswissens
3. Aufl. 2008. 252 S. Br. EUR 19,90
ISBN 978-3-531-16168-6

Erhältlich im Buchhandel oder beim Verlag.
Änderungen vorbehalten. Stand: Juli 2010.

www.vs-verlag.de

VS VERLAG

Abraham-Lincoln-Straße 46
65189 Wiesbaden
Tel. 0611.7878-722
Fax 0611.7878-400

The manufacturer's authorised representative in the EU is Springer
Nature Customer Service Centre GmbH, Europaplatz 3, 69115 Heidelberg,
Germany. If you have any concerns regarding our products, please
contact ProductSafety@springernature.com

Printed and bound by CPI Group (UK) Ltd, Croydon, CR0 4YY
23/04/2026
02095638-0004